KB090326

정보관리기술사 &
컴퓨터시스템응용기술사

Information Management
Computer System Application

vol.7 | IT 경영

권영식 지음

BM 성안당
www.cyber.co.kr

저 자 소 개

저자 권영식

- 성균관대학교 정보통신대학원 정보보호학과 졸업(공학석사)
- 삼성전자 선임/책임/수석 연구원
- 컴퓨터시스템응용기술사, 정보시스템수석감리원
- 정보통신특급감리원, 정보통신특급기술자
- 과학기술정보통신부 IT 멘토
- 데이터관리인증심사원(DQC-M)
- 韓(한) · 日(일)기술사 교류회 위원
- http://cafe.naver.com/96starpe 운영자

정보관리기술사
컴퓨터시스템응용기술사
- vol. 7 IT 경영

2015. 10. 12. 초 판 1쇄 발행
2019. 7. 22. 개정증보 1판 1쇄 발행

지은이 | 권영식
펴낸이 | 이종춘
펴낸곳 | **BM** ㈜도서출판 **성안당**

주소 | 04032 서울시 마포구 양화로 127 첨단빌딩 3층(출판기획 R&D 센터)
　　　10881 경기도 파주시 문발로 112 출판문화정보산업단지(제작 및 물류)
전화 | 02) 3142-0036
　　　031) 950-6300
팩스 | 031) 955-0510
등록 | 1973. 2. 1. 제406-2005-000046호
출판사 홈페이지 | **www.cyber.co.kr**
ISBN | 978-89-315-5611-7 (13000)
정가 | 35,000원

이 책을 만든 사람들
책임 | 최옥현
진행 | 최창동
본문 디자인 | 이다혜
표지 디자인 | 박원석
홍보 | 김계향
국제부 | 이선민, 조혜란, 김혜숙
마케팅 | 구본철, 차정욱, 나진호, 이동후, 강호묵
제작 | 김유석

www.cyber.co.kr
성안당 Web 사이트

■ 도서 A/S 안내

성안당에서 발행하는 모든 도서는 저자와 출판사, 그리고 독자가 함께 만들어 나갑니다.
좋은 책을 펴내기 위해 많은 노력을 기울이고 있습니다. 혹시라도 내용상의 오류나 오탈자 등이 발견되면 **"좋은 책은 나라의 보배"**로서 우리 모두가 함께 만들어 간다는 마음으로 연락주시기 바랍니다. 수정 보완하여 더 나은 책이 되도록 최선을 다하겠습니다.
성안당은 늘 독자 여러분들의 소중한 의견을 기다리고 있습니다. 좋은 의견을 보내주시는 분께는 성안당 쇼핑몰의 포인트(3,000포인트)를 적립해 드립니다.
잘못 만들어진 책이나 부록 등이 파손된 경우에는 교환해 드립니다.

머리말

필자는 기업에 입사 후 학습량이 절대적으로 부족한 상태에서 여러 번 응시한 적이 있었고, 그때마다 답안 작성을 위해 참고할 만한 서적이 있었으면 하는 생각이 간절했었습니다. 1.6mm 볼펜으로 400분 동안 자신이 알고 있는 내용을 요약해서 해당 교시 별로 14 페이지에 논리적으로 기술하기란 쉬운 일이 아닙니다. 심지어 알고 있는 내용일지라도 답안에 기술하기 란 또한 쉽지 않습니다.

이 책은 이런 어려움을 극복하기 위한 차원에서 학원 수강을 통해 습득한 내용과 멘토링을 진행하면서 스스로 학습한 내용을 바탕으로 답안 형태로 작성하였고, IT분야 기술사인 정보관리기술사와 컴퓨터시스템응용기술사 자격을 취득하기 위해 학습하고 있거나 학습하고자 하는 분들을 위해 만들었습니다.

기술이란 과거 기술의 연장선으로 성능을 향상하였거나 보안요소 그리고 저전력, 사용자 편의성을 지향하는 방향으로 발전되고 있습니다. 해당 기술은 어떤 필요성에 의해 탄생이 되었을까? 그리고 어떤 기술 요소를 가지고 있고 다른 기술과의 관계는 어떻게 형성이 되는지? 그리고 향후에는 어떻게 발전될 것이며, 현업(실무자 차원)에서 경험한 문제와 해결 방법 등을 답안에 기술해야 고득점을 획득할 수 있습니다.

답안은 외워서 작성하는 것 보다 실무 경험에서 쌓은 노하우를 논리적으로 기술하는 방법이 제일 좋습니다. 특히 IT 분야는 매우 다양하기 때문에 현업을 수행하면서 주위의 동료나 다른 부서의 팀원과의 교류를 통해 간접적인 경험을 축적해 보는 것이 학습에 많은 도움이 되며, 직접 경험하지 못한 분야에 대해서는 간접적인 경험을 통해 습득하는 것도 좋은 방법입니다.

IT 경영 또한 현업과 밀접한 연관 관계가 있어 실무자 입장에서 접근하게 되면 보다 빨리 이해되리라 판단합니다. 즉, 현업에서 이루어지는 모든 일의 집합이라고 볼 수 있습니다.

항목	분류	내용
1	정보 기술 (Information Technology)	정보, 자료, 지식, 시스템, 정보 시스템 구성 요소, IT 기술 발전과 주요 변화, IT 경영의 필요성, MOT
2	IT 경영 분석 및 전략	내부/외부 환경 분석, 3C, 4C, SWOT 분석기법, PDCA Cycle, IDEAL Cycle, BCG Matrix, MECE/LISS, 5 Forces 분석, 7S 분석 기법, Benchmarking, Pareto 법칙, STP 전략, Chasm 이론, ROI, TCO

항목	분류	내용
3	기업 경영 전략 수립 및 전사 통합 시스템	EA(Enterprise Architecture), ISP(Information Strategy Planning), BPR, EAI, BI3.0, EIP, EKP, IRM, BPEL
4	정보 시스템 구축	ERP(Enterprise Resource Planning), G-SCM, e-SCM, PLM, CRM, PRM, ITAM, VRM, ILM, CIM, SAM, ISO-19770, MES, MRO, SRM, BPM
5	IT 아웃소싱 프로세스 및 IT 서비스 실행 관리	ITO, BPO, RFI, RFP, SLA, SOW, SLM, ITSM(IT Service Management), ITIL(IT Infrastructure Library) v3, ISO 20000, Escrow
6	기업 연속성 관리	위험요소, 분석, 대응방법, 정량적 위험분석, FT, HT, Cold-Standby, Hot-Standby, 삼중구조, Backup 센터 구축 기법, DRS, Mirror/Hot/Warm/Cold Site 구축, RTO, RPO, BCP 체계 구축, RSO, RTO, RPO, RCO, BCO의 특성, BS-25999, Green IDC, 가용성 확보 방안
7	IT 효율 지원 및 Business 전략	IT-Governance, IT-Compliance, RTE(Real Time Enterprise), BAM, 프로젝트 Portfolio 관리, SEM(VBM, ABC/ARM, BSC), IT-BSC, CEP, RTE 구현 위한 Cycle Model, 차세대 IT 관리
8	품질 경영	FMEA, 통계, 모집단 표준 추출 방법, 평균, 중앙값, 최빈값, 가설검증, 주효과와 교호작용, 확률변수와 분포, 측정오차, QC 7요소, TRIZ, 6시그마(DPU, DPO, DPMO, DMAIC, DMADV), 인시던트(Incident)와 Problem
9	정보 시스템 감리	감리와 감사의 차이점, 감리원의 역할, 공통 감리 절차 및 시정조치, 감리 의무화 대상 판단 기준, 정보 시스템 감리 절차, 감리 용어, 감리 Framework, 현장 감리 6단계, 상주 관리, 정보 시스템 3단계 감리, 정보 시스템 감리 점검 체계, 사업유형별 감리 시점, 감리 영역, 감리관점별 점검 기준
10	자주 출제되는 토픽	기업 경영환경 변화, 비즈니스 혁신, 엔지니어링 아웃소싱, 공유경제, O2O, O4O, 스마트시티, 비즈니스 연속성 계획(BCP), BCP 국제표준, 빅데이터 수집부터 가시화까지의 과정, 정보의 정량적 분석방법, 기술가치평가방법, 기업 조직 경쟁력 강화를 위한 거버넌스, 디지털 전환, 공공데이터 품질관리 수준평가체계

위와 같은 형태로 Domain별 세부내용과 전체 구성을 미리 파악하면 학습에 많은 도움이 됩니다.

본 교재는 발전 동향, 배경 그리고 유사 기술과의 비교, 다양한 도식화 등 25년 간의 실무 개발자 경험을 토대로 작성한 내용으로 풍부한 경험적인 요소가 내재되어 있는 장점이 있습니다. 다시 한번 더 학습자 여러분의 답안 작성 방법에 많은 도움이 되었으면 하는 바람입니다.

교재 구입 후 추가로 궁금한 내용이나 문의 사항에 대해서는 운영중인 카페 http://cafe.naver.com/96starpe에 질문 답변을 통해 언제든지 성심성의껏 답변드릴 것을 약속 드리오며, 본 교재의 내용도 지속적으로 보완하여 학습자에게 도움을 드리고자 합니다.

총 8권의 책이 집필되는 동안 옆에서 묵묵히 내조해 준 사랑하는 아내와 딸 지혜, 아들 대호에게 고맙고 또한 출판을 위해 여러모로 도움을 주신 성안당 관계자분들께 감사드립니다.

저자 권영식

차 례

PART 3 기업 경영 전략 수립 및 전사 통합 시스템

PART 6   기업 연속성 관리

A~G까지의 과정	A	B	C	D	E	F	G
분(소요시간)	2	2	1	3	2	9	30

(● : Defect-불량품, ○ : 양품)

Case 1)   Case 2)   Case 3)

PART 9 정보 시스템 감리

PART 10 자주 출제되는 토픽

정보 기술
(IT, Information Technology)

정보, 자료, 지식, 시스템, 정보 시스템 구성 요소, IT(Information Technology)
기술 발전과 주요 변화, IT 경영의 필요성, 기술 경영(MOT, Management Of
Technology) 등에 대한 기본적인 내용을 학습할 수 있습니다.

[관련 토픽 – 8개]

문	1)	자료(Data)와 정보(Information) 그리고 지식(know-ledge)의 관계에 대해 기술하고 정보(Information)의 특성에 대해 설명하시오.
답	)	
1.		정보화 시대, 자료, 정보, 지식(knowledge)의 개요
	가	Data, Information, knowledge 의 정의.
		자료 - 사람들이 이해하고 사용하기에 적합하도록 분류되거나 요약하기 전에 조직적환경, 또는 물리적환경에서 발생한 사실들
		정보 - 어떠한 자료를 처리하고 가공하여 특정한 목적을 달성 하는데 필요한 가공된 Data. (의사결정에 도움)
		지식 - 유용한 정보가 추상화되고 일반화된 것
	나	자료(Data)와 정보(Information)의 관계
2.		자료, 정보, 지식(knowledge)의 관계
		- 정보가 지식으로 축적, 자료와 정보가 지식을 창출

3.	정보(Information)의 특성		
	특성	영어	설명
	정확성	Accuracy	오류(fault)가 없는 정보. GIGO 효과 발생
	관련성	Relevance	의사 결정과 관련이 될때 정보의 가치 발생
	완전성	Complete	의사 결정자가 필요로 하는 모든정보를 포함.
	경제성	Economical	가치 창출 = 정보 이용비 > 생산 비용
	신뢰성	Reliable	자료수집 방법과 정보원의 정보 신뢰성
	간편성	Simple	목적에 맞도록 요약된 정보가 의사결정에 도움
	시기적절성	Timeliness	최신 정보가 의사 결정자에게 더욱 유용한 정보
	검증가능성	Verifiability	여러 명의 전문가가 동일한 결과 도출시 유효

"끝"

GIGO (Garbage In, Garbage Out)
올바른 Data를 입력해야 올바른 출력을 얻을 수 있음

문	2)	시스템 (System)에 대해 정의하고, 특성, 유형에
		대해 설명하시오
답	)	

1. System의 정의와 System의 동작원리

가. (System의 정의) : 어떠한 투입물이 입력되어서 처리과정을 거쳐 하나의 출력물(산출물)이 생성되는 과정, 공통된 목표를 달성하기 위해 상호연관성을 가진 구성요소들의 집합.

나. System의 동작원리

| | 투입된 입력을 유용한 정보로 변환 하는 과정의 집합 |

- Input, processing, output, feedback과정을 거침

2. System의 특성

분류	구분	설 명
	식별성	전체 구성요소 속에서 각요소들의 구별이 가능
연결된	연계성	개별 요소가 연계되어 공동의 목표 달성
요소의	교류성	System이 운영되기 위해 각요소간의 정보교류
특성	조정성	개개의 요소들이 상호 조정 제어되어야 함
	지효성	모든 요소들이 통합/상호작용→기능 향상, 효능발생
운영측면	목적성	어떤 목적을 달성, 부가 가치 발생
의특성	자동성	조건이나 상황변화 발생시 대응 (Backup)
	제어성	정해진 규정에서 이탈시 사전 감지후 수정

			종합성	항상 다른 System과 상호작용 (Interface)

3. 시스템 (System)의 유형

구분	System	설명	예
결과	확정적 System	결과를 정확하게 예측 가능	급여시스템
예측	확률적 System	오차 반영, 확률적인 결과 도출	재고관리
환경과	개방적 System	기업 생존위해 외부 환경 변화 대처	SCM, CRM
상호작용	폐쇄적 System	외부 환경과 교류가 없는 System	Groupware
인간의	자연적 System	인간의 개입이 없는 System	우주/인체시스템
개입여부	인위적 System	인간이 생성한 System	정보시스템

- 추상적/물리적 System, 적응/비적응 System 등으로 구분 가능

"끝"

문 3) 정보시스템 (Information System)의 구성요소에 대해 설명하시오.

답)

1. 정보(Information)과 정보시스템의 정의

가. (정보의 정의)-어떠한 자료를 처리하고 가공하여 특정한 목적을 달성하는데 필요한 가공된 Data (의사결정에 도움)

나. (정보시스템의 정의)-경영자의 의사결정을 지원하기위해서 조직을 관리하고 통제하는데 필요한 정보를 수집, 처리, 저장, 배포와 관련된 모든 구성요소의 집합

2. 정보 System의 구성요소와 설명

가. Information System의 구성요소

- 자료를 입력받아 유용한 형태의 정보로 출력 (의사결정에 도움)

나. 정보 시스템의 구성요소의 설명

종류	설명
Hardware	CPU, 주기억장치, 연산, 입력, 출력을 수행하는 Computer
Software	Hardware 제어 프로그램 OS, Utility, Eclipse, Excel
DataBase	조직화된 사실 & 정보들의 집합체. MMDBMS

PART 1. 정보 기술(Information Technology)

			N/W, 통신	Computer와 주변장치/정보시스템 간의 Interface	
			사람	정보시스템 전문가, 경영자, 관리자, 종업원	
3			기능별 정보 System의 분류		
			유형	기능별 정보 시스템	하위 시스템
			생산	생산, Computer(CAD), 설비배치	생산관리, 재고, 품질관리
			마케팅	판매예측, 시장/가격분석, 주문처리	유통경로, 가격, 판매
			인사	훈련과 개발, 인적 자원계획	보상관리, 교육훈련
			재무, 회계	재무흐름, 예산/수익계획, 포트폴리오	재무예측, 자금관리

"끝"

문 4)	정보기술(IT, Information Technology) 발전에 따른 과거와 현재의 차이점에 대해 기술하시오.
답)	
1.	정보기술(情報技術), IT(Information Technology)의 정의
	- 전기통신, 방송, Computer(정보처리, 컴퓨터 Network, Hardware, Software, Firmware, Application 등), 통신망 등 사회 기반을 형성하는 유형 및 무형의 기술분야
2.	정보기술의 측면 (경영정보와 연관)

정보기술의 구성 요소측면	경영정보를 처리하는 기술과 관련된 H/W, SW는 물론 통신기술, 자동화 기술 및 기타 관련 기술을 포함
정보기술을 이용 하는 목적측면	경영에서 정보기술을 이용하는 목적은 사람에 의한 조직이 갖는 제약을 보완하고 조직성과 향상

3. IT 기술 발전에 따른 과거와 현재의 차이점 (예제)

과거	정보기술 활용	현재
정보는 한 장소 에서만 공유	공유 (Database)	정보는 필요할때 여러 장소에 존재 가능
전문가만 복잡한 전문지식 취급	전문가 System	비전문가도 공유된 Data, 정보를 기반으로 전문지식 취급
정보의 수신/저장/ 검색/전송 위한 장소	의사결정지원/ 전사적지원 System	어느 장소, 시간에도 정보 취급이 가능 (제약 없음)
작업자들은 공동 작업을 한 장소에서	SNS 전자메일 C/S 통신, P2P	작업자들은 서로 다른 장소 에서도 Co-work 가능

		잠재적 고객과의 가장 좋은접촉은 재면접촉	→	화상 회의	→	원거리, IT(정보기술)활용 Easy 접촉(정보교란)
수동적 탐색, 직접탐색	→	자동식별& 추적기술	→	능동적, 사물이스스로 정보통보
계획은 주기적으로 수정	→	고성능 검측탐기술	→	계획은 필요서 즉시 수정

"끝"

문	5)	정보기술(IT, Information Technology)의 주요 변화
		내용에 대해 설명하시오
답	)	
1.		정보기술(IT, Information Technology)의 정의
		- Computer, Software, Hardware, Firmware, Internet, Multimedia, N/W, 경영혁신, 행정쇄신등 정보화 수단에 필요한 유형/무형의 총망라된 기술
2.		정보기술의 주요변화 (S/W, H/W, N/W 측면)

N/W Computing		Host 중심 → N/W중심, P2P, D2D, IoT
System	H/W	open H/W : 공유, 협업, 개발, MICOM→AP화
	S/W	OSS중심 (open source software), 자동화
UI		text, Graphic → 증강/가상현실, UI/UX 중시

3.	정보기술의 주요변화 (경영 측면) - 경영/관리측면의 정보기술

항목	과거	현재
구조	계층적, 폐쇄적	Network화, 공유
Scope	내부/ Local	외부/개방/Global
주요자원	자본	인간, 정보, 지식
상태	정적, 안정	동적(Dynamic), 변화
주요인력	관리자, 해상자	전문가, 관섭자, 개인
지시	경영자의 Order	자기관리
개인적 동기부여	상관의 기대 만족	목표의 달성
관계	경쟁적	협동적

			학습	특정 기술	보다 폭넓은 기술
			보상의 기초	계층구조상의 지위	성취, 능력수준
			지배적요구사항	철저한 관리	지도력
			핵심 동인	보상과 처벌	참여
			기술 사용	기존 기술 활용	창조적 Idea 발굴
			Work	part단위 프로젝트수행	Co-work, 팀 단위

동인 : 행동을 촉발하는 원인. Motivation   〃끝〃

문	6)	IT 경영의 필요성과 IT 경영에 필요한 System,
		정보시스템의 물리적 구성요소에 대해 설명 하시오
답)		
1.		IT경영의 필요성과 경영환경의 설명
	가.	(IT 경영의 필요성) - 신속한 의사결정과 기업의 생존력 강화,
		기업이미지 향상을 통한 Business 연속성/지속성의 필요
	나.	경영환경의 변화

경영환경 변화 → (변화) → Business Trend

경영환경 변화
- IT의 진화
- 소비패턴의 변화
- Platform의 진화
- 기업혁신 필요

기업 생존력 강화

Business Trend
- Business 채널 다양화
- 신개념 Biz의 등장
- 가치지향 Biz의 확산
- 무한 경쟁 체제의 도래

2.		IT 경영에 필요한 요소 또는 System

항목	적용 가능 System 또는 요소
기업경영 전략수립	EA, BPR, ISP, ITA 등
정보 시스템 구축	ERP, PDM, CRM, SCM, PRM, SRM, SEM, BSC 등
전사적통합시스템	EAI, ESB, EP, B2Bi, eAI, BPM, BI 등
아웃소싱 프로세스	RFI, RFP, SLA, SLM, Utility Computing
IT 서비스관리	ITSM, ITIL, ISO 20000 등
비즈니스 지속관리	DRS, BRS, BCP, BIA, Mining 기술 등
IT 효율 지원 및 비즈전략, IT투자성과	IT-Governance, IT-Compliance, RTE, SEM (VBM, ABC/ARM, BSC) 등

		IT 서비스 실행	ITO, BPO, BTO, KPO, Escrow, 내부통제등
		비즈니스 혁신방안	6시그마, TRIZ, BPM, BPR, TQM등
3.		정보시스템의 물리적 구성요소	

물리적요소	내용
Hardware	5가지요소(입력/출력 장치, 주기억장치, 보조기억, 제어/연산)
Software	명령어의 모음인 Program 및 절차
정보통신 N/W	의사 전달 가능한 통신망 (H/W와 Software)
Data	응용 S/W에 의해 생성되고 저장되는 모든 Data
Process	메뉴얼, 지침서, 표준사양서등 공식적인 운영절차
사람(기술)	시스템분석가/설계자, 엔지니어, 품질/운영관리자등

"끝"

문	7)	경영혁신(Management Innovation)의 종류와 각각에 대해 설명하시오 기법

답)

1. 경영 패러다임의 (Paradigm) 변화 대처, 경영 혁신의 정의

- 급격한 환경변화에 적극적 & 능동적으로 대처하고 경쟁력을 강화하기 위한 목적(Goal, Target)으로 실행하는 전사적 차원의 체질 개선 전략(Strategy)

2. 경영 Innovation(혁신) 기법의 종류

리엔지니어링	리스트럭처링	다운사이징	벤치마킹	학습조직	아웃소싱, 전략적 제휴	고객만족 경영, 스피드 경영, 사내 벤쳐, 가치기반

- 경영 혁신을 통해 기업 생존력강화, 이익극대화, 시장선점 등

3. 경영 혁신 기법의 설명

종류	설명
Re engin-eering (재설계)	기능중심 → process 중심 과거의 업무구조 / 미래의 업무구조 · 사람 → [변화될 요인] → process · 부서일 → [Action] → 조직 전체의 일 · 잘못한 사람 → [문제점 소재] → 오류를 발생시킨 process · 생산자 중심 → [중심사상] → 고객중심

				비용, 품질, 서비스, 속도등 기업의 핵심요소를 극적으로 향상 시키기 위해 업무 process를 근본적으로 다시 생각하고 과감(급진적)하게 재설계 하는것

리스트럭처링 (Restructuring)

· 구조조정, 사업 재구축, 사업단위 재편성, 규모축소

경쟁력강화		신규사업 진입여부
사업단위축소	기업 생존력 강화	주력사업 선정
사통폐합		기존사업 포트폴리오분석

Value Chain, 경쟁우위, 우량기업화, 생태계 구축
비전 및 미래목표 확정, 전략수립/구축

다운사이징 (Down Sizing)

· 감량 경영, 인력 감축과 조직 재설계 방법
· 조직의 효율성을 향상 시키기 위해 의도적으로
  인력, 계층, 작업, 직무, 부서 등의 규모를 축소 시킴

환경변화 적응 — 인력감축 — 효율성증대 — 업무 process 변화
의도적

벤치마킹 (Bench Marking)

· 다른 기업과 상세한 비교를 통해 자신의 역량을
  평가하고 이를 더욱 향상 시키는 방법

① 내부 Benchmarking

process 파악 → 분석 & 검토 → 평가 → 개선 → 실행

② 외부 Bench Marking : 동종혹은 유사 업종에 있는
  우수기업 & 경쟁업체의 주요기업 성과지표 파악

			학습 조직 (Learning Organi zation)	-조직 구성원들이 원하는 성과를 달성 할수 있도록 지속적으로 능력을 확대 기술 Level up, 공유, 열망, 학습 방법을 끊임없이 발전시키는 조직 <학습 조직의 Life cycle> 창출, 공유, 저장, 폐기

			아웃 소싱	-주문이나 계약에 의해 자사의 경영 기능을 전문업체 (Vendor)에게 위탁, 충분한 기술력 획득하고 동시에 경영 자원의 여유분을 기업본업에 집중

		전략적 제휴 (Strategic Alliance)	-경쟁 관계에 있는 기업들 간에 특정한 사업 및 업무분야에 걸쳐 협력 관계를 맺는 것 (체결)	

종류	내용
제휴합작벤처	Joint Venture, 모기업독립→하나의 사업체구성
업무 제휴	연구개발, 생산, 판매등 협력관계 체결
컨소시엄	대규모 project 추진 위해 여러업체 공동 참여
지분 참여	특정 파트너를 찾아 지분의 일부를 취득
복합 제휴	여러분야에 복합적으로 체결 하는 방식

	고객 만족 경영	.CSM-Customer Satisfaction Management -고객 중심적 사고를 바탕으로 모든 경영활동 전개 -효과 : ① 재구매 고객의 창출 (충성고객), ② 비용 절감 ③ 구전효과 (입으로 전파) ④ 기업이미지 향상

				선속한 대응력, 거희선점, 타이밍경영, 유연경영	
			스피드 경영	속 성	대응 방향
				먼저(거희선점)	경쟁사 대비 선 제품 조기 출시
				빨리(시간단축)	선속의사 결정, 개발/주문/출하시간단축
				제때(Timing)	고객과의 납기준수, 필요시 적기공급
				자주 (유연성)	·Rescurce 실시간관리, 다품종소량
			시나리오경영	적재적소의 경영, 향후 전개될 기업환경흐름 미리선속 대처	
			가치 기반 경영	-VBM: Value Based Management (관리) -현금 흐름의 최대화를 도모하면서 성장이라는 양적확대 와 투자효율을 따라 잡는 질적 향상을 동시에 추구.	
					"끝"

문	8)	MOT(Management Of Technology)에 대해 설명하세요.
답)		
1.		공학, 과학, 경영 원리의 결합, MOT의 개요
	가.	MOT(Management Of Technology)의 정의
		- 기술관리, 기술경영 - 기술의 효과적인 획득/관리/활용을 통해
		기술의 사업화를 촉진하고 경쟁우위를 강화하여, 현재와
		미래의 수익창출을 극대화하기 위한 제반활동
	나.	기술 경영 (MOT)의 등장배경
		공학과 과학, 경영의 원리를 연결하여 기술적 역량을 계획, 개발, 실행 → 조직의 목표 달성
2.		MOT의 체계와 주요 활동
	가.	MOT(기술경영)의 체계와 핵심내용
		- 기술전략, R&D, 획득, 기술 Infra, 기술사업화, 관리 등 모든 기술요소
	나.	기술 경영 (MOT)의 주요 활동

주요 경영 활동	세부 내용
기술 획득	자체개발(R&D), 외부기술채택(아웃소싱)
기술 관리	기술역량축적, 기술평가, 기술자산관리&보호
기술 활용	기존사업/제품강화, 신규사업/제품개발, 기술판매
기술의 사업화	기술개발의 핵심목표 = 기술의 사업화
경쟁우위 강화	기술역량축적과 제품/서비스 경쟁력 확보
현재/미래의수익창출	현재&미래의 수익 창출 준비
경영 활동	기술 경영 = '기술개발 활동의 경영'

3. 정부의 기술 경영 (MOT) 추진 전략   「적/박사양성」

가. MOT 학위과정 설치&운영 : 기술사업화 핵심역할 감당 실무형

나. 기술 경영 소양 강좌 개설 지원, 기술 경영 교과목 개발& 확산

"끝"

IT 경영 분석 및 전략

내부/외부 환경 분석, 3C, 4C, SWOT 분석 기법, PDCA Cycle, IDEAL Cycle, BCG Matrix, MECE/LISS, 5 Forces 분석, 7S 분석 기법, Benchmarking, Pareto 법칙, STP 전략, ROI, TCO 등 IT 경영 분석에 필요한 기본적인 내용을 학습할 수 있습니다. 자주 출제되는 토픽들입니다.

[관련 토픽 - 15개]

문	9	)	경영환경 분석기법들을 나열하여 설명하시오		
답	)				
1			전략수립도구, 경영환경분석의 종류와 용도		
		-	경영환경 내/외부의 요인을 분석하고, 이를 기반으로 체계적인 전략수립에 가능한 기법		

		구분	기법	분해요소	용도
		외부 환경 분석	PEST	거시적 (정치, 경제, 사회, 기술)	조직의 성장, 발전에 기회와 위협분석
			5-Force	잠재적 진입자(신규참여자)의 위협, 기존 경쟁자간의 경쟁, 대체재의 위협, 공급자교섭력, 구매자교섭력	-산업 구조적 특성및 기업 구조 가치의 분석, 경쟁우위 -현사업 경쟁력 강화-
		내부 환경 분석	7S	공유가치, 전략, 조직, process, 구성원, 스타일 핵심 역량(skill)	-내부역량 수준분석 -조직역량및 체계분석 -기술내재화-
			I/P MATRIX	-경쟁우위 (중요도, 수행도) -시장 선점/경쟁력강화	-조직이 속한 사업 내부 보유역량분석
			BCG MATRIX	포트폴리오, 시장규모, 시장 성장률, 상대적시장성장률	-사업의 생명주기 포트폴리오관점 분석
			Value chain	-본원적(물류, 마케팅등)활동 -지원적 (관리, 개발등)활동	-고객 가치 창출 -경쟁우위 원천 분석
			재무	안정성, 활동성, 수익성,	-재무 제표분석

			내부	분석	성장성, 투자비율	-경영 상태 파악
			환경	인적 자원	-인력 구조 파악	-조직 보유인적자원
			분석	분석	(직군,직렬,학력,전공등)	활용.
			내/외부분석	3C	회사, 고객, 경쟁자	-AS-IS 도출
			경쟁전략	SWOT	Strength, Weakness	-기업 내/외부환경을
			수립		Opportunity, Thread	바탕으로 전략 수립

2. 경영환경분석의 상세 기법 (5-Forces, SWOT기법)

　가. 외부 환경 분석 기법, 5-Forces 분석기법

①: 소수의 공급자가 독점하거나 제품을 판매하는지 여부

②: 대규모 구매가 발생하는지, 구매자가 비용절감에 관심이 많은지 여부등

⑤:구매자가 한종류의 제품이나 서비스로부터 다른 종류의 제품이나 서비스로 쉽게 대체 할수 있는 정도

④:기존의 경쟁기업이 많은지, 규모와 자원이 비슷한지 검토

③:진입장벽검토(규모, 제품의 차별화, 독점기술, 정부정책등)

　나. 전략도출, SWOT 분석

- SWOT 분석은 조직 내부의 강점(Strength)요인과 약점(Weakness)요인을 파악하고, 외부환경에 대한 기회(Opportunity)요소와 위협(Threat)요소를 도출 하여

4가지 전략적 분석을 통하여 대응 전략을 개발하기 위한 분석 방법임

	7S기법을 이용한 내부 강/약점 분석		
	구분	강점(S)	약점(W)
5-Forces, 4C분석을 이용한 외부 기회/위협 분석	기회 (O)	-SO전략, 강점을 극대화하여 기회획득	-WO전략, 약점회피 하면서 기회를 잡는 전략
	위협 (T)	-ST전략, 강점을 활용, 위협회피	-WT전략, 약점최소화, 위협회피 전략

3. 내부환경 분석 기법, 7S Model

구분	분석 내용	구현방안
전략	Strategy, 기업의 운영&사업전략 수립	경영 전략 수립
프로세스(process)	고객가치부여, 매출/이익증대 프로세스설정	PI팀 설치
조직 (Structure)	부가 가치 형성을 위한 조직 구조사 직무를 분류, 역할과 책임등을 분석	Matrix, 조직화
구성원 (Staff)	구성원에 대한 평가/보상제도,교육 배치, 업무평가, 급여등 경영 계획 및 목표를 통한 전문 능력 향상	신규 인사모형 도입 -평가/보상-고과체제
핵심역량 (Skill)	구성원의 전략 기록, 전문화된 기술 숙련도 분석	-역량 강화(핵심) -자산화(개발)
Style	기업의 고유한 문화 장착-Identity	조직문화 전파
공유 가치	정착화 위한 CEO와의 공유가치형성	CEO에 의한 공유가치 제시

4	.	문제 해결 방안. 4C

3c/4C의 요소

Channel ① (환경) Circumstance

Customer ②

Company ③ ─ Competitor ④

①: 특허권, 정부규제등 신규 업체의 진입 장벽분석.

②: 고객에 대한 모든성향, 구매지역 수, 충성도, 구매이유등 분석

③: 자사의 공유가치, 전략, Skill, 구조, System, 구성원, Style등 분석

④: 동일 산업군의 기업수, 경쟁업체의 강점, 약점, 전략, 패턴분석

"끝"

문	10)	3C 분석 (Analysis)에 대해 설명하시오.
답	)	
1.		경쟁사 대비 당사 차별화 전략, 3C분석의 개요.
	가	3C(Company, Competitor, Customer)의 정의
	-	당사(자사)와 경쟁사를 비교분석 하여 차별 기술 요소를 발굴, 경쟁 우위 선점을 위한 분석 기법.
	나	3C Analysis의 필요성

전략 수립	시장점유율 강화	당사 경쟁력	강점 약점	고객 Needs 각악	역량 강화
경쟁사 우위선점		당사 경쟁력 수립		Needs 현황/추이	기술력 확보

	2.	3C분석의 구성과 평가 기준
	가	3C Analysis의 구성 : 고객, 자사, 경쟁사로 구성

- Brand Image
- 기술력/홍보/영업
- 자사문화(선진화)
  경쟁우위 process

고객
- 고객 집단별 Needs 현황/추이
- 시장 구조 변화 각악 및 대응
- 규모/성장성, 시장 세분화.

당사

경쟁사 - 주요 경쟁사의 강점과 약점 파악

	-	3C의 삼각형 조화를 통해 지속적인 경쟁우위를 선점
	나	3C분석의 평가 기준

3C	평가 요소	기준
고객 (Customer)	시장 규모, 성장율, 소비자 Needs	-해당 시장분야의 규모 적절성 -성장가능성, 잠재 수요.

		경쟁사 (Competitor)	-경쟁업체 -잠재적 경쟁업체	-새로운 경쟁자 진입 가능성 -경쟁사의 강점과 약점
		자사 (Company)	-내/외부환경 기술 역량, 비전&목표	-기업의 목표와 일치, Resources 특별 -시장 성장 가능 상품과 기술력 특별
	-	평가요소는 5~7점 사용평가, 평가요소별 중요도 감안 필요.		
3		3C분석의 고려사항및 활용		
	-	3C분석 과 동시에 FAW (Forces At Work) 분석 병행		
	-	3C분석 이후 SWOT 분석등을 통하여 자사의 강점을 강화 하는 동시에 경쟁사 대비 우위 기술력 확보 (KSF-Key Success Factor)		
				"끝"
		FAW: 경제, 시장, 규제, 국제관계의 4가지 측면 에서 분석.		

문	11)	전략수립도구인 4C에 대해 설명하시오.		
답	)			
1		<u>4C = 3C + 환경(Circumstance)</u>, 4C의 개요		
	가	<u>최적의 전략(Strategy)도출</u>, 4C의 정의		
	-	Business 문제 해결 분석 방법론, 고객, 경쟁, 기업,		
		환경분석을 통해 효과적인 전략을 수립하는 Activity		
	나	문제 해결위한 분석 방법론, 4C의 항목		

고객분석 — 경쟁분석 — 기업분석 — 환경분석

3C / 4C

| 소비자 needs | 현재/잠재적 | 기술 역량 | 현 시장분위기 |
| 시장규모/구성 | 경쟁업체 | 성장률, 비전 | 위험/성장요소 |

2		4C (고객, 경쟁, 기업, 환경)의 항목및 설명		
	분류	항목	설명	
	고객 분석	Customer Analysis	누가 시장을 구성, 무엇을 사고래 사는가? 구매 장소, 나이등 고객의 Needs 분석	
	환경 분석	Circumstance	Channel(판매망)의 구성원, 요구사항, 매출 목표달성도, 재고수준	
	경쟁 분석	Competition 분석	경쟁 상대 & 전략, 경쟁업체의 강점, 약점, 대응 패턴 분석.	
	기업 분석	Company 분석	자사의 매출, Market share, 기술의 강점, 구성원의 기술 수준	

3.		4C와 타 전략수립도구와의 연결 Flow (흐름도)

환경도출 → 분석도출 → 해결도출

외부환경 (5-Forces) --외부환경분석--> SWOT --> 4C --> 최적의 전략 도출 & 실행 (이행)

내부환경 (7S Model) --내부환경분석-->

Feedback

- 외부환경/내부환경 분석결과를 SWOT 기법을 통해 최적의 전략을 도출하고 문제 해결 도구인 4C를 통해 최적의 전략(Strategy)을 도출하는데 활용.

"끝"

문12)	SWOT 분석기법과 절차에 대해 설명하시오.
답)	
1.	기업의 내부및 외부환경 분석 기법, SWOT의 개요.
가.	외부요인(시장, 환경)과 내부요인(기업, 제품) 정보수집, SWOT정의
-	기업 내부의 강점과 약점을 분석하고 외부환경의 기회요인과
	위협요인을 파악하여 전략적 재안을 도출하는 분석 방법(기법)
나.	새로운 기회 창출, SWOT의 목적

환경기회	환경(외부)요인들의 변화를 통해 새로운 기회 창출
기업기회	환경요인과 부합, 자원과 능력 구비한 기업의 선도 전략

2. SWOT 분석 Matrix 및 분석 전략 & 절차

가. SWOT 분석 Matrix와 설명

내부환경요인: 인적, 자원, 기술

외부환경 요인:시장 정치, 경쟁	구분	강점	약점		
	기회	SO	WO	SO	강점부각, 새로운 기회활용
	위협	ST	WT	ST	강점으로 위협을 완화
				WO	약점극복, 시장기회 활용
				WT	위협 최적, 약점 최소화

- S(Strengths), W(Weaknesses), O(Opportunities) T(Threats)
- 4가지 분석요소 비교후 중요성, 달성가능성, 차별, 적합성고려, 전략화

나. SWOT 분석의 Procedure (절차)

단계	Action Item	수행 내용	도구/산출물
1.	기회/위협 평가&도출	환경변화(외부요인)분석, 기회와 위협요인을 작성	시장동향, 정책, 기술 5-Force 분석
2	강점과 약점	자사의 능력(내부요인)분석	기업자원, System

			2	평가 및 도출	강점과 약점을 작성	7S 분석
			3	SWOT Matrix 작성	기회, 위협, 강점, 약점의 관련성 검토 → SWOT 매트릭스 작성	- SWOT Matrix - Action Item
			4	SWOT 분석 활용 전략 수립	- 경영목표 달성 가능한 과제 발굴 - 자사 실현 가능 전략 과제 책정	- 전략 과제 등록 - SO, ST, WO, WT 활용
			5	실행 전략	과제를 System에 등록	부서별 Activity
			- 강점을 최대 부각, 위협을 회피(최소화), 약점 보완			→ 기업 전략 수립
3.			실무 경험 차원의 사례 ('신규 IT 제품 - IoT 기술 적용 사례')			

구분	현재 상황	보완	효과
강점	H/W 기술, 제조기술	Sensor, IoT 기술 적용	기술 내제화 달성
약점	S/W 기술 미비	OSS 적용, S/W팀 구성	S/W 기술 강화
기회	신규 사업 강화 필요	신규 사업팀 구성	신규 시장 진입
위협	현 제품 단가 하락	신 사업 필요성 공감	사업 로드롭라 달성

"끝"

OSS (open source software)

문 /3)	PDCA Cycle에 대해 설명하시오.		
답)			
1.	품질관리 이론, process 관리관점에서의 PDCA의 개요.		
	가	계획, 실행, 점검, 조치 (plan, Do, check, Action)의 정의	
		- 에드워드 데밍박사고안, 품질관리 & process 관리에서	
		가장 많이 사용, 계획, 실행, 측정및분석, Monitoring,	
		품질관리를 위한 process 개선 사이클 (Cycle)	
	나	PDCA (Plan-Do-check-Action)의 개념도.	

점검 ← 개선 → 품질 (Quality)

Action|Plan / Check|Do

check = (Plan-Do)의 Gap 분석

- 일반적으로 60~70% 실행후 check (점검) 수행 - 중간점검

2.	PDCA를 통한 Biz process 최적화 관리 방안		
	가	PDCA 기반의 비즈니스 process 관리 Framework	

<BPM 계획/실행 phase>

BPM 실행전략/정책/도구

plan → 이행 → Do → 이행 → Check ← 내/외부 제약

개선

① 관계

Action (Correct)

check = (Plan-Do) Gap 분석

정정 (Correction)

② 관계 <BPM 통제 (제어) phase>

- ①②단계로 계획 & 실행 단계와 통제 단계로 구분

| | 나 | PDCA 단계별 비즈니스 process 관리 주요 활동 | |

BPM = Business Process Management
phase = 단계

단계	목표	주요 Activity	관리도구
Plan	-프로세스 표준화 -공감대 형성	-프로세스 Mapping (정형화) -성과지표 모델링(KPI,CSF)	-프로세스 Modeler -프로세스 Viewer
Do	Process 실행	-Process 자동화 -진행 Status 모니터링	-Workflow Management
Check	성과모니터링 측정, 분석	-process 성과모니터링(KPI) -process측정,분석&통제	-모니터링도구 (KPI,Data수집)
Action	process 개선	-개선 프로세스 도출 -개선안 Verification	-분석/검증도구 -Improvement

- Check 단계에서 관리도구는 Dash Board, 성과지표분석도구

3. PDCA를 통한 Process 개선 효과

- 기업의 개발&생산, 공정 활동에 적용하여 Value chain 달성
- Issue 발생시 과거 경험사례에 DB화 후 재발방지 대책수립가능
- Process Automation을 통한 기업 이미지 향상 효과

"끝"

문 /4)	process 개선을 위한 IDEAL Cycle에 대해 설명하시오
답)	
1.	process 개선 위한 IDEAL Cycle의 개요.
가.	착수, 진단, 수립, 이행, 학습 Cycle , IDEAL Cycle의 정의
	Plan - Do - check - Action 관점에서 조직의 정책과 방침을
	수립하고 수행, 지속적인 모니터링 (Monitoring)과 개선
	사항을 반영하는 일련의 Cycle Model (모델)
나.	process 개선, IDEAL Cycle의 필요성

How-To 관점	What 중심의 process가 아닌 How 관점 제공
지속적 개선	지속적으로 process 개선 및 조직내 재화도구 제공
조직 역량 강화	세부 Activity를 통해 조직의 역량강화

2.	IDEAL Cycle (Model)의 구성과 각 단계의 Activity
가. IDEAL Cycle 의 구성 도	

나.	IDEAL Cycle의 각 단계별 주요 Activity

단계	설 명	주요 Activity
착수	-process 개선목표 & 목적명세	공감대 형성, 전략 연계
	-개선 대상 & 지원 체계구축	후원자 확보, 지원체계수립
진단	-현행 process의 실사 & 진단	-As-is & To-Be 정의
	-조직 요구 수준과의 Gap 분석	-GAP 분석, checklist

			수립	-개선 위한 Action Item 수립	-우선순위 정의, 접근방법
				-수행팀 구성, P.IC 정의	정의, Action plan 정의
			이행	-Process 개선 활동	V&V 활동, Test,
				-Process 측정치정의 & 측정	정제, 이행, Measure
			학습	-경험을 문서화하고 분석	-분석(Analysis), 검증,
				-조직적 접근방법 재조정	-향후 활동 제안

3. 현업 수행 과정에서의 경험 사례

- <u>Goal</u>과 전략수립 : Process 개선을 위한 공감 & 목표필요
- <u>중장기 지속 개선</u> : 일회성, 형식적이 아닌 현업중심의 지속개선
- <u>open mind</u> : 조직 & 구성원의 공감대 / 필요성 공유

"끝"

PIC: person In charge : 책임자

문 15)	BCG Matrix 에 대해 설명하고 각유형에 따른 적용가능한
답)	전략을 수립하고 사례를 들어 설명하시오.
1.	사업단위의 자원 배분에 대한 지침, BCG Matrix의 개요.
가	BCG (Boston Consulting Group) Matrix의 정의
	전략사업단위를 시장성장률과 시장점유율을 기준으로 분석,
	사업의 조합이 적절한가를 검토하는 분석도구
나	BCG Matrix의 특징 (4가지 유형)

시장성장률 고 / 저 Question Marks ① ② Stars ③ ④ Cash Dogs Cows 고 시장점유율(M/S)	① Question, Problem : 문제아군사업부 ② 고성장-고점유율군에 위치한 사업부 ③ 성숙기를 지나 쇠퇴기에 진입한 사업 ④ 매출증가 둔화, 높은 점유율 유지 낮은 성장률이나 상대적 높은 시장점유

2.	BCG Matrix상의 4가지 유형에 적용될수 있는 전략
	확대전략 ① Build 유지전략 BCG 전략 도출 수확전략 ② Hold ④ Harvest 철수전략 ③ Divest	① 문제아군 사업 → 확대전략 시장 점유율과 매출 향상 위해 기술개발 & 마케팅에 투자 외부 자금 지원이 필요 ② 문제아군사업 & 약한 Cash Cows 사업 → 수확전략

③ Dogs 사업군 → 철수전략, 경쟁력이 없는 사업으로서 사업
단위를 처분하는 전략 ④ Cash Cows - 유지전략, 현재의
시장점유율을 유지, 발생된 잉여자원을 신규사업에 투자 활용

3		BCG Matrix 적용사례 (Mobile 사업의 예제)

BCG Matrix 적용사례 (Mobile 사업의 예제)

- 세로축: 시장성장률 (고 / 15% / 저)
- 가로축: 시장점유율(M/S)

Question Marks
- 모바일 옥션 → 경매
- 유료화 → 2년 이내 적용

Stars
- 2년 이내 적용
- 모바일 개기 Tab

Dogs
- Mobile 솔루션 → 해외시장진출 → 향후 3년이내

Cash Cows

시장점유율(M/S)

모바일경매	차세대 성장동력, 초기 시장 고성장 예상
모바일 기기	시장성장률 둔화, 안정적인 수익 창출, 신규투자 지속
모바일 솔루션	시장 포화 상태, 향후 해외시장 진출 → 새로운 기회 포착

"끝"

문	16)	컨설팅의 기본원리인 MECE (Mutally Exclusive Collectively Exhaustive)와 LISS (Linearly Independent Spanning Set)에 대해 설명하시오
답	)	
1.		전략적 문제 해결 기법, MECE와 LISS의 정의
	가.	(MECE의 정의)-서로 중복되는 부분이 없으며, 누락도 된 것이 없이 문제의 전체를 파악하는 방식 & 기술
	나.	(LISS의 정의)-상호 중복되지는 않고 각각의 합이 전체가 되지 않지만 각각의 부분집합이 내포하고 있는 중요한 의미를 명확히 하는 전략적 사고 방식
2.		MECE와 LISS 관계 및 MECE와 LISS를 활용한 Framework
	가.	MECE와 LISS의 관계

MECE (전체고려)	LISS (중요 point 우선)
〈합하면 전체이면서 상호배타적〉	〈중요과제의 명확화, 상호배타적〉

| | 나. | MECE와 LISS를 활용한 Framework |

마케팅 4P		사업 포트폴리오	3c
product (제품)	시장성장율	Problem | Star	-고객
price (가격)			-경쟁사
placement(경로)		Dog | CashCow	-자사
promotion(판매촉진)		시장점유율 →	

			- 사실과 현상을 정의, 분류하는 사고의 틀을 MECE와 LISS로응용
3.			MECE와 LISS 적용 환경 개선 방법론
		분류	설 명
		외부 환경분석	5 Force Model (산업구조, 경쟁분석), BCG (사업매력도 와 경쟁우위성)등을 이용 산업 환경을 분석
		내부 환경분석	3C (고객, 경쟁사, 자사), Value chain (가치중심분석) 7S (조직 개발측면에서 7가지요인을 통해 내부 역량 분석)등을 이용 경영능력, 강점/약점 분석
		전략수립	SWOT (외부 / 내부요인으로 SWOT 메트릭 작성→전략수립)
		논리적분석	논리적 Tree (Logic Tree)를 통해 Issue등을 분석

"끝"

┌대해경영환경분석 차원에서 설명하시오.

문 17) 기업 경영전략 수립을 위한 5-Forces 분석과 7S 분석기법에)

답)

1. 경영전략 수립을 위한 기초작업, 경영환경 분석의 이해

　가. (경영환경 분석의 의의) - 환경변화에 따른 조직내부의 적합성
　　　제고, 현재위치 파악, 개선과제도출, 추진분야의 전략적 방향설정

　나. 경영환경 분석 체계

2. 외부환경 분석기법과 내부환경 분석기법의 설명

　가. 외부환경 분석기법의 도석과 상세설명

5-forces	설명
기존경쟁자	기존경쟁기업의 규모, 자원검토
공급자	소수독점, 판매망 검토
구매자	대규모구매 여부, 비용절감가능성여부
잠재적경쟁자	로열티여부, 정부정책, 독점기술
대체품	타종류의 제품으로 대체여부조사

　나. 내부 환경분석기법 (7S 기법)

구분	내용	구현방안
전략-Strategy	운영및 사업전략수립	경영전략 수립
프로세스-System	고객가치부여, 이익증대 프로세스	프로세스 혁신팀 확보
조직-Structure	부가가치 형성조직분류, 역할	매트릭스 조직화

구성원-Staff	평가&보상제도, 급여등 계획 및 실천	신규인사모형도입
역량-Skill	전문화된 기술숙련도 분석	핵심역량&자산개발
스타일-style	기업의 고유한 기업 문화 수립	조직문화공유&전략
공유가치-shared value	공유가치 정착화, CEO의 핵심가치 공감	CEO에대한 가치 제시

끝

대상과 필요성 그리고
↓

문	18)	Benchmarking의 절차에 대해 설명하시오.	
답)			
1.		제품경쟁력강화, Benchmarking의 개요	
	가	기업의 경쟁력 환경분석, Benchmarking 의 정의	
		- 경쟁우위를 성취하기 위하여 산업의 최고기술 혹은 업무 process(업무 방식)을 익혀 경영성과를 향상시키려는노력	
	나	Benchmarking 의 발전 과정. (BM : Benchmarking)	

1세대	→	2세대	→	3세대	→	4세대
제품 BM		경쟁력 BM		process BM		전략적 BM

- 회사들의 전략 파악하여 대안을 제시, 전략수행, 성과 개선

2.		Benchmarking의 필요성과 절차
	가	Benchmarking 의 대상과 필요성

BM의 대상	BM의 필요성
-1등전략 : product에 자사의 핵심기술과 시장선도 지속화	-경쟁사 대비 기술우위 확보
(제품특성) (제품원가) (Pro-cess)	-Service 품질 & 기능차별화
	-재료비, 판가 경쟁력 확보
	-기술 Trend 파악및 선도
-2등전략 : 동일 product의 BM	-경쟁력 강화(기술, 시장)

	나	Benchmarking의 절차

절차	설명
계획단계	CSF(핵심성공요소), 핵심 process, 역량파악 BM 제품 & process특성 기술, 문서화 작업

		자료수집 단계	-자사의 process 절차 & 성과 분석, Reporting -가능한 BM 대상기업및 제품선정, 기업의외부 Data수집
		분석 단계	-경쟁회사의 process 성과 차이를 분석 ·process내 어떤 활동들이 성과 차이를 미치는지분석
		개선 단계	-목표(단기목표, 중기목표, 리더쉽목표)를 설정 -향상된 process를 조직에 작은시격 지속적성장유도
3.		성공적인 Benchmarking 실행 방안	
	-	Benchmarking 파트너 선정 기준의 명확한이해와	
		파트너 업체와 Win-Win 전략의 사전공유(Share)	
	-	사전에 Benchmarking 결과예측후 실제 값과 Gap분석.	

"끝"

문	19)	Pareto 법칙에 대해 설명하시오
답	)	
1.		비용대비 효과를 추구, Pareto 법칙의 개요
	가	Core 20%가 80% 전체 결과 형성, Pareto 법칙의 정의
		- 이탈리아 경제학자 파레토에 의해 제안된 전체 결과의 80%가 전체 원인의 20%에서 일어나는 법칙
	나	Pareto 법칙의 사례

소득불균형의 원리 / 최소 노력의 원리 / 우수고객 관리

- 부의 80%는 20%에 의해 소유됨
- 20% 소유 원리

- 투입된 노력, 비용의 20%가 성과, 산출물의 80%를 달성

- 20%의 고객이 80%의 이익 창출

2.		Pareto 법칙의 응용 사례
	가	파레토 법칙 적용을 통한 설계 Review의 활동 효과

설계 Review 활동 → 효과

- 고객 요구사항 반영여부
- 기술적인 구현가능성
- 위험요인의 내포 가능성

20% 노력 → 80%의 결과

- 결함 발생 감소
- Software 성능 개선
- 고객 만족, 이미지 향상

- 전체 결함의 80%가 설계 결함에서 발생, System 발생 결함의 80%는 원인이 되는 20%를 수정해서 해결 ⇒ 설계 Review를 통한 결함의 사전 예방

| | 나 | 운영체제에 적용 : Thrashing 방지기법의 적용과 효과 |

참조 국부성의 적용

- Working set 적용
- Page Fault Frequency 적용

20% 노력 > 80% 의 결과 → 효과

- Thrashing 발생 방지
- Disk 접근 감소
- System 성능 향상

3. Pareto 법칙과 롱테일 (Long Tail) 법칙의 비교

구분	Pareto 법칙	Long-Tail 법칙
경제 패러다임	희소성의 경제	풍요의 경제
진열 방식	획일적인 진열 방식	무한한 진열 방식
유통	복잡한 유통 방식	수요와 공급을 직접 연결

"끝"

문	20)	마케팅 전략인 STP 전략에 대해 설명하시오.
답)		
1.		시장세분화, 타켓팅, 포지셔닝. STP 전략의 개요
	가	Segmentation, Targeting, Positioning 의 정의
	-	세분화된 소비자의 욕구를 만족, 몇개의 기준을 이용 하여
		시장을 분류한후 이러한 세분시장에서 표적시장을 선택,
		마케팅 믹스(판매 전략/기술)를 통해 자사 제품을 소비자에게
		인식시켜주는 과정 (시장 장악력 강화)
	나	STP 전략의 필요성

```
┌─────────────────────┐
│ 소비자의 욕구및 행동 상이  │
│ 지역적으로 광범위하게분산  │──→  모든소비자충족  ──→  ⬭STP
│ 모든소비자 통제&관리어려움  │      가능제품제공불가      전략
└─────────────────────┘                              필요
                              ⬭표적시장
                               마케팅
                    ┌──────────┼──────────┐
                  시장세분화    표적시장 선정   제품포지셔닝
                  Ⓢ Segmentation  Ⓣ Targeting  Ⓟ Positioning
```

		-세분시장 마케팅 - 차별화 욕구/제품, 다품종 소량생산
2.		시장세분화(Segmentation)의 정의, 요건, 예제
	가	(시장세분화의 정의) - 다양한 특성들로 구성된 기업이 시장을
		일정한 기준에 따라 몇개의 동질적인 소비자 집단시장으로

나누는 것. (세분시장은 내부적으로 동질적인 성향을 가지도록 하고 세분시장간에는 이질적인 특성을 가지도록 세분화)

4. 시장 세분화의 요건

항목	설명
측정가능성	(세분)시장의 크기와 구매력을 측정할수 있어야 함
실질성	적절수준의 이익보장하는 일정규모 이상의 시장
접근가능성	자사의 마케팅 자원 & 노력으로 Cover 가능
이질성	세분시장내에는 동질성높고 세분시장간에는 이질성높여야함

자. 시장 세분화의 예제(사례) - 소비자 선호 패턴

사례	명칭	시장 세분화
가격↑ 크기 (그래프)	동질적 소비자 선호 패턴	불필요
가격↑ 크기 (그래프)	분산적 소비자 선호 패턴	불가/곤란
가격↑ 크기 (그래프)	군집적 선호	필요, 차별적, 비차별적, 집중적 마케팅 전략 필요.

의
↓

3. 타켓팅 (표적시장, Targeting) 정의및 마케팅 전략

가. (Targeting (표적시장)의 정의) - 자사 마케팅 활동의 표적이 되는 시장으로 고객은 물론 자사에게 가장 만족할 만한 성과를 제공해 줄 수 있는 시장 (비차별/차별/집중 마케팅 전략)

나	비차별 마케팅 전략	
	단일 마케팅 믹스 (Marketing Mix: 판매기술/전략)	
	정의	기업이 세분시장간의 차이를 무시하고 표준화된 단일의 Marketing Mix로 전체시장에서 마케팅활동을 하는것
	장점	규모의 경제 효과로 비용절감, 광고비 절감, 조사비용/제품관리비용절감
	단점	모든 소비자를 만족시키는 하나의 제품,상표의 개발 어려움있음
자	차별화 마케팅 전략	
	정의	둘 또는 그 이상의 세분시장을 표적시장으로 선정 하고 이들 각각의 세분시장에 맞는 마케팅 전략을 개발하고 활용
	장점	매출액 증대 : 다양한 제품군, 가격/광고 차별화
	단점	비용 많이 발생 : 생산설비, 개발자재, 투자비 발생
라	집중적 마케팅 전략	
	정의	여러 세분시장중에서 단 하나의 세분시장만을 표적으로 삼아 마케팅 믹스를 개발하는 것

		장점	기업이 표적시장을 전문화, 비용 적게소요
		단점	시장의 불확실성에서오는 위험요소가큼.

기업	→	제품	촉진	마케팅믹스B →	세분시장A
		가격	유통		세분시장 B [표적시장]

- 기업의 자원이 한정되어 있는 경우나 하나의 세분시장에서 높은

시장점유율을 추구할 경우에 적합.

4. 시장 Positioning 의 정의와 전략수립

가. (시장 Positioning의 정의) - 자사 제품이 경쟁 제품과는 다른

차별적인 특징과 이점을 보유하고 있다는 것을 소비자의 마음

속에 심어 넣는 Action (활동) - 주요 편의이나 속성등

나 시장 positioning의 전략수립 방안

- Positioning Map (지각도) 구성 (경쟁관계에 있는 여러가

지 경쟁상표들에 대한 소비자 생각(각 상표의 상대적 이미지)을

하나의 도도상 표현) 후 분석 → 전략수립 방안 확보

"끝"

문 21)	캐즘(chasm) 이론에 대해 설명하시오
답)	product (IT 제품)
1.	"도입후 성장기 진입 pending 상태" Chasm 이론의 개요
가.	PLC (product's Life Cycle) 분석 → 경영관리, Chasm 이론의 정의
-	첨단 IT 제품들이 초기시장에서 혁신적인 소비자들에게는 Appeal(호소)되지만 그 다음 단계인 성장기로 진입하지 못하고 시장에서 pending 되거나 Drop되는 현상 (차별화 부족)
나.	제품의 생명주기 (product Life Cycle)

-	제품이 시장에 출하되어 도입, 성장, 성숙, 쇠퇴의 과정 (Life Cycle)
2.	Chasm 이론의 Market 모형과 사전 대처 방안
가.	Chasm 이론의 Market 모형 - 사업/상품/영업 기획에서 고민

-	주류시장 진입을 위해 광고, 차별화, 이미지, 신기술, 평판등 기술개발필요

BM : Bench Marking

4.	Chasm 이론의 극복 (대처 방안)	
	유발원인	극복 방안
	차별화 부재	User firendly UI/UX, 독창기술, 특허
	Contents의 부족	고객 Needs 파악 풍부한 Contents Service
	유통 Channel 부족	영업망, 세분화 통한 지역특성 고려된 영업
	Trend 부족	신사업/기획/기술등 신시장 Trend BM
	판매망 구성, 광고 부재	시장조사, 로지스틱스 구현, Infra구축, 광고

3. Chasm 이론의 극복 Strategy (전략)
- IT 포트폴리오 통한 Value chain 구성, 기술 내재화, 특허화
- ITO 통한 위험요소 제거, 시장 세분화, 선행 prototype 출시.

"끝"

문	22)	기업에서 정보기술(IT) System을 도입하고자 할때,
		투자수익률(ROI)분석에 관한 가이드라인을 제시 하시오
답	)	
1.		투자결정위한 신뢰성/경제성 증명, ROI의 개요.
	가.	ROI (Return of Investment)의 정의
	-	project나 투자의 비용을 성과/효과와 비교하여 투자 타당
		성을 도출하고 시간에 따른 경제적 파급효과를 산정 & 분석
	-	ROI의 최종산출물은 순유형효과 (Net Tangible Benefit)
		보고서 이며 순유형효과는 ROI, NPV, IRR, PP로 구성
	나.	순유형효과분석의 시작점, ROI산정 방법

$$ROI = \frac{Benefit\ (이익)}{TCO}$$

(TCO) 직접비(인건비, 자산구매, 지원비) + 간접비(교육등)

(Benefit) 유형(금전이익), 무형효과(경쟁우위, 전략적 우위)

2.		ROI분석의 핵심지표		
		지표	계산 방법	특징
		투자수익률 ROI	총project 비용대비 순효과의 비율 =(Benefit/TCO) *100	투자타당성 판단가능 이해용이, 시간가치미고려
		순현재가치 NPV	화폐 할인율 고려 project의 예상 순이익을 산출 $NPV = \sum_{t=1}^{N} \frac{C_t}{(1+r)^t} - C_0$	화폐가치반영 미래순이익 규모판단('0'이상이면 투자 가능), 회수기간 Risk 존재

TCO(Total Cost of Ownership)

		내부수익률 IRR	NPV를 'φ'으로 만드는 수익률, 이자수익률과 비교 가능	수익에 대한 기대 가치 신속파악, 투자규모, 회수 기간 미고려
		회수기간 playback period	누적효과가 누적비용을 초과해 손익분기점에 도달하는시간(교차그래프 활용)	흑자 전환시점 파악 발생시점만 파악가능 PP와 투자수익규모 무관

- IRR은 Risk 조정 수익률보다 커야 투자 타당
- NPV = Net Present Value : 순현재가치
- IRR = Internal Rate of Return : 내부수익률

3. ROI 분석 절차와 고려사항

가. ROI 분석 절차

- ROI, NPV가 큰 project, PP가 짧은 project 투자 수행

4. ROI 분석시 고려사항　　　　[필요]

1) Bottom up 접근 : TOC Benefit의 근거, 객관화 위해 세분화

2) 화폐가치 기반 : 고려할 모든 대상을 화폐가치화(무형도함)

3) 일관된 기준 적용 : 비교 대상 project간 일관되고 객관적관점유지

4) 관찰 가능한 결과 기반 : 정량화 가능한 항목만 ROI에 포함

5) 보수적 접근 : 이자율 & Risk 산정 Benefit 산정에 엄격

6) 도구(Tool)에 의한 계산 : What-if-Simulation 가능하도록 Tool사용

"끝"

문 23)		TCO(Total Cost of Owership)에 대해 설명하시오		
답)				
1.		IT투자 평가, 투자 선회성 확보, TCO의 개요		
	가.	TCO(Total Cost of Owership)의 정의		
		- 기업이 시간 경과에 따른 지불해야 하는 직접적인 비용뿐만 아니라		
		이와 관련된 모든 (숨겨진) 비용을 포함하는 통합적인 관점에서 파악		
		→예) 고장시 비용 (Down Time 비용)		
	나	TCO의 사용이유		
		- 비용, 운영, 만족도를 측정가능 : 객관적 자료		
		- 직접비, 간접 비등 총 투자 금액 산출의 Guide Line.		
2.		TCO의 구성요소와 설명		
	가	Total Cost of Owership의 구성요소		

정보 System 사용

Internet Service 사용

직접비		간접비	
H/W, S/W, F/W 비용	System 관리비용	사용자 (IS) 간접비	
지원비용, 개발비용, 통신비용		Down time 간접비	

		- 직접비, 간접비를 포함하여 약 700여개의 항목으로 구성됨		
	나	TCO의 주요 구성 요소의 설명		

항목	세부	설 명	
직접비	자산	New Server, Client, Network 장비 &	
		H/W, S/W등의 Setup(설치), Upgrade	
		등에 들어가는 자본 지출이나 임대비	
	관리	Network, System등의 관리를 위한 전산	
		인력및 전문 서비스 Outsourcing 비용	

			직접비	지원	Help Desk운영, 신제품소개, Desktop이나 서버 유지보수 진행 기술 지원 인력 인건비 포함한 제 비용
			간접비	사용자 운영	정보 System부문이 아닌 사용자 집단에 의해서 발생하는 인건비로 전산조직의 지원에 의존하지 않고 스스로 & 사용자간에 이루어지는 지원 비용, 자기학습, 사용자 App. 직접개발(소요된 시간비용 + 임금)
				자운타임 (Downtime)	계획 & 예측하지못한 Network 이나 System의 서비스 정지, 기능 장애등에의한 생산성 손실

-생산성 손실은 손실된 임금으로 측정

3. TCO와 ROI의 관계 및 TCO분석시 고려사항

가. TCO와 ROI(Return Of Investment)의 관계

/IT투자계획, 실행, 집행

IT투자안

TCO측정/관리
-직접비산출
-간접비 산출

경제적 이득산출
-투자용도에 대한 수익적효과산출

TCO 절감액 산출

ROI 분석
-투자대비 이익률 산정
-기업투자 효율성
-이익 극대화 추구

-TCO 는 IT의 모든 측면의 비용이나 ROI는 project등의 투자에 대한 직접적인 비용에 대한 도출임.

& : 또는

	4		TCO 분석시 고려사항
		-	각 주어진 환경을 고려하여 TCO를 해석하고 측정/관리
		-	계량(수치화)적인 분석을 수행하더래도 정성적인 요인을
			충분히 감안한 분석이 수행될 필요가 있음.
		-	최저의 TCO(Total Cost of Ownership)를 가진 platform
			이 반드시 최선의선택은 아니라는 점을 기억하고 분석/관리필요
			"끝"

PART 3

기업 경영 전략 수립 및
전사 통합 시스템

기업 경영 전략 수립 방법과 전사 통합 시스템인 EA(Enterprise Architecture),
ISP(Information Strategy Planning), BPR, EAI, BI3.0, EIP, EKP, IRM,
BPEL 등에 대해 쉽게 접근할 수 있도록 답안화 하였습니다.

[관련 토픽 – 14개]

대해 설명하시오

문24)	EA(Enterprise Architecture)의 구성과 구축절차에		
답)			
1.	기업을 위한 IT 청사진, EA의 개요		
가	비즈니스와 정보시스템의 상호작용, EA의 정의		
-	기업의 Biz, 정보, 응용 System, 기술등을 시간과 공간적인 측면		
	에서 재배치하고 구성요소간 관계식별후 효율적 적용 체계		
나.	EA(Enterprise Architecture)의 부각 배경		
	정부	각부처간 IT통합관리, 전자정부 시행위한 핵심 Infra	
	금융권	-차세대 project 수행시 선행 기술 제공	
		-IT Compliance에 대한 유연한 대응 및 대책	
	기업	-IT에 Business Process 융합후 기업 이익 극대화	
		-정보기술 자원의 복잡성에 따른 효율적 IT관리	
2.	EA의 구성요소		

EA (목표)		구성요소	관련 활동
비전, 원칙		EA비전, 원칙	ITA 비전/원칙
업무 BRM / 응용 서비스 SRM / 데이터 DRM / 기술 TRM / 성과 PRM	참조 모델	EA 참조 모델	-아키텍처 지원 & 방향성관리
			-EA 준수평가 지침개발
현행 아키텍처 / 이행계획 / 목표 아키텍처	EA Matrix	EA Matrix (현행/목표 아키텍처)	-아키텍처 수립
			-현행분석/목표 수립(정립)
			-EA관련 정보 정의 & 공유
EA 산출물 / EA 관리체계 / EA 지침서 EAMS	EA 관리 체계	EA관리 체계	-EA 평가/개선, 운영
			-EA관련 요구사항 관리
		EA 지침서	표준 및 방향성 준수여부 평가

원칙	범정부 EA Guideline 준수, EA 비젼, EA 원칙
산출	Base/Target Architecture, Road Map, Migration Plan
기준	Framework, Reference 모델 (BRM, SRM, DRM, TRM, PRM)
관리	EA 거버넌스 (환경, 도구, 조직, process), EA Maturity (성숙도)

3. EA 구축 절차

- ITA 관리 체계 수립 및 EA 구축절차임
- 하나의 Project 관리 차원에서 수행필요 (SDLC와 동일)

"끝"

문 25) EA(Enterprise Architecture)의 Reference Model (참조모델)에 대해 설명하시오.

답)

1. 아키텍쳐 표준화, EA Reference Model의 개요

가. (EA Reference Model의 정의)··기관간 협업, 상호운영을 위해 아키텍쳐의 공동어휘, 표준 분류체계를 제시한 메타모델

나. EA 레퍼런스모델의 목적

다. ER Reference Model의 유형

RM: 참조모델

① : 정보화 성과의 제고 & 품질 향상을 위한 성과요소를 분류하고 정의한 체계

② : 업무 및 업무와 관련된 정보를 전체적으로 분류하고 정의한 체계

③ : 응용서비스의 재활용과 효율적 관리를 위해 업무 및 조직에 독립적인 응용 컴포넌트를 기반으로 응용서비스를 분류하고 정의

④ : Data 표준화 및 재사용과 Data 관리(Management)를 지원하기 위해 Data를 분류하고 표준 Data구조을 정의한 체계

⑤ 기술 참조모형 : 업무를 지원하는 응용 기능을 구현하는데 필요한 정보기술 및 표준을 분류하고 정의한 체계

2. BRM과 PRM의 구성및 설명

가. BRM (Business Reference Model)

분류	기능별 분류	과제별(목적별)분류	
BRM	정책분야	비전	단위 과제
	정책영역	정책목표	- 업무처리절차 흐름도(Flow)
	대기능	이행과제	- 유관 정보
	중기능	관리과제	- 속성정보
	소기능		- 관리과제타
	단위 과제		연계
업무관리 시스템	과제관리카드 (양식) ↔ 과제관리카드		

- 기능별/과제별 분류후 업무처리 Flow로 Action 수행.

나. PRM (Performance Reference Mode)의 설명

구분	분류체계	측정 범주 (Scope)	BSC관계
성과	미션/업무결과	기관 추구 사업성과 측정 (BRM)	재무
	고객	고객 만족, 서비스범위, 서비스품질	고객
산출	process/활동	재무, 품질, 생산성, 보안,관리	process
	기술	비용, 품질, 성능, Data, 사용	학습/ 성장
투입	인적 자본	기관 특성에 맞게 설계	
	기타 자산	기관 특성에 맞게 설계	

- 평가분류 체계, 측정 Scope, 성과관리 표준양식으로 구성

3. DRM과 SRM의 구성및 설명

가		DRM (Data Reference Model)

범정부 DRM Framework

- Data Model의 참조, 재사용, 표준, 범정부 DRM Framework를 참조하여 표준 형태로 개별기관에 적용

나		SRM (Service Component Reference Model)

① 기관 고유업무 수행/사업 실행 자원 서비스 분야
(환경, 복지, 문화, 공공 안전등)

② 다수기관 공통 사용, 통합 환경 관리 가능 분야
(감사, 법무, 재정, 행정, 관리등)

③ 대국민/정부내 자원 서비스 구현에 필요한 기술
(보안, DB, Service등)

< 서비스 Domain >

- 서비스 유형과 서비스 대상으로 구분

4.		TRM의 설명

플랫폼&기반구조 ──────→ Service 영역

　　　Network ──────→ 기술분야

　　　├─ LAN ──────────→ 세부기술분야

　　　│　└─ ┌ -Ethernet ┐ ─→ 표준 protocol &
　　　│　　 └ -Token Ring ┘ 　　표준 프로토콜.

　　　├─ TCP/IP
　　　└─ SMTP : RFC2821

platform&기반구조	DB, 서비스제공서버, H/W, S/W, 시스템관리, OS 기반환경
보안	정보서비스 보호& 안정적 서비스 운영관리 (관/거/물리적 보안)
서비스접근/전달	외부 접근 장치, 서비스 전달망, 서비스 요구사항.
요소기술	Data 표현, programming, Data 교환/관리
지F 통합	Service 통합, Data share, Interface

"끝"

문 26)	ISP(Information Strategy planning)에 대해 설명하시오.
답)	
1.	정보관리체계의 비전수립 계획, ISP의 개요
가.	ISP(Information Strategy planning)의 정의
-	기업의 경영목표 달성에 필요한 전략적 정보를 포착하고 주요 정보를 지원하기 위한 전사적관점의 정보구조를 도출, 이를 수행하기위한 전략/전술을 수립하는 전사적 종합 정보 추진계획
나.	ISP의 필요성 (IT에 대한 시각의 전환)

- IT 기술의 발전으로 IT를 보다 전략적 활용이 가능

다. ISP의 위치 (기업업무중심)

Biz, IT planning 연계 / IT System 개발위한 Framework제공

2.		ISP의 구성및 추진단계
	가	ISP의 구성

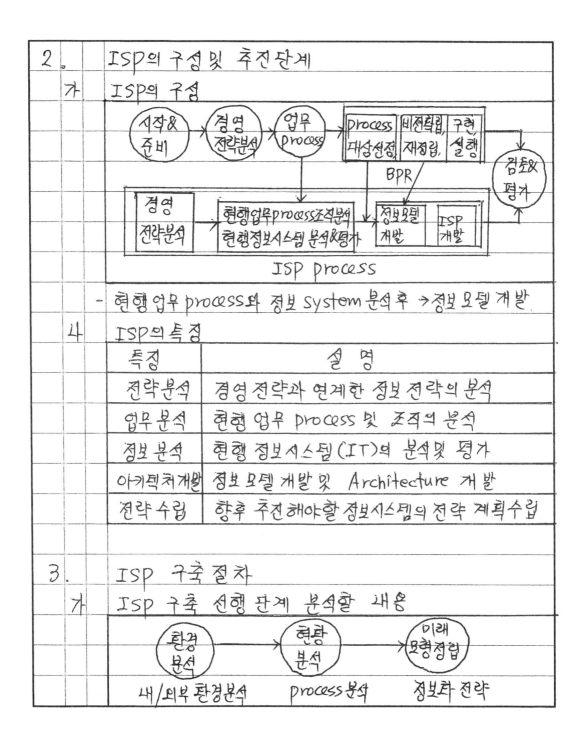

ISP process

- 현행 업무 process와 정보 System 분석후 → 정보 모델 개발

	나	ISP의 특징	
		특징	설 명
		전략분석	경영전략과 연계한 정보 전략의 분석
		업무분석	현행 업무 process 및 조직의 분석
		정보분석	현행 정보시스템(IT)의 분석및 평가
		아키텍처개발	정보 모델 개발 및 Architecture 개발
		전략수립	향후 추진해야할 정보시스템의 전략 계획수립

3.		ISP 구축 절차
	가	ISP 구축 선행 단계 분석할 내용

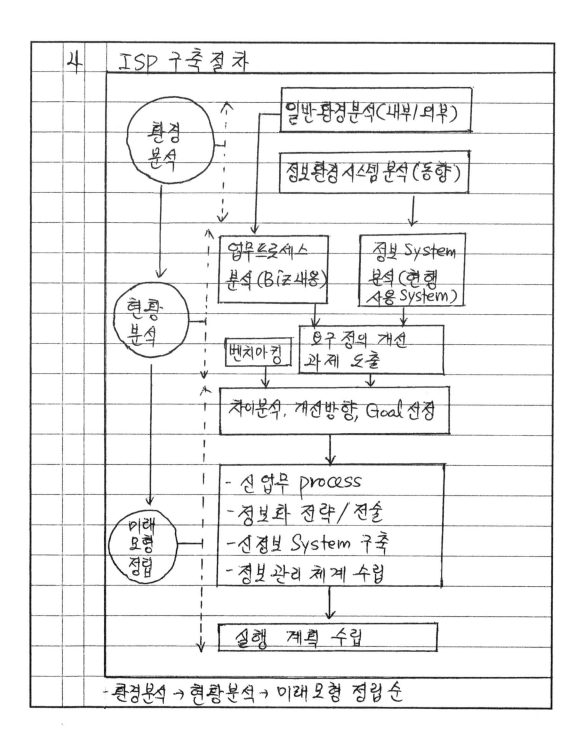

4 ISP 구축 절차

환경
분석

일반 환경 분석 (내부/외부)

정보 환경 시스템 분석 (동향)

업무 프로세스 분석 (Biz 내용)

정보 System 분석 (현행 사용 System)

현황 분석

벤치마킹

요구 정의 개선 과제 도출

차이분석, 개선방향, Goal 선정

- 신 업무 process
- 정보화 전략/전술
- 신정보 System 구축
- 정보관리 체계 수립

미래 모형 정립

실행 계획 수립

- 환경분석 → 현황분석 → 미래 모형 정립 순

다. ISP의 추진단계

Initiation 초기	AS-IS 분석	TO-BE 분석	GAP 분석	이행 계획
비전수립	현행업무 분석	개선업무 process설계	차이분석	실행

4. ISP와 BPR의 비교

구분	ISP	BPR
특징	중장기계획 수립목적, 비용절감	단기적 혁신활동, 프로세스개선
추진 사항	전사적 중장기 모델을 기본으로 단계별 개발 전략을 수립, 현행 시스템평가와 개선된System고려	특정 process 중심적 추진 process 개선을 중심으로 실시
수행자	주로 IT 전문가	주로 경영관리 전문가

"끝"

문 27)	BPR(Business Process Reengineering)에 대해 설명하시오

답)

1. 서비스의 질, Speed, Aigility, Cost 중시, BPR의 개요.

　가. BPR(Biz. Process Reengineering) 정의
- 기업/조직의 Core process에 대한 사고 변환(전환)과 급전적인 재설계(Reengineering)를 통해 시장상황에 최적화 경영기법

　나. BPR의 특징 (구성 : process, 사람, 기술)

리엔지니어링	기존 업무의 조직, 흐름, 관리등을 혁신(개혁)
process 혁신	고객 Service Cycle 단축, 품질 issue Zero화 추구, 비용절감

2. BPR의 추진절차와 설명

　가. BPR(Biz Process Reengineering)의 추진절차

　나. BPR의 추진절차에 대한 설명

절차	설명	산출물
AS-IS	현재 업무 process의 문제점 도출	Root Cause분석
고객 Need 파악	고객의 요구사항, 필요사항 파악	요구사항분석
BM	경쟁사 product와 BM후 핵심요소도출	BM 결과서
TO-BE(목표)	BPR의 목표치 설정, 달성위한 Acitivity	WBS 작성
process 설계	혁신 process 구축 방안 마련	process화

BM : Benchmarking

		구현/실행	Action Item를 통한 구현 및 실행	Activity List
		해결	실행과제별로 세부 일정을 수립하여 해결	결과 보고서

3. BPR과 ISP와의 비교

구분	ISP	BPR
특징	중장기계획 수립목적, 비용절감	단기적 혁선활동, process 개선
추진 사항	전사적 중장기 모델을 기본으로 단계별 개발 전략을 수립	특정 process 중심으로 추진, process 개선 중심으로 실시
수행자	IT 전문가	경영관리 전문가
대상	prototype Model 구축	업무 처리 재설계
목적	중장기계획 수립및 비전 제시	경영환경의 경쟁력 우위 확보

"끝"

문 28)		BPR(Business Process Re-engineering)에 대해 설명하시오. (추진 절차에 대해 상세히 설명하시오)
답)		
1.		핵심 업무 process의 급진적 재설계, BPR의 개요.
	가.	BPR(Business Process Re-engineering)의 정의
		- 기업 생존위한 비용, 품질, Service와 같은 핵심부분에서 업무 Process의 근본적개선(재설계)후 획기적인 경영 성과 향상 기법
	나.	BPR의 목표 → Re-engineering, 프로세스 혁신 성과, 정보기술 활용

		- 현재 업무 전행 Style에서 Quality, Speed, 비용 최소화 방안
2.		BPR의 구성요소와 추진절차
	가.	BPR의 구성요소

Process	기업 새/외부 고객에게 가치전달 수행과정의 시작/끝
사람	-BPR를 수행하는 조직 구성원 및 역할
(엔지니어등)	-Project Leader, Process 관리자, BPR팀, 운영협의체
기술	정보기술, 업무기술, Project 관리 기술, 기술 내재화

	나	BPR의 추진 절차

절차	설명
AS-IS 프로세스 이해	-현재 전행 업무 process 현상파악, 핵심 이슈 도출
	-Baseline 설정, Root Cause 분석, BM, 브레인스토밍

BM = BenchMarking.

			(니즈 파악)	-Needs 파악 (고객)후 BM통한 핵심 point도출
				-사용자 환경 불편사항, 요구사항 반영
		TO-BE	(목표 설정)	·BPR의 목표치를 설정하고 달성 위한 핵심 process 도출, Target 설정및 이행방안수립
			(핵심 process 설계)	-혁신 point를 반영한 혁신 process 구축 -process 요건들을 고려하여 혁신 process와 Mapping
			(실행과제도출)	-혁신 process 구현을 위한 과제도출
			(과제 해결)	실행과제별로 세부적 추진일정을 수립 →과제 해결
			(실행및 점검)	혁신 process에 따라 실제 구현 & 문제 추출 →개선

"끝"

문 29)	BPR (Business Process Re-Engineering)에 대해 설명하시오.
답)	
1.	핵심업무 process의 급진적 재설계, BPR의 개요
가	BPR (Biz. Process Re-engineering)의 정의
	- 기업의 생사를 결정짓는 비용, 품질(Quality), 서비스와 같은 핵심적인 부문에서 극적인 향상을 이루기위해 업무 process를 근본적이면서 획기적으로 재설계 하는 활동
나	BPR의 등장배경

정보 시스템
현재 Process → 혁신적 재구축 → 핵심 Process → 시간최소화 / 비용최소화 / 품질 향상 / 서비스 향상 → 고객 만족 / 최소화 / 극대화

- 현재 process를 혁신적으로 재구축 하여 고객 만족 극대화

다	BPR의 특징	
	특징	설명
	Re-engineering	기존업무의 조직, 흐름, 관리등을 재설계/개혁함
	process 혁신	고객(Customer)요구 Cycle Time 단축, 제품/서비스 품질 개선, 비용 절감, 납기준수.
	획기적인 성과	광범위한 프로세스(process)를 대상으로 하여 여러부서(전사적)를 연계로 한 범위설정
	정보기술활용	정보기술이 거의 필수적으로 사용됨.

2		BPR의 구성요소와 절차
	가	BPR(Business Process Re-engineering)의 구성요소

구성요소	설 명
process	기업(Enterprise)의 내부고객과 외부고객에게 가치 전달을 수행하는 과정의 Start(시작)과 끝(End)
사람	-BPR을 수행하는 조직 구성원 및 역할 -Project Leader, process관리자, BPR팀, 운영위원회
기술	-정보기술, 업무기술, project 관리 기술

	나	BPR의 추진절차

절차	설 명
AS-IS 프로세스 이해	-현업 process 현상파악 & 핵심 이슈 도출 -Baseline설정, Root Cause분석, BM, 브레인스토밍
고객 Needs 파악 & 벤치마킹	-고객(Customer, User) Needs 파악 및 Benchmarking을 통해 핵심 point 도출
TO-BE(목표)설정	BPR 목표치 설정, 달성위한 Activity 및 요소도출
혁신 process 설계	-혁신 point를 반영한 혁신 process 구축 및 Checklist작성, -process 달성도를 고려하여 혁신 process Mapping
실행과제 도출	혁신 process 구현을 위한 과제 도출
과제 해결	실행 과제별로 세부 일정 수립하여 과제 해결
실행 및 점검	-혁신 프로세스(process)에 따라 실제구현 & 구현상 문제 추출하고 해결.

3.		BPR의 재설계 원칙과 다른 경영기법사의 비교

BM : Benchmarking

가.	BPR의 Re-engineering (재설계) 방법(원칙)	
	원칙	설명
	결과 중심	업무를 과업 중심이 아닌 결과 중심으로 구성
	처리 업무	처리 결과를 활용하는 사람이 처리 업무를 수행
	정보 처리	정보를 생성하는 부서가 정보를 직접 처리할 것
	관리 집중화	분산된 자원에 대해서는 관리를 집중화시킬것
	업무 조정	병행 처리 업무는 진행과정에서 연결하고 조정

나.	ISP와 BPR간의 비교		
	구분	ISP	BPR
	개념	-TO-BE모델 구축위한 정보화기법 -정보화 전략수립 계획	-경영혁신 기법 -Process 중심
	대상	-Prototype 모델구축 -구축진선행 System 전개	-업무처리 재설계 -정보기술 결합
	특징	중장기계획수립목적, 비용절감	-관기적 혁신활동, 프로세스개선
	목적	TO-BE모델 & 비전 제시	-경영환경의 경쟁력우위 확보
	수행자	주로 IT 전문가	-주로 경영관리 전문가
	제약 사항	특정 IT부서 & System용 전사적인 콘서진 제공어려움	-단기간 혁신으로 실패 확률 높음

다.	BPR과 과거 개선기법간의 비교		
	구분	과거(점진적)개선 기법	BPR(혁신적)
	변화 정도	점증적, 부가적	근본적, 기본적
	변화-시작	현재 process	전무(無) 상태

변화 횟수	점차 지속적, 계속적	한번에 모두를 변화
변화 소요 시간	짧은 시간 (단기)	-장기간 (장거)
변화 형태	-Bottom-up	Top-down
변화 범위	기능위주, 좁은 범위	프로세스의 넓은 범위
변화 위험도	낮거나 보통	높음
변화 촉진수단	통계적 관리 (성과)	-정보기술 (IT)

4. 경영 정보 System의 향후 전망.

- IT Governance 관점에서 경영정보 System과 경영진
  IT 부서간의 목표(Target, Goal) 정립 필요.

- 경영 전략과 정보화 전략등을 지원 하기위해 EA등의
  관점에서 변화관리등의 개념추가 필요.

- BPR의 급진적인 변화와 연계 지속적인 혁신 필요됨

"끝"

문 30)		EAI (Enterprise Application Integration)에 대해 설명하시오.
답)		
1.		기업내의 Application의 통합, EAI의 개요.
	가	신속한 환경 변화에 Agility 확보, EAI의 정의
		기업내에 존재하는 다양한 Application, DB, OS등을 통합하여 상호연동시킴으로써 단일 platform 상에서 프로세스(process)가 흘러가는 것처럼 보이게 하는 기술
	나	기업의 Application 통합의 필요성
		- Global화, M&A, OSS, OSHW등 Biz환경 변화에 신속한 대응 필요.
		- e-Biz의 중요성이 기업 내부에서 기업외부 범위까지 확장.
		- Data, App의 Life Cycle 단축, 유지보수 비용의 증가 → 최소화 필요
2.		EAI의 구성 및 기능 설명
	가	EAI (기업 Application Integration)의 구성도

- App.에 종속적인 Adapter (I/F 장치)를 이용, App.을 연결
- Broker에서 공통 Format으로 변환
- WorkFlow 이용 Biz Process 자동 연동

ESB : (Enterprise Service Bus)

	- Workflow 기반의 Adapter를 통한 EAI 통합 System		

나. EAI의 구성요소

구분	내용	비고
Adapter I/F	Data 추출 지원, 다양한 I/F 존재	Adapter
Data 전송	System 간 Data 전송, N/W protocol,	ESB
Middleware	Hardware, N/W 상태와 무관하게 전달	
Broker	이질적 시스템간의 Data 전송시 포멧및 I/F 제공	Data 통합
Workflow	process 통제, 자동화 및 통합 기능	자동화 기능

다. EAI의 주요 기능

구분	내용
Biz. process 관리 기능	각 업무 System 및 App. 상호간에 Data 교환 & 시점, Event flow 등을 정의하고 운용 할수있는 기능
Data Broker 기능	App. 상호간에 중개되는 Data를 자동 변환 하여 전달 하고 Data를 소스에서 Target 까지 전달
App. 접근 기능	해당 SW와 platform 사이에 위치하며 Data 중개 및 Application 연동을 위한 I/F 제공
Data 접근 기능	Data 통합 담당영역으로 주로 Data의 전송, Type 변환, Data의 정제 및 추출 기능
platform 기능	EAI의 기반이 되는 App 서버 & Middleware로 구성되어 있는 영역으로 EAI를 안정적으로 정상동작기능

3. EAI 구축유형 및 구현 전략

가.	EAI 구축 유형		
	통합유형	개념도	특 징
	Hub& Spoke	Hub	모든 Data가 허브를 통해 전송, Data 무결성 유지, 유지보수비용 절감
	Messaging 형태	Bus	-Bus 이용함으로 병목 현상 초래 -대량의 Data 교환에 적합
	Hybrid 형태	Bus / Hub Hub	-유연한 통합 작업이 가능함 -필요한 경우에는 한가지 방법 만을 사용할 수도 있음

나	EAI의 구현 전략	
	구분	설 명
	Data 수준 통합	-각 분산 Application (System)의 Data 공유 -공통의 Data 교환 Format를 통해 수행 (단순조회) -Application 간에는 Data의 교환만 발생 (XML)
	Application 수준 통합	-상대 Application의 호출 수행 (입력, 수정, 삭제) -두 App.을 통합 Value chain의 일부로 연결
	Business Process 수준통합	-각 분산 System process의 통합을 통한 Biz 수행 -BPI(BPM)선행필요: 서비스 단위로 process 통합 (Service Oriented Architecture)선행. -App.이 간단한 CRUD 단위의 트랜잭션 처리인 반면 Biz. process 수준의 통합은 Service 단위의 처리 -Web 환경에서는 Web Service 또는 ebXML 형식으로 발전

4. EAI와 B2Bi의 비교

구분	EAI	B2Bi
범위	기업내의 이기종 APP. 통합	기업간 Biz process 통합
방법	IT 위주의 통합	Biz. process 차원의 통합
목적	-기업내의 유연한 업무수행 -RTE..실시간 기업 업무처리	-각기업간 원활한 Biz 수행 -전자상거래관련 기업의통합
구축기간	비교적 단기간 구축 가능	상대적으로 장시간 소요
구축환경	LAN등 전용 통신망	Internet을 통한 Web 환경
특징	개별목적, 다른 관점에서 구축된 상이한 App. 관계를 Biz process 측면에서 재구성	각기 다른 기종의 시스템을 사용하는 기업간 업무 process가 상호 연계되도록 차원 하고 process 통합하여 협업이 이루어지도록 함

"끝"

문	31)	BI(Business Intelligence)의 주요 구성요소와
		BI1.0, BI2.0, BI3.0에 대해 비교 설명하시오.
답)		
1.		전략적 (Strategy) 의사결정 서비스, BI의 개요
	가	BI(Business Intelligence)의 정의
		- 기업 업무에 필요한 각종 의사결정 정보를 통합하여 지능적으로
		활용가능 하도록 제공하고, 이를 통한 합리적인 의사결정 System
		- BigData 내에서 추출한 정보를 이용해 올바른 의사결정 가능하게
		해주는 경영기법 (Data → 정보추출 → 지식 → 지능화 → 의사결정)
	나	BI의 특징

의사결정지원 — Data분석 — 사용자중심 — Business가치제공

- 다각도로 수집한 Data의 분석을 통해 합리적인 의사결정을 지원
- 여러 경로에서 입수한 다양한 Data를 분석하여 의사결정의 근거로 활용 (추세 파악, Data 탐색)
- BI는 인공지능이 아님, 사람이 직접 분석, 사용자가 직접 접근 결과를 통해 직접 분석. (사용자 분석)
- 전사 차원의 정보공유를 통한 지식가치 수준 제공

| | 다 | 의사결정 단계 |

Data → 정보 → 지식 → 지능 → (지혜) → 의사결정

BigData Information Knowledge Intelligence

2.		BI의 구성도와
	가	BI(Business Intelligence)의 구성도

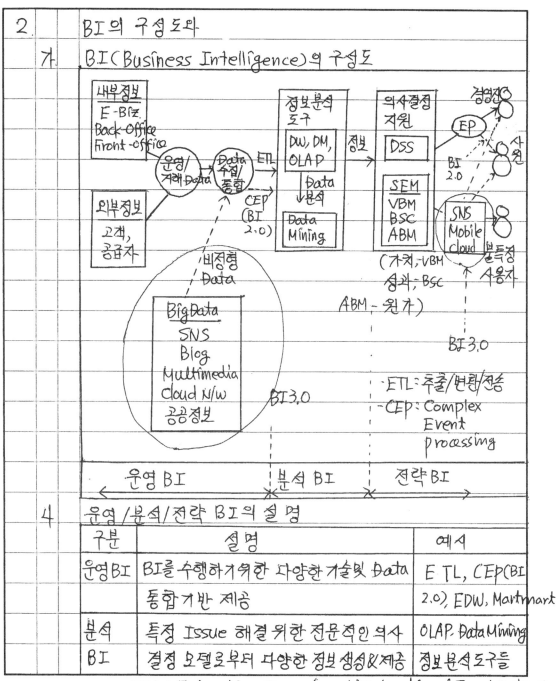

| | 운영 BI | 분석 BI | 전략 BI |

| | 나 | 운영/분석/전략 BI의 설명 |

구분	설명	예시
운영BI	BI를 수행하기위한 다양한 기술및 Data 통합기반 제공	ETL, CEP(BI 2.0), EDW, Martmart
분석 BI	특정 Issue 해결위한 전문적인 의사 결정 모델로부터 다양한 정보 생성&제공	OLAP. Data Mining 정보분석도구들

ETL: Extraction, Transfomation, Loading (Target system에 전송)

- CEP (Complex Event Processing) : 실시간 Event 처리 기술로 복수의 정보원으로부터 Data를 결합하여 의미있는 Event 나 pattern를 찾아내고 Filtering 하는 Event 처리 방법
- DSS (Decision Support System) : 의사 결정 시스템.

3. BI의 핵심 기술요소

핵심 요소	설 명
정보추출, 변형	-Data, Information를 Business에 유용한 정보로 추출& 변형. -. ETL (Extraction, Transformation, Loading) 적용
정보관리	-DW, Data Mart 구축통한 정보관리 & Data 품질관리 -.ODS (운영 Data store) : 변형, 추가되는 운영 Data 적재 -DQM (Data Quality 관리) : 데이터 품질관리
정보분석& Modeling	-OLAP, Data Mining 등의 분석 기능을 활용 -다 차원 Modeling (Star/Snowflake Schema)
DW	-외부 초기 Data의 수집과 통합 -DW (Data Warehouse), DM (Data Mart)
정보배포	-의사 결정자에게 참조되도록 배포 (Release) -EIP(기업 Information Portal) 서비스, 마케팅 서비스
Application 통합	-주요 APP.과 통신을 위한 Message 표준 관리, -Data 변환및 Application의 통합 기능 제공, -EAI, B2B, XML, Web service, API 등
Network&	다양한 Data Source로부터 System 관리 Data를

HA - High Availability

		System 관리	수집하고, 상호관계를 해석함으로서 System & Net-Work 장애가 Biz process에 미치는 영향분석 HA, DRS(Disaster Recovery System)	
		Process 통합관리	전체적인 업무 process 흐름상에서 Business Event를 분석하여 그 영향을 분석하는 전반적인 업무 process 기반 제공, BPM, BRE, BAM	

4. BI의 version 별 비교

구분	BI 1.0	BI 2.0	BI 3.0
핵심목표	의미있는 정보도출	Event 감지와 대응	미래예측과 실행
이용자	의사결정권자	모든 사원	모든 사용자
생성주기	주기적 Batch	Real time	Real time
자료의 원천	기업 내부 자료	외부자료 (고객, 공급사 등 연관사)	Big Data (존재 방식무관)
사용목적	사후평가/ 관리	즉각적인 의사결정, 피해 최소화	미래동향예측, 선도적 전술수립
핵심기능	Data Warehouse	CEP	분석 처리

"끝"

문 32)		BI 1.0과 BI 2.0에 대해 설명하고 성공적인 BI(Business Intelligence) 수행을 위한 요구사항과 해결방안에 대해 기술하시오.
답)		
1.		전략적 의사결정 서비스, BI의 정의와 BI 2.0의 개요
	가	(BI(Business Intelligence)의 정의)-다양한 Application에서 추출한 정보를 이용해 올바른 의사결정을 가능하게 해주는 경영개념
	나	(BI 2.0의 정의)-기존의 BI1.0의 한계를 개선하고, 고객 요구 충족, Web 2.0/3.0 환경의 접목, 실시간 Data 분석, 사용자 편의성 강화.
2		BI 1.0과 BI 2.0의 비교와 BI 2.0의 탄생
	가	BI 2.0의 탄생배경

BI 1.0		BI 2.0
제한된 소수의 의사결정자에한정 -구축후 변경/관리에 막대한 비용 -경영 환경 변화에 따른 정보통합, 표준화, 이에 따른 실시간 정보 요구의 한계	Web 접목	-Web환경접목 : Web서비스 및 SOA기반 -실시간 Data분석 : DW 없이도 기업내 여러서버 Data 추출, 분석 가능, 사용자 편의성 강화

	나	BI1.0과 BI 2.0의 비교	

구분	BI 1.0	BI 2.0
정보 갱신주기	Batch	Real time (실시간)
정보이용자	의사 결정권자	Every Employee
의사결정주기	Day/Month	수시 (Event-Driven)

			사용목적	사후평가/관리	즉시의사결정, 사전예방
			정보성격	Summary/Historical	Transaction/이상정보
			정보 Source	내부 Data	내/외부 Data
			정보제공방식	OnLine Report	온라인 Report, 정고메세지
			개발방식	Stand-Alone	Operation System Add-in
			(핵심기술)	(Data Warehouse)	(EDA), BAM, SOA등

3		성공적인 BI 수행을 위한 요구사항과 해결방안, BI의 목표
	가	BI (Business Intelligence)의 Goal (목표)

Agility 인첩

Coverage (범위)

변화에 대응   기업환경 변화대응

- Data (정보) 생성주기가 점점 짧아지고 신속, 인첩하게 분석, 처리

- 사용자 범위와 자료 Source (원천)의 범위 (Scope)가 점점 넓어짐

- 변화에 인첩하게 대응
- 미래대응 체계 구축

	나	BI 수행 위한 요구사항과 해결 방안

		구분	요구사항	해결 방안
		Presentation (표현)	-보고서 생성에 대한 요구사항 - 3D, 2D, Chart 보고서 요구사항	-기업 portal 서비스통한 다양한 사용자의 Reporting 기능 연계 -X-Internet, Report Tool 연계
		Analysis (분석)	월, 년, 매출등의 빠른 분석 요구	-기업의 특징에 맞는 매출장표사용 -Datamart를 통한 소규모운영
		Integration (통합)	여러 System의 Data 조합	-Mediator & Wrapper 통한 Data 통합 -통합 Repository를 위한 연계

			다양한	통일된 관점 (관점)	-EA/ITA 기반의 view에 대한 요구사항수행
			View&	요구	-다양한 이해관계자의 관심사 수집
			Concern		-Prototyping을 통한 peer-review 진행
			DW 연계	소수의 사용자가 대량의 data 요구	-선 DW구축을 통한 OLAP 연계
			수치, 계산	-정량화	-각 장표의 수치 및 계산에 대한
			& 정량화	-수치화	사전 표준화 작업 진행
					"끝"

문 33)	EIP(Enterprise Information Portal)에 재해 설명하시오
답)	
1.	기업의 System 통합, 생산성 향상, EIP의 개요
가.	EIP(Enterprise Information Portal)의 정의
-	Web Interface를 통하여 SSO(Single Sign On) 방식으로 기업 내/외부의 정보와 Process 및 Transaction에 접근하여 업무 효율을 향상시킨 지원 System (Portal System)
나.	EIP의 특징

2.	EIP의 구성및 주요기능
가.	EIP의 구성도 (개념도)

			- SSO을 통한 기업의 내/외부 정보를 Portal로 접속하여
			기존 Application을 단일화면으로 제공받고 Web
			Browser 및 Mobile 등을 통한 Access 제공.
	4.		EIP의 주요 기능

요소기술	설명
콘텐츠 접근	정적인 Text, 서류, Multimedia 등 콘텐츠 Display
Application 통합	- 통합화면 제시 : 사용자필요 정보를 제공 - SSO기능 : 한번의 Login으로 정보&App. 접근가능
개인화	사용자별 업무역할 & 개인 취향에 따른 화면 제공
확장성 및 신뢰성	구조화/비구조화된 Data에 대한 검색 지원, 검색된 내용에 대한 체계적인 분류 체계 지원
검색 및 분류	수만의 동시 사용자를 수용하고 각 App. 간에 서로 간섭 없이 동시에 처리할수 있는 확장성 필요
협업 & Community	사용자에게 Messaging Infra 제공, 고객과 협력사간의 Communication & e-Biz가 EIP를 통해 구현, 사용자간의 협업 가능
업무관리 & Workflow	업무관리는 Workflow을 통해 자동화 가능, process의 각 단계를 정의하고 실행을 자동화
정보 분배 & Push 기술	- 능동적인 정보소스를 사용자가 구독할수있어야 함 - 문서갱신이나 관심 event 발생시 알람 수신
Security (보안)	사용자 인증과 사용자 권한 인증절차를 통해 정보소스와 App.에 대한 접근권한을 확인

3.		EP(Enterprise portal) 관점분류및 EIP의 단계별 분류
	가.	EP 관점의 분류

< Enterprise portal >

	나.	EIP의 단계별 분류

단계	Portal	설 명
1	기업 정보,EIP	사람과 정보를 연결하는 Portal
2	기업 협력,EIP	모든 종류의 협업 컴퓨팅기능을 지원하는 포털
3	기업 관심사, EEP	전문 능력과 관심사에 따라 사람과 사람을 연결시켜주는 Portal
4	기업 지식, EKP	단계 1~3을 모두 결합하여 각각 수행하고 있는 업무에 따라 개인화된 Contents를 제공하는 포털

4.		EIP의 주요 기술 개념 비교 및 구축시 고려 사항
	가.	EIP의 주요 기술 개념 비교

구분	설 명
EIP	경영정보, KM, DW, ERP등 기업내 정보 자원을 Internet 환경에서 종합적으로 검색/관리 가능솔루션

			EAI	기업내 다양한 APP, DB, OS등을 통합하고 연동
			B2Bi	XML등 표준문서 교환통한 기업간 & 기업과
				Marketplace간 process를 자동화하는 통합 지원 기술
			EP	EIP가 추구하는 정보 활용의 목적성과 EAI가 지
				향하는 System & Process 운영의 효율성을 결합
				시킨 포괄적 개념의 Framework
	4		EIP/EP 구축시 고려사항	

구분	고려 사항
전략과 비전	조직의 장기적인 IT 비전과 전략고려, 조직의 요구사항
서비스	제공할 컨텐츠/서비스를 어떻게 제공할 것인지 고려
통합측면	연계 방법, 권한 관리 수행여부, SSO 연계
변화관리	변화에 대한 저항의 최소화 방법

- EIP 접근 방법으로 New Biz서 유연성, 확장성 필요.   "끝"

문 34)		E K P (Enterprise Knowledge Portal)에 대해 설명하시오. (지식 경영의 변화에 대해서도 기술하시오)
답)		
1.		공유와 협업(Collaboration)통한 지식 창출, EKP의 개요
	가.	정보와 지식통합 → 의사결정, EKP의 정의
	-	조직내에 분산되어 있는 정보와 지식을 통합하고 서로다른 종류의 정보들을 통합 접근이 가능한 Solution 지원 Portal
	나	EKP의 전화과정

KMS → EP → EKP → Enterprise 2.0 EKP

- 지식축적·공유 ─ 분산된 지식통합 ─ 지식과 Process ─ 모바일자원
- 독립적 KMS ─ 협업 강조 ─ 연계, 지식 활용 ─ Web2.0, 개인화
  가치극대화

2.	지식경영의 변화		
	구분	기존	차세대 지식 경영
	과정	정제된 지식·게시·등록·평가공유	창의적지식, 참여, 지식공유
	특징	-단일 중앙저장소 위주의 접근 -소수전문가에 의해 품질관리	-개인적교류 & 관심사로부터 지식N/W 발생, 자발적참여
	활용	-업무와 직접적 연관성 부족 -상호 신뢰와 인센티브 결여, 참여와 활동율 저조	-업무와 연계된 지식공유 -정보접근용이, 자발적참여 -Social N/W 기반

3.	EIP 발전 단계별 분류	
	구분	내용
	EIP	Enterprise Information Portal

			EIP	기업 내부, 외부 정보를 기업구성원이 접근(Access) 할수있는 단일 창구 기능 제공
			ECP	-Enterprise Collaboration Potal -기업 구성원간 협업 Computing 지원
			EEP	-Enterprise Expert Potal -관심사 및 전문성에 기반한 사람과 사람을 연결
			EKP	-Enterprise Knowledge Potal(EIP+ECP+EEP) -업무특성에 따른 개인화된 지식 제공
				"끝"

문 35)	IRM (Information Resource Management)에 대해 설명하시오.
답)	
1	조직내의 정보 자원관리, IRM의 개요
가.	Data는 홍수, 정보는 부족, IRM(정보 Resource 관리)의 정의
-	조직의 정보시스템과 관련된 H/W, S/W, 인력, DB, 원 거리통신 System, 조직구조와 절차등을 통합관리.
나.	Information Resource Management의 목표

2.	IRM의 구성요소및 기능에 대한 설명
가.	IRM의 3대 구성요소

- 조직의 가동 process
- 영업/생산/개발에 필요한 자동화 Tool & program

- 기업내의 모든 정보자산
- 모든 관련 정보 (개발, 운영, 영업등)

나.	IRM 구성요소에 따른 기능 설명및 주관부서		
정보관리	자료와 정보를 오류없이 관리	기업경영관리팀
기술 관리	H/W, S/W, F/W 자산의 관리	개발운영

		분산관리	정보시스템의 물리적, 관리적 자원	기업경영관리팀
		기능관리	최신기술 동향분석 → 내재화	상품기획팀
		전략관리	경쟁우위 확보 방안 수립	전략팀

3		EA와 연관성 및 IRM 도입시 실무자 입장에서 개발할 내용
	가.	EA와 연관성 (IRM)

IRM — 아키텍처의 자원 제공 → / ← 전사 자원의 체계 제공 — EA/ITA

		- EA의 BRM, SRM, DRM, TRM, PRM과 연계하여 시너지효과 창출
	나.	IRM 도입시 실무자 입장에서 개발할 내용

		CEO지원. 민첩성	CEO의 강력한 추진력 process, Agility의 IRM 적용
		IRM 관리요원	CIO 관리자 확보로 전략 & 사업계획 역량확보
		목표설정필요	효율적인 자원관리, 전사 차원의 공감대 형성

"끝"

문 36)		BPEL (Business Process Execution Language)에 대해 설명하시오.	
답)			
1.		기업의 Biz process 통합관리, BPEL의 개요	
	가.	BPEL (Biz, Process Execution Language)의 정의	
	-	Business process에 정의된 Rule을 기반으로 프로세스 (process)를 실행, 제어 하기 위한 XML 기반의 표준언어.	
	나.	BPEL의 필요성	

필요성	설 명
패러다임의 변화	협업중심의 Biz, 서비스간의 통합관리 대두
경영방법의 가시화	부가 가치 낮은 비효율적 업무 평가 & 업무 재설계
관리의 용이성	분산 서비스 Component의 제어의 용이성 및 Component의 통합 Monitoring & 관리

	다.	BPEL의 특징	

특징	설 명
XML 기반 언어	플랫폼(platform) 독립적인 XML 표준을 사용하여 Biz (Business) process에 적용
다양한 Process지원	병렬분기/처리/ processing, 동기화, 상호 배제 기술 적용, 배타적 선택 기능지원
Web 서비스 통합 지원	기업 (Enterprise) 내부적 process 통합, 기업 파트너(partner)간 process 통합

2.		BPEL 의 구성 및 주요 기능	

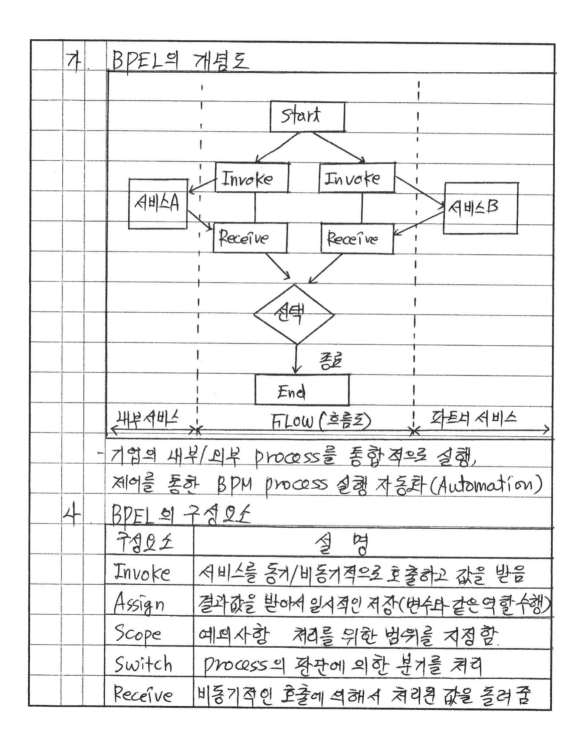

| 가 | BPEL의 개념도 |

기업의 내부/외부 process를 통합적으로 실행,
제어를 통한 BPM process 실행 자동화(Automation)

| 나 | BPEL의 구성요소 |

구성요소	설 명
Invoke	서비스를 동기/비동기적으로 호출하고 값을 받음
Assign	결과값을 받아서 일시적인 저장(변수와 같은 역할수행)
Scope	예외사항 처리를 위한 범위를 지정함.
Switch	process의 판단에 의한 분기를 처리
Receive	비동기적인 호출에 의해서 처리된 값을 들려줌

	자		BPEL의 주요기능

메시지 전송 → 원격 서비스로 XML 메시지 전송, XML Data 구조 변경 XML Format 사용

메시지 수신 → 원격 서비스로부터 비중기적인 방법으로 XML 메시지 수신

병렬 시퀀스 정의 → event & 예외 처리 실행구문의 병렬처리

부분 취소 처리 → 예외 발생시 process의 부분적 취소처리

3. Business process Modeling 기술비교 및 활용

가. Business process Modeling의 기술비교

구분	BPML	BPEL	XPDL
목적	비즈니스 process 모델링용 메타언어	Business process 실행언어	비즈니스 프로세스 정의 언어
구조	블럭	블럭	Graph
초점	웹서비스 정의	웹서비스 정의	Workflow 분배
사용자	개발자	개발자	업무 담당자
공통점	XML 기반의 process 정의 언어		

XPDL (XML process Definition Language)
XML기반 프로세스 정의언어, 프로세스 관리의 표준

4 BPEL 활용

- (업무처리 자동화) : BPM Engine의 구성및 process 처리를 통한 업무 자동화. (시스템 연계용이) - 주 App. 이나 partner Business 상호교환용이, (Biz 최적화)

- Biz process 정의 통한 process 최적화, 리엔지니어링 지원 & 최적 process 선택으로 기업환경 최적화

"끝"

문 37)	PI(Process Innovation)에 대해 설명 하시오
답)	
1.	기업가치 극대화를 위한 경영혁신, PI의 개요
가	PI(Process Innovation) process 혁신의 정의
	기업활동 전부문에 걸쳐 불필요한 요소들을 제거하고 효과적
	인 업무 process를 재구축함으로써 기업가치를 극대화하는경영활동
나	등장배경 (Biz 재설계보다 진화된 통합구축화)

재설계 (BPR) -Biz process Re-engineering → 정보기술의 통합구축 필요성 (PI)

2.	PI 추진요소와 추진 절차및 구축흐름도
가	PI의 추진요소(3요소: process, 정보기술, 조직)

전략, 프로세스, 정보기술, 조직 / 비즈니스 통합 - 전조직원의 참여, 비전과 전략에 의한 Top-down, 조직 재설계 & 조직 능력 향상, 사용자&IT전문가 참여

- 비전및 전략을 달성하는 수단으로 삼위일체가 되어 정의/설계/구현필요

나	PI의 추진절차와 구축 flow
추진절차	구축 flow
1. 혁신대상 process의선정	기회 → 전략, 프로세스, 정보기술, 조직 → 모형라요구
2. 변화가능요인의확인	제약 →
3. process 비전의 창출	시스템& 정보기술재설계
4. 현process 이해와 개선	
5. Newprocess와 조직혁신	추진요소 서의 IT → 새로운프로세스디자인 → 실행으로서의 IT

3.		PI와 BPM간의 비교	
		구분	BPM	PI
		대상	중요 process 선정	전사의 Biz. process
		목적	기업의 비정형적인 업무 방식을 정형화 및 표준화	전사통합 정보시스템을 국제 표준에 맞게 재구축
		분석 방법	-AS-IS, TO-BE통한 GAP분석	AS-IS, TO-BE통한 GAP분석
			-AS-IS: 현재 프로세스	-AS-IS: 과거 프로세스
			-TO-BE: 개선된 신규 버전	-TO-BE: 현재 프로세스
		변화수준	점진적	급진적
		시작점	-존재하는 process	-새로운 process
		추진방식	상향식	하향식
		요구시간	단기	장기
		변화빈도	지속적, 주기적	일회성
		추진주체	현업주도	추진 T/F 및 컨설턴트 중심

"끝"

MEMO

정보 시스템 구축

ERP(Enterprise Resource Planning), G-SCM, e-SCM, PLM, CRM, PRM, ITAM, VRM, ILM, CIM, SAM, ISO-19770, MES, MRO, SRM, BPM 등에 대한 내용을 학습할 수 있도록 하였습니다. [관련 토픽 - 18개]

문 38) ERP(Enterprise Resource Planning) 의 구축방법에 대해 설명하시오

답)

1. 전사적 자원 관리 System, ERP의 개요

　가. 통합 기업 정보시스템, ERP 의 정의

　　구매와 생산관리, 물류, 판매, 회계 등의 기업 활동 전반에 걸친 업무(Biz)를 통합한 기업 정보 시스템, 기업의 업무 process를 하나의 체계로 통합, 재구축하여 정보의 공유와 신속한 업무 처리를 가능하게 하는 System.

　나. ERP(기업 Resource Planning)의 발전과정

MRP 70'년대	MRP II 80'	ERP 90'	xRP 2000'	ERP II 2005	e-ERP 2010'
-자재수급관리	-제조자원관리	-전사자원관리	-확장형 ERP 영업과 협력사	-CRM,SCM	-Web 연동
-재고최소화	-원가최소화	-경영혁신		-등록장 개념 수용	-e-Commerce
-생산관리	-MRP+재무/	-경영지원기능		-B2B 수용	
-BOM관리	-생산계획	-MRP II 지원	-고객관리	-C-Commerce	

　다. ERP 등장배경과 필요성

기존 정보 시스템	등장, ERP 필요성	경영혁신의 필요성
- 업무의 통합화 결여		- 업무의 복잡화
- 중복된 정보관리		- Speed 화
- 전략적 활용 미비		- 규제의 완화
- 정보의 비일관성		- 경쟁 심화
- 정보의 일원화 결여		- 급격한 정보 기술 발달

2.		ERP의 특징과 구축 방법론
	가.	ERP의 특징

| | 나. | ERP의 구축 절차 |

| 3. | | ERP 구축 유형별 방법과 장점및 단점 설명 |

가.	Big Bang 방식 (일괄 적용 방식)	
	회계 유통 생산	EPR Package를 동시에 모든 사업장에 적용하는 방식
		사업장 A 국내 사업장 B 국외 .... 사업장 N 국내
	구축 방법	ERP의 Package 및 기능을 국내의 사업장에 통일된 ERP 제품으로 구축하는 방법
	장점	Package 자체 통합 구축 용이하며 중간단계없이 신속 구축가능
	단점	Project 범위, 위험 비용증가로 프로젝트 관리의 복잡성 증가
나.	기능별, 단계별 구축 방식	
	회계 ← 1단계 유통 ← 2단계 생산 ← 3단계	단계별 진행
		사업장 A 사업장 B ... 사업장 N
	단점	Project 기간이 길어지고 추가 I/F 및 작업 Scope증가
	구축 방법	사업별 공통 업무를 바탕으로 단계별 서비스(Service) 항목 (Item)을 사업장에 적용하는 방법
	장점	인력 활용율이 높고 단계적 성과 가시화 가능, 사업장의 저항감이 상대적으로 약함.
다.	사업장별 단계별 구축 방식	

	회계	1 단계		
	유통	2 단계	3 단계	4 단계
	생산			

사업장 A　　사업장 B　　사업장 N

구축방법	사업장별 단계적 구축
장점	내부 인력 활용률이 높고 단계적 성과 가시화 가능
단점	project 기간이 길어지고 중복 업무 발생 가능성 높음

4. 기존 정보시스템과 ERP System과 비교

구분	기존 정보시스템	ERP System
목표	부분 최적화	전체 최적화
업무 범위	단위 업무	통합 업무
업무처리	기능 중심	process 중심
접근방식	전산화, 자동화	경영 혁신 수단
System구조	폐쇄성	개방성, 확장성

「끝」

문	39)	경영 환경 의 Paradigm, 필요성 및 도입효과에 대해 설명하시오. (ERP의)						
답)								
1.		전사적 자원관리, ERP System의 개요.						
	가.	통합 정보 System, ERP (Enterprise Resource 제획)의 정의						
		· 기업내의 모든 업무 기능들이 조화롭게 제대로 발휘될 수 있도록 지원하는 Application의 집합으로 차세대 통합 정보 System						
	나.	ERP System 의 구성						

<table>
<tr><td colspan="4" align="center">경영 정보 (EIS)</td><td></td><td align="center">POP</td></tr>
<tr><td>생산관리</td><td>영업관리</td><td>원가관리</td><td>자금관리</td><td rowspan="2" align="center">↔</td><td align="center">CRM, SCM</td></tr>
<tr><td>품질관리</td><td>자재관리</td><td>인사/급여</td><td>재무관리</td><td align="center">⋮</td></tr>
<tr><td colspan="4" align="center">System Management</td><td></td><td>Legacy system,
Groupware</td></tr>
<tr><td colspan="4" align="center">← 업무 기능 →</td><td>ERP시스템</td><td>← 확장기능 →</td></tr>
</table>

		· 기존 정보시스템에서 확장기능을 추가함.						
2.		경영 환경 의 Paradigm (변화과정)과 ERP의 필요성						
	가.	경영 환경 의 Paradigm						

<table>
<tr><td>·공급자 중심</td><td rowspan="3" align="center">→</td><td>·소비자 중심</td><td rowspan="3" align="center">→</td><td>·고객 만족의 시대 (MOT)</td></tr>
<tr><td>·소품종 대량생산</td><td>·다품종 소량생산</td><td>·맞춤생산, e-Biz,</td></tr>
<tr><td>·기업내부 효율화</td><td>·기업내부 최적화</td><td>G-Market, 기업간 협업</td></tr>
<tr><td align="center">~1970년대</td><td></td><td align="center">~1990년대</td><td></td><td align="center">2000년대 이후</td></tr>
</table>

	나.	ERP System의 필요성						
		· 정보의 전사적 공유 → 예측 → 기업의 보유 자원 최적화 → 생산성 극대화						

| | | | ERP활용 → | BPR & 표준화, process
기업 내/외부 정보연동 → 사내자회
정보의 Realtime 제공 & 분석가능 | 성과 &
효율
향상 | → | 기업의
Biz를
최적화 |

3. | ERP의 도입 효과

- 신속하고 정확한 의사 결정 지원 : Real time Enterprise 실현

- Biz Process Re-engineering : 선진 Biz process 체계 정립

- 기준 정보 표준 체계 정립 : 거래처, 품목등 기준 정보의 코드 표준화

"끝"

문	40)	Global SCM (Supply chain Management)에 대해 설명하시오		
답	)			
1.		정보공유를 통한 경쟁력 향상, Global SCM의 개요		
	가.	(G-SCM의 정의) - 공급자, 협력사, 소비자 간의 업무 연계,		
		전 세계 분산되어 있는 법인망 업무연계, 기업의 RTE 실현		
	나.	GSCM의 등장배경 - Real time Enterprise의 실현		

- 기존 SCM 수동대응
- 관리 미흡
- 고객 대응부족

→ G-SCM 등장 →

- 적시성 (생산, 유동, 서비스)
- 기회 확보 (물품, 비용)
- SCM 연계 (ERP, PLM)

2.		Global Supply chain Management 의 개념도 및 설명
	가.	G-SCM의 개념도 (생산 - 소비 - 판매 - 서비스 연계도)

한국본사
- 기업내부망 활동 (ERP, EA, PDM)
- Back Office
- 품질, 고객 관리

서비스포함
System → / → Data / Process →
영업 생산 (G-SCM) 구매 / 물류 품질

← System / ← Data 공유 / ← Process

해외 법인
- 판매 법인
- 물류 관리
- 유동 관리
- 판 애 추적
- 서비스 관리

- 구매, 생산, 물류, 품질 추적관리 (ONS, PLM)

- 협력사, 해외법인, 본사 정보교환 및 공유 System 활용

	나.	EPC Code, RFID, 제품 Serial Number를 통한 구축 방안		
		기술적 내용	한국본사 및 해외 법인 Activity	System 활용
		Gobal N/W	G-SCM 구축으로 망구축 설계운영	SCM, PLM, ONS
		아웃소싱	MRO, Total Gobal System 구축	PDM관계, e-SCM

		운영, 서비스	Event 발생, 물류분류 설계 System	RFID, EPC
3.		Global Supply chain Management의 전망		
	-	Green-SCM과 M-SCM, G-SCM 연계 Total 망구축		
	-	기업의 Value chain과 Real time Enterprise 구축		
	-	time to Marget 실현, Reserve-SCM과 연계동작		

"끝"

문	41)	e-SCM(e-Sourcing Capability Model)에 대해 설명
		하시오.
답)		
1.		ITO 수행시 협상~종료까지 전체 process 커버 e-SCM 개요
	가.	e-SCM (e-Sourcing Capability Model)의 정의
	-	ITO(Outsourcing)시 서비스 제공업체의 역량/능력 수준을
		평가하여, IT 서비스의 품질을 개선 & 평가하는 모델
	나.	eSCM의 등장배경 및 목적

등장배경 : 품질모델의 부재
- CMM은 S/W 개발 process에 초점
- IT 서비스 제공자와 고객 간의 계약 전체 단계(과정)를 Cover 하는 품질 Model의 부재 : ITIL의 한계

목적 :
- Best Practice 제공
- 공급자(서비스 제공업체) 능력평가
① 서비스 공급자의 능력을 평가할 객관적인 수단제공
② Outsourcing 전체 절차에 대한 Best Practice를 체계화하여 업무개선 지침으로 활용 (공급자 측면)

| | 다. | eSCM의 특징 |

능력평가모델
- 성숙도 모델이 아닌 능력평가모델
- 프로세스 영역별 서비스 개선에 초점

기존 모델 활용
- 기존 품질 모델 및 IT서비스 모델참조 : CMM, ITIL 등

전체 과정포용
- 서비스 계약에 대한 제안/협상~계약종료 까지 전체 프로세스를 대상으로 함.

2.		eSCM의 Framework 및 process 영역
	가.	eSCM의 Framework

- 조직관리, 인원, 기술, 사업운영, 지식관리를 통한 Sourcing process를 체계화하여 eSCM의 Level를 심사하는 개념
- 5개 Level로 구성하며 차별화하여 평가함.

	나.	eSCM의 process 영역별 설명

항목	내용 및 특징
조직관리	-경영자는 의사소통&대고객 관리위한 System 필요 -조직관리체계 수립, 성과 및 관리의 측정, 고객과 관계수립
인력	-기술습득, 능력개발, 동기부여 및 지속 Level-up, -Service 능력 및 품질을 결정하는 핵심요소
사업경영	-요구사항이해, 양질의 서비스제공, 서비스수준 의 지속적인 개선, 절차 표준화·제공, 문서화
기술	-IT Sourcing 업체에서 Service 설계, 개발, 공급 의 수단으로 중요한 역할. -적절한 기술구현, 최신기술유지, 보안관리
지식관리	-공급자가 목표달성을 위해 포괄적으로 지식 수집, 체계화 정리, 분석하여 배포. -경험 활용, 정보분석, 조직혁신

3.	eSCM의 Level 및 ISO 20000과의 비교		
가. eSCM 의 Level	Level	내용	설명
	5	우수성 유지	Level 2/3/4의 모든 practice를 이행 하고 일정기간 인증 평가 기간유지
	4	혁신을 통한 발전	성과 예측 가능할. 고객의 요구사항을 만족 하고자 자사의 능력을 지속적으로 향상가능
	3	측정을 통한 관리	공급자 활동을 객관적으로 측정&관리 가능 고객요구사항을 자사의 경험 바탕으로 대응가능
	2	고객요구 사항이행	고객 기대 수준에 적합한 서비스 제공 서비스공급자는 요구사항파악→서비스공급
	1	최초단계	공식적인 System& 절차없이 운영됨. -절차가 있더라도 엄격하게 준수 안됨

사.	ITIL을 기반으로 하는 eSCM과 ISO20000 비교	
구분	eSCM	ISO의 20000
개념	-제공업자의 능력 수준을 평가 할수 있도록 만든 모델(발주자측면)	IT서비스의 Best practice를 정립 하기위한 국제표준
특징	-고객이 서비스 공급자의 능력을 객관적으로 평가할 수단 제공 -ITO 전 단계에 걸쳐서 진행 고객 만족 최우선 목표	-고객의 요구사항을 만족 하는 IT서비스를 개발, 구현할수 있는 방법 제공, 표준 제공 -비용관점의 효과성 평가
세부 내용	-프로세스(process) 영역 -eSCM의 Level (5단계)	part1:서비스관리 인증규격 part2:서비스관리 실행 지침

		현황	eSCM 2.0 에서 ITIL 수용	영국표준 → ISO국제표준
		인증기관	CMU (카네기 멜론대학)	ISO

4		eSCM의 기대효과		

관점	기대 효과
공통측면	지속적인 Outsourcing 관계 유지할수 있게 지원
	-Outsourcing 서비스 요구사항 추적 가능-Guideline
고객측면	-서비스공급자에 대한 Service 성숙도 평가 가능
	-Outsourcing 서비스에 대한 위험관리 process 제공
	-Service 계획, 이행위한 Framework 활용가능
공급자측면	-제공 Service 와 이행여부를 추적 할수 있는 효율적인
	방법 제공. Process 개선분야 식별

"끝"

문	42)	PLM (Product Lifecycle Management)에 대해 설명하시오
답	)	
1		제품(Product) 주기의 통합 정보 접근, PLM의 개요
	가	PLM(Product Lifecycle Management)의 정의
		- 제품 BM(벤치마킹), 기획, 분석/설계, 제조, 출시, 유지보수, 폐기에 이르는 제품의 Lifecycle을 관리하는 System.
	나	PLM의 등장배경

		- 개발실에서는 고객불평사항, 품질&영업에서는 개발 현황 파악 필요
2		PLM의 개념도 및 주요기능
	가	PLM(Product Lifecycle Management)의 개념도

기획	분석/설계	개발/구현	판매(출하)	서비스
- 계획, ROI	- CAD/CAM	- MES	- ERP	- 고객관리
- SCM/CRM	- EDM(도면)	- 설계관리	- CRM	- 제고관리

↕ 정보제공　　　　　↕ Monitoring

PDM(Product Lifecycle Management)

↕ 기준정보　　　↕ 지식관리　　　↕ 협업

MDM	CDM	EP, PRM

		- PDM의 정보관리가 확장, 제품에 관한 일체 정보의 총괄적 관리
	나	PLM의 주요기능

			R&D	엔지니어링 Application	CAD/CAM, EDA등 설계지식 축적, 공용화 통한 재사용(Reuse) 극대화
			생산	생산 plan	계획/원가 조기수립, 품질 계획
				제품정보관리	제품 Data, BOM/제품 생산이력 등 관리
			관리	유지보수	품질관리, 장애분석, 예방기능 등
				서비스향상	제품 사후 추적성 확보, A/S 지식 제공

3. PLM의 기대효과 및 기존 Sloution과의 관계

가. 제품 품질, 신뢰도 향상, 신 제품개발 비용 & 기간 단축 가능

4. PLM과 기존 Solution과의 관계

- ERP System은 기업 활동 전반의 다양한 이해관계자 지원

(비용중심), PLM은 지식중심, 제품 개발 및 생명주기 관점.

"끝"

문 43)		PLM (Product Lifecycle Management)에 대해 설명하시오
답)		
1.		Time to Market의 핵심 기반 시스템, PLM의 개요
	가	신속한 시장변화 재응, PLM의 정의
		-product의 기획, 설계 시험, 생산, 사후지원, 단종까지 Life Cycle 전반에서 생성되는 Data를 공유, 관리, 협업하여 신속한 (Agility) 시장변화에 대응하고 지원하는 System
	나	Product Life Cycle Management의 도입 배경

배경	설명
Time to 마켓	product 생산 시간 단축 & 출시 비용 절감
납기준수	시장의 Needs에 신속하게 반응하는 제품출시
Collaboration 협업	제품 설계자, 생산 직원, 영업사원 까지 정보의공유(Share), 협력, 협업.
Process	빈번한 설계사양 변경, 부품 표준화 (BOM)마흠 등의 Loss 제거를 통해 process 합리화
Compliance	EU를 비롯 미국, 영국, 일본등 환경규제준수요구

2.		PLM의 운영 체계 및 주요 구성 요소
	가.	PLM의 운영 & 관리 체계
		- Product Lifecycle: 기획 → 분석/설계 → 개발/구현 → 판매 → 유지보수
		- Legacy 연계: EP/PRM & MDH, CDM 연계

Product Lifecycle	↑	기획	분석/설계	개발/구현	판매	사후관리
		·Planning	·CAD/CAM	·제품정보관리	·CRM	·고객관리
		·시장분석	·EDA	·MES	·SFA	·재고관리
	↓	·SCH/CRM	·수치해석	·설비관리	·ERP	

정보조회/제공 · Monitoring -Tracking

PLM ↕	Product Lifecycle Management

기준정보   지식정보 관리   협업/연계

Legacy ↕	Master Data 관리	CDM	EP, PRM, 현업시스템

나. PLM의 주요 구성요소

단계	주요구성요소	기술/Solution
분석/설계	공학용 APP.	MCAD, CAE, CAM, EDA 등
개발 / 구현	제품 정보관리 시스템	MDM, PDM, R&D
	제조업 System	Index Tool, Repository
	Contents/문서관리 System	MES, 설비, 자재관리, 구매등
판매	고객관리 & 영업지원 System	CRM, eCRM, SFA, ERP
사후관리	고객관리, RMA, A/S관리시스템	RMA, CRM

3. PDM과 CPC와 PLM의 비교

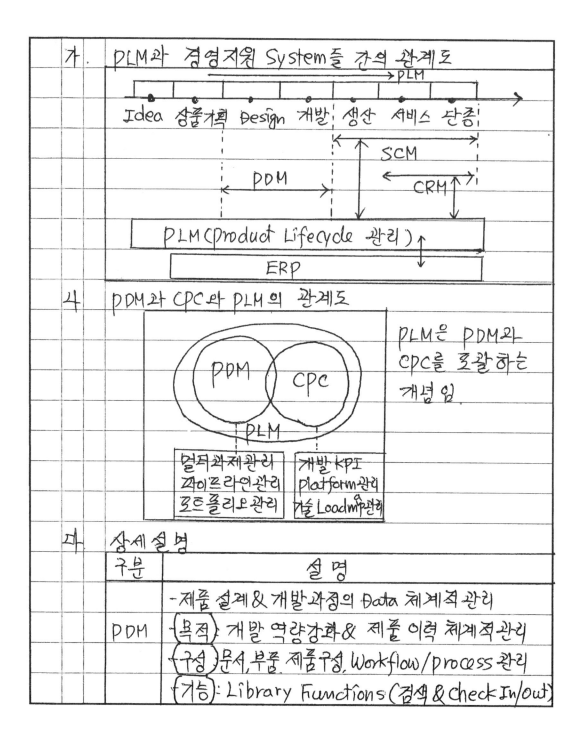

가. PLM과 경영지원 System들 간의 관계도

Idea 상품기획 Design 개발 생산 서비스 단종 →PLM

SCM
PDM
CRM

PLM(Product Lifecycle 관리)

ERP

나. PDM과 CPC와 PLM의 관계도

PDM   CPC

PLM

멀티과제관리   개발 KPI
파이프라인관리   Platform관리
포트폴리오관리   기술 Loadmap관리

PLM은 PDM과 CPC를 포괄하는 개념임.

다. 상세설명

구분	설명
PDM	- 제품 설계 & 개발과정의 Data 체계적 관리 - 목적 : 개발 역량강화 & 제품 이력 체계적 관리 - 구성 : 문서, 부품, 제품구성, Workflow/Process 관리 - 기능 : Library Functions (검색 & check In/out)

			PDM	- BOM(Bill of material) 정보 관리
				- Product Configuration 관리 (PCM)
				- 설계 변경 관리 (ECM)
			CPC	두 회사 간의 협업을 이루기 위한 환경과 Infra
			PLM	PLM은 이 Infra를 활용 → 지속적인 관계를 갖게 하는 process
			- PLM은 하나의 기능이고 CPC는 일종의 Model이며 PLM은 process	

4.　PLM 구축서 기대효과 및 발전 전망

기대 효과	발전 전망
- product 제작 시간 단축 (Tact Time 최소화)	- 제조업 중심으로 PLM 구축 필요 및 eSCM, eCRM 연계
- PLM 주기간 협업 효과	- CAD 전문 기업과 전문 PLM Vendor 중심의 시장을 형성
- 설비/자산 수명주기 관리효과	
- 양질의 품질관리 강화	- Real Time Enterprise 실현

"끝"

문44)		CRM (Customer Relationship Management) 에
		대해 설명하시오.
답)		
1.		고객 생애가치(LTV)를 극대화 마케팅관리기법, CRM의개요
	가.	CRM (Customer Relationship Management)의 정의
		- 고객에 대한 정확한 이해를 바탕으로 고객 이 원하는
		제품과 서비스를 지속적으로 제공함으로써 LTV(Life Time
		Value : 고객생애가치)를 극대화 하는 마케팅관리기법
	나.	CRM의 등장배경

		- 실시간 서비스대응, 고객 요구/원하는 product 출시
	자.	Customer Relationship Management 의 특징
		① 시장점유율보다는 고객 점유율에 초점
		② 고객특성을 분석 하기 위한 고객 유지,
		즉 Life Time Value (LTV)에 중점을 둠
		③ 제품 판매보다는 고객 관계에 비중을 둠.
2.		CRM 구성도 및 구성요소

SFA = Sales Force Automation

가.	CRM의 구성도

분석 CRM
- 마케팅 분석과
- 판매 분석
- 작업
  - 전사 DW
  - Data Mining
  - OLAP

운영 CRM
- 고객 관리 지원
- 마케팅정보활용 향상
- SFA

Back office
Front office
Mobile office

협업 CRM
- 고객과의 접속채널지원
- eCRM, Call Center Channel 시스템

고객 정보

- 고객에 대한 정확한 이해 바탕으로 CRM 운영 & 관리

나	CRM의 주요구성 요소

구분	개념	구성 요소
운영 CRM	고객입장에서 고객 관리 지원, 고객 접촉&관리의 효율성 제공	Marketing 정보관리, 영업사원 1:1 마케팅 지원
분석 CRM	운영에서 발생하는 Data로 마케팅분석, 판매분석 지원, DW와 연계 → 분석 정보 제공	전사적 DW, OLAP 구축 - Data Mining : DW의 Data분석→유용한 정보 제공
협업 CRM	고객과의 접촉 채널 지원 - 구매 고객의 사후관리 - 고객의 충성도 향상 이탈방지	- Call Center : 재 고객 Serice 통합 e-CRM, g-CRM

3.	CRM 구축 단계 및 구축 전략

가. CRM의 구축 단계

단계	단계명	Action
1	Data 분석	Data warehouse, DM, Data Mining, OLAP, Data Cleansing
2	고객 Segmentation	행동기반(Behavior Base) Segmentation, 캠페인 대상 정의
3	process 정립	채널통합, 단일 고객 접점 구성
4	Test CRM	Test 집단 구성 & 캠페인, 분석/ Segmentation 효과 검증
5	System & 조직 재구축	IT 시스템(System) 평가 & 도입, Value chain 의 재구성

나. CRM의 구축 전략

구축 전략	설명
ROI Based 접근	-단기간에 ROI 효과를 거둘수 있는 분야 부터 접근, 신속한 구현, 적절한 가격, 복잡하지 않고 Simple 해야 함.
Business Flow 접근	System Function 위주가 아닌 Biz Flow 접근 방식 전환, 선진 Best practice가 반영된 process Model Bench Mark 실시
Big picture Small start	-CRM에 대한 장기적 Master plan을 수립한후 작은것부터 시행(확장성 고려) -ERP/SCM/SEM등 e-Biz 전체 통합성 고려

4. CRM의 확장

구분	CRM	e-CRM	g-CRM	m-CRM
고객	실제 구매 고객 중심	Web 사이트 방문고객중심	특정위치 고객 존재	Mobile 기기 소유고객
정보	간헐적	실시간	과거+실시간	실시간
시공간	제약 있음	물리적 공간 제약	공간/시간 정보에 따라 제약있음	공간제약없음 시간정보필요
분석 기법	전통적 마케팅 기법이용 고객 분석	Web이용, 쌍 방향성	지리 정보 & 지역적 특성 이용	Real Time 마케팅 - g-CRM와 연계 가능

"끝"

문 45)		PRM (Partner Relationship Management)에 대해 설명하시오.
답)		
1.		협력 업체의 체계적인 관리 위한 PRM의 개요
		(PRM (Partner Relationship Management)의 정의)
		- 공급업체와 협력업체의 관계관리 (영업, Marketing, Service 등)를 강화하여 수익성 극대화를 목표로 하는 협업 Solution (솔루션)
2.		PRM의 구성도 & PRM의 주요 기능
	가	PRM의 구성도

| | 나 | PRM의 주요기능 |

기능	내용
profile 관리	Channel 파트너의 차등레벨, 중앙집중의 프로파일 과 암호관리, Web과 e 메일 기반의 행정관리
파트너 Life Cycle 관리	자동 채널 파트너 모집 처리, 계약 관리, channel partner 계획 Tool, Joint task Tracking, 협업과 MDF 자금 추적
리드관리	리드 : 제품이나 회사에 관심 있는 고객에 대한

			리드 관리	사전 영업 업무, 리드통합/선별/향상, E-mail 리드분배, Closed loop Selling.
			예측	Channel 재고 추적, 제조예측, 가격 견적 Utility와 통합, 리드관리와 통합
			출판/공지 자동화	Contents 개별화, 가격 변동, 갱신, 게시판, 기획
			판매 Tool	판매 훈련, 견적서 작성 Tool, 제안서 작성 Tool, 템플릿 작성 Tool.
3.			CRM과의 비교	

구분	PRM	CRM
영업	유통채널통한 간접판매 수행	최종 고객을 대상으로 직접판매수행
고객서비스	외부 파트너와의 관련업무	영업, 마케팅, 콜센터 등의 고객업무
범위	회사 내외부의 고객 관련업무 통합	회사내 고객 관련 업무 통합
프로세스개선	고객, 회사, 협력사 개선	고객에 맞게 Process 변화
프로젝트추진	PI 조직 주도, IT 부서 자원	마케팅 부서 주도, IT지원
효과	CRM의 완벽 실현, 파트너 관리	효과적인 고객 관리

"끝"

문 46)	VRM (Vendor Relationship Management)에 대해 설명하시오
답)	
1.	사용자 중심의 고객 관리, VRM의 개요.
가.	VRM (Vendor Relationship Management)의 정의
-	기업중심의 고객 정보, 선호도관리 체계인 CRM과는 반대로 개인이 직접 자신의 정보와 선호도를 제어하는 고객관계 관리 기법
나.	VRM의 등장배경과 특징

등장배경

CRM의 문제점	VRM의 특징
-기업이 개인정보, 선호도 제어	-고객이 직접승인, Data 공유
-정보의 신뢰도 낮음, 정확도 낮음	-민감하고 정확도 높은 Data
-SNS Issue 대응 어려움	-전통적 Web, 이메일, SNS 연계

- VRM은 개인 정보보호, 기업 Data 신뢰성, SNS 대응 Issue 지원

2.	VRM 개념도(구성도) 및 주요기능
가.	VRM의 개념도

- 고객이 직접 제어하는 관계 관리 Program으로 개인 정보 제어

| 나. | VRM의 핵심기술 |

기능	설 명	요소기술
RFP (제안요청서)	역경매 개념, Request For Proposal 제공 받고 싶은 Service, 요구기술, 거래	제안서 기술언어 XML 등
권한 관리	PDS를 통한 공개 여부 제어.	공개 표준
역메시징	공개여부, 거래횟수, 약관, 조건 제어	Open API
PDS (Data 저장)	Personal Data Store, 실시간 변화, 개인정보, 개인 선호도 조사 내용	Real time 통계화 기술
PDA (Data 분석)	Personal Data Analysis PDS를 활용한 분석, 기간계 연결	OLAP DM

- Open Source, 공개 표준 활용으로 ROI 향상, CRM연동 시너지

3. VRM과 CRM의 비교

구분	VRM	CRM
정보흐름	개인 → 기업(고객중심)	기업 → 개인(기업중심)
가치중점	개인정보보호, Data 신뢰성	LTV 향상, 상호 작용
특징	역경매, 고객 권한관리	개인정보 이슈, PLM연계
장점	개인정보이슈, Data 신뢰성 해결	시장조사, 마케팅 연계
단점	세부표준 미흡, 상용화 필요	막대한 구축비용, 지속 갱신

- VRM과 CRM은 대립이 아닌 상호 보완적 작용이 필요

"끝"

문	47)	ITAM (IT Asset Management)에 대해 설명하시오.
답)		
1.		IT 자산의 수명주기(Life Cycle)관리, ITAM의 개요
	가.	ITAM (IT Asset Management)의 정의
		- 조직이 소유하고 있는 Hardware, Software 자산과 연계된 이력(History) 변경 정보, 비용, 구매 및 생명주기에 대한 Data를 관리하는 System 또는 기법.
		기업이 경영목표 달성을 위해 IT 자산의 도입, 배포, 운영, 폐기까지의 전수명 주기를 Management하는 체계 (운용, 보전, 이동, A/S, Update 등)
	나	IT 자산의 생명주기 관리
		전략적 계획(Plan) 및 예산수립 → 주문&획득 → Deployment 배치 → 계약관계 관리 → 이력및 변경관리 → 종료(폐기)
		- 자산의 획득에서 폐기까지의 기술적, 재무적, 계약 정보를 통합/유지관리 (상품-product관리/SW 개발과 유사함)
2.		ITAM의 경영전략적 특징및 필요성
	가	ITAM의 경영전략적 특징
		IT자산 가시화 | 무형의 IT자산을 체계적으로 관리

			ROI 극대화	수명주기 동안 IT 자산을 효과적으로 활용
			TCO 절감	효과적인 IT 운영 & 중복투자 방지
			외부 규제 대응	IT 자원의 생명주기관리 & 불법/부정의 방지예방

나. ITAM의 필요성

관점	필요성
IT관리자	IT 자원의 분배와 재고관리, 이력관리 & 향후 자산도입의 Roadmap 제공, Warranty 및 형상관리, Service 이력 & history 체계적관리
CIO	자산의 규모/도입 및 유지관리에 소요되는 비용, 위치 & 사용자 현황 분석.
CFO	자산(Asset)의 생명주기 & 각 단계의 비용, 전체 재고량 & 최적의 투자 계획수립
COO	자산운영시 장애현황 파악, 경향 파악, 유지보수 적정성, Upgrade 필요성에 대한 정보제공

3. ITAM의 개념도 및 주요 기능

가. ITAM의 개념도

경영진 ←의사결정지원→ 통합 자산관리 ←관리지원→ 현업

		- 산재되어 있는 자산정보를 시스템이 관리 및 자원을 제공
		- 통합자산관리는 자산현황, IT투자성과, IT투자현황을 제공

사. ITAM의 주요기능

기능	기능설명	기법
자산관리	유·무형, H/W, S/W의 IT 자산관리	ISO19770
비용관리	-IT 자산의 비용 & 구매계약관리	ROI, TCO,
	-직/간접 원가산출 & 비용절감	투자성과
리스크관리	규제 & Compliance 대응	Sox, 바젤, 개인정보
생명주기 관리	-IT 자산의 LifeCycle 전과정의 변화관리	ILM,
	-IT 자산의 위치 추적 기능	자동화

다. IT Governance, ITSM & ITAM

분류	Plan	Process		Performance
Portfolio	IT투자계획			IT투자 성과평가
Project	IT실행계획	구축	운영	IT실행 성과평가
	ITSM & ITIL & SLM			
Resource	IT Asset & IT Cost (IT자산)			→ ITAM
	조직 & 내부통제 & 변화관리			

- IT Governance는 Plan, Process, Performance로 구성되며 관리단위는 Portfolio, **Project**, Resource로 구성

4.		ITAM 도입시 통합관점의 적용효과
	-	IT 자산의 주기관리 & Legacy (ERP등) System과 연동
	-	ITSM의 CMDB를 기반으로 전사 자원 파악및 관리가능
	-	자원의 배포 & 평가 → IT 거버넌스의 자원관리 구축가능
	-	자원 통제 이슈 (IDC통합) & 외부규제 (Compliance) 대응가능
	-	S/W 자산관리 (ISO 19770)가 가능하며 비용 대비 **효과**
		극대화.
		"끝'

문 48)	CIM (Computer Integrated Manufacturing) 에 대해 설명하시오					
답)						
1.	생산 자동화, 생산성 향상→기업생존력 강화, CIM의 정의					
	- 부품마다 자동화되는 설계, 제조, 생산관리 등의 각분야를 통신망과 Computer를 사용하여 통합화 하고, 이것을 영업이나 유통에 까지 확대하여 기업전체를 System화 해서 고도의 생산성 향상을 도모하려는 자동화 System					
2.	CIM System의 구성요소및 설명					
가	공장자동화 System CIM의 구성요소					

경영 / 생산 전략·관리					
자	생산 Work-flow 관리				위
원	HW통합	SW통합	Data통합	NW통합	협
관	실비, 기계	컨트롤러 SW,	통합 저장소	유무선NW,	관
리	IT장비	정보시스템	규칙, 환경정보	센서, RFID	리
공장자동화					

나.	CIM 구성요소의 설명및 기술요소		
	구분	세부 기능	기술요소
	제품 개발	-제품 R&D지원위한 Drawing/시뮬레이션 Tool연계 -설계 종합 정보, BOM, 제품이력 관리	CAD, CAM, -PDM, PLM
	생산 관리	-생산 계획, 자재 수급계획, process관리. -생산공정 개선, 생산능력, 진척/스케줄관리	-MRP, ERP -BPM, BAM

JIT : Just In Time

			판매/	-영업, 계약, 출하, 선적, 수출입관리, 유통채널	-CRM, SCM,
			유통	- 영업소와공장간 재고정보, 생산계획정보	- B2Bi, SOA
			공정	- 가공, 조립 Line의 설비, Controller S/W 제어	- NC, ENS
			제어	- JIT 생산 방식 지원위한 Sensor & N/W	-센서, USN
			공장	-실시간 제어 정보의 소통(공유), 및 통제	-FMS, RTE
			자동화	-공장전체 병목현상& 기계 장애 탐지	-Dash Board
3.			CIM System의 도입을 위한 성공요소　　　　CIM		
	-		BPM, 6시그마등 생산 process 최적화 후에 System과 연동		
	-		사업계획과 연계된 전략적 접근, 중장기적 Load map 단계적실현		
	-		기구축된 Legacy System과 호환성 확보. (다양한 SPEC. 호환성확보)		
	-		내부 TFT 구성및 다양한 벤져간 협업체계 구성및 표준 기술 규격		
			참조 Model (표준화) 수립.		
					" 끝 "

문 49)	MES(Manufacturing Execution System)에 대해 설명하시오.

답)

1. RTE(Real Time Enterprise) 실현, MES의 개요.

  가. Real Time 통합 정보 시스템, MES의 정의
- 제조현장의 공정 통합화, 최적화된 생산 활동을 지원 하며 QCDF 개선으로 생산성 지표 향상, 기업경영의 RTE 지원 System

  나. MES의 목표(Goal)

생산 활동 (통합/최적화)	QCDF 향상	관리 효율화	성과 분석
- 제조현장 통합화	- Quality: 품질향상	- 공정관리	- 가동율
- 최적화된 생산활동	- Cost: 가격/원가절감	- 품질 관리	- 수율
- 생산정보 실시간제공	- Delivery: 납기단축/준수	- 작업자/문서	- 생산성
- 최적의 의사결정	- Flexibility: Biz 유연성	- 유지보수	- 성과지표 분석

2. MES의 주요 기능과 타 System과의 관계도

  가. MES의 주요 기능

기능	설명
자원할당	작업 필요 Resource 할당, 이력, 상태 관리.
상태 정보	설비, 자재, BOM, Tool, 운영등의 관리
작업/상세 계획	각 공정의 특성을 반영한 공정 상세 작업 스케줄링
생산단위의 분산	작업단위 & 작업순서 결정, 상황발생시 작업 조정

    & : 및, 또는

			문서관리	작업지도서, 시방서, 도면, 변경사항 통보 등
			작업자 관리	작업자 정보, 근태상황, 작업시간, 인력운용현황
			공정관리	생산모니터링, 작업자의 사결정 지원, Alarm 등
			품질관리	QC/QA/QM, 검사공정관리, 실험실/계측실 정보관리
			유지보수관리	설비유지보수, PM 활동지원, 설비보수이력관리
			제품추적 및 계통	생산 Lot, BOM관리, 사용자재, 작업자, 현재 상태, 예외사항 등 이력(생산)관리
			성과분석	가동률, Cycle Time (Tact time), 수율 등 성과지표 분석

	4.		타 System 간의 관계도

생산실적, 품질실적   작업 결과 / 설비/품질 상태

```
┌──────────┐        ┌──────────┐        ┌──────────┐
│ Planning │        │Execution │        │ Control  │
│ Layer    │ 투입지시 │ Layer    │ 작업지시 │ Layer    │
│          │   →     │          │ 작업사양 │          │
│ ┌──────┐ │        │ ┌──────┐ │    →    │┌────────┐│
│ │ERP/  │ │        │ │ MES  │ │         ││Plant floor││
│ │SCM   │ │        │ └──────┘ │         ││MMI/PLC ││
│ └──────┘ │        │          │         │└────────┘│
└──────────┘        └──────────┘        └──────────┘
```

작업 지시 ↑ ↓ 작업결과 & 작업이력   설비 제어 ↑ ↓ 작업실적 작업조건 품질조건

ⓧ (MES 제어자)   ⓧ (자동화)

			- Planning Layer와 Control Layer 간의 Broker (중개, 가교) 역할을 하는 제조계획/실행/관리 위한 Mission Critical System 임.
	3.		MES 의 구성도와 핵심 모듈 (Module)의 역할

가		MES(Manufacting Execution System)의 구성도		
			Tracking	DW/DM	제조 Workplace
	생산정보관리 Layer-3	-Process Flow 정의	-실시간 생산 추적	-생산이력, 실적
		-Material 상태관리	정보 Monitoring	상태, -생산통합
		-WIP History	-분석정보 저장	정보제공(생산통제)
		EES	Control System	Scheduler
	생산제어 Layer-2	-설비 상태	-Rework 관리	-공장별 작업량
		-효율 관리	-양불 판정 관리	-우선순위(Lot)
		-공정/설비조건결정	-이력관리	-스케줄링

Job Control Manager

BC(ITC/RDP/WFC)

EIP   EIP

	설비제어 Layer-1	OI (Operation I/F)	ITC (설비 online 제어)	PCS (process 제어)

4		MES Module 별 역할		
	Layer	System	내용	
	생산 정보 관리	제조 Workplace	-생산 작업 이력/실적/상태 모니터링 & 보고	
			-생산 관련 정보의 통합적 연계/운영 → 사용자에게 제공하는 제조 Portal System	
		DW/ DM	-제조라인 & 공정별 분산된 Data 통합 Repository	
			-실시간 생산추적 정보 & 의미 정보 제공	
		Tracking	·LOT이 공정 Flow를 따라 순차적으로 전행적 추적보장	

I/F : Interface

			Tracking	-On/Off Line상에서 Lot의 Step by step Flow지원
			EES	-설비상태, 효율관리 등 설비 통합관리
				-Spec.(사양) & Trend를 통한 설비 제어
			Control	-Full 자동화를 위한 Operation Workflow제어
			System	-Rework관리, 양불 판정관리
	생산	Schedular	-공정별 작업량 & Lot의 우선순위 정의
	제어	Job제어관리	Middle ware… TIBCO, RV등
		BC	-실질적 생산/계측설비 제어
		(Block	-Block 관위 설비관리 & 설비간 반송, Dispatch
		Control)	-ing 수행. -생산 작업 실행위한 Interface
		OI	-생산 작업자가 Action을 수행 하기 위한
	설비		Terminal. -Lot 공정 In/Out 처리
	제어	ITC	복합 설비 흐름 제어
		PCS	-작업 조건 전달(Feed Forward),
			-처리 Data(Feed Back)

4. MES의 도입 효과

가. 정량적 도입 효과

- RT(실시간) 처리기능 향상, 작업인력 시간의 단축, 서류 업무 감소,
- Tact time 감소, 재고 보유율 감소 (자재 관리의 효율성)

나. 정성적 도입 효과

- Real time Enterprise, Speed. 가속화, 생산성 증가.

			Real Time	고객의 생산 현장 Data 요구에 따른 대응체제 확보, Order(주문) tracking 정보의 실시간 제공
			Speed	신속하고 검증된 현장 Data 공유, 자동화된 문서보고/작성으로 Agility 의사결정 & 처리
			Accurate (정확)	공장 Data의 정확하고 신속한 수집/분석 가능으로 명확한 문제분석과 원인 (Root Cause) 규명에 의한 문제 재발방지
			Visibility	투입 자재의 정확성 증거로 오 자재투입의 재작업 Loss 감소, 업무 프로세스(process) 정립, 내부 생산성 증가, 기업 경쟁력 확보

"끝"

문 50)	SAM (Software Asset Management)에 대해 설명하시오
답)	
1.	Software LifeCycle 관리를 위한 SAM의 개요
가.	SAM(Software Asset Management)의 정의
	기업이 보유한 SW 자산을 LifeCycle 전체 단계에 걸쳐 효과적으로 관리, 통제, 보호하는데 필요한 Infrastructure 및 process (OCG ITIL)
나.	Software 자산의 위험요소

내용	위험 요소
법적 문제 (계약, 라이센스)	저작권 법, Computer program 보호법, 계약 법, Open Source Software(OSS) 라이센스
Software Risk	License 구매 없이 Software 사용시의 Risk, License 사용 조건의 위배 Risk, Re-Seller에 의존하는 리스크
기업의 책임문제	-Software 자산을 관리해야 할 기업의 책임. -적절한 내부 관리통제 System 구축의 필요

다.	SAM의 필요성

- 기업 위기관리
  - Lifecycle 관리
  - License free
  - 신뢰성 확보
  - 도덕적 자유
- 비용 절감
  - 재무적 보안성
  - 비용 상비요소 제거
  - 적절한 License 구매 활동
- 기업 경쟁력 강화
  - Easy 운영 및 관리 효율화
  - 미래가치추구
  - software Vale chain 형성
- 생산성 향상
  - Reuse
  - Release (배포)의 신속화

2.		SW 자산관리 대상및 자산관리의 기술요소	
	가	Software 자산(Asset) 관리의 대상	
		- 각 product의 Firmware, APP. Tool, Checklist등	
		- Software program과 Manual, Spec, 산출물등	
		- Software 사용 권리 (License, NDA, SLA, ITIL등)	
		- Software 구매 계약 문서 (계약서, License 조건등 부속문서)	
	나	Software 자산관리의 기술요소	
		기술요소	설 명
		SW Inventory (SW 목록)	자산 현황 파악 도구로 현재 자산에 대한 현황과 구매정보및 라이센스 정보 비교
		SW Metering & Monitoring	소프트웨어(Software) 사용률 파악과 License의 실시간 추적, Monitoring, 실시간으로 비등록, License가 없는 Software Monitoring
		응용 program 제어	Software 운영자 및 운영위치 제한, Security 및 Risk 회피 가능
		S/W 배포	신규 SW의 자동 배포 (Release)
		patch 관리	Software의 자동 배포, S/W의 최신관 유지 Security 및 patch 표준유지
3.		SW 자산관리 process 및 관련 표준	
	가	SW 자산(Asset) 관리 process	
		절차	설 명

		Software 현황조사	설치된 모든 Software 자동 조사(Agent 기반), 기존 구매 이력 조사, 보고서 정리
		SW License 일치화	- 설치 정보와 License 문서 일치확인 - License 과사 및 부족 항목 확인
		정책수립 & 절차검토	- 자산(Asset)관리 정책, 절차를 검토수립 - Software 구매, 배포, 사용, 복구 정책
		SAM 계획수립	지속적 관리를 위한 기준 및 계획 수립

4. S/W 자산 관련 표준

국제표준		SW License NPO
·ITIL (OGC)		BSA의 SAM Guideline
·BS15000	→	FAST의 FSSC
·ISO/IEC 19770-1	Lifecycle (선순환)	

SW 민간단체		Software Vendors
·SIIS의 SAM 모델		-HP의 ITSM 참조모델
·IBSMA의 ITILSAM		-IBM의 ITPM 참조모델
·ISACA의 COBIT		-MS의 Framework, SUN

- OGC : 영국의 OGC (Office of Government Commerce)에 의해 전세계 IT 서비스 관리분야의 Best practice 모음집-ITIL
- NPO : Non Profit Organization : 비영리기관
- IBM은 ITIL에 흡사한 기준 ITPM (IT process 관리)
- IBSMA (국제 Biz. SW Managers 협회)-SW매니저 협회

4.			SAM의 기대효과
		기업 위기 관리 (Risk관리)	- IT 서비스 중단이나 품질 저하 예방, 법적문제 예방
			- IT부서의 신뢰성 확보, 기업이미지 손상 예방
			- 담당자의 업무량 확인 → 효율적인 배분 가능
		비용 절감 제어 (Low Cost Control)	- 구매에 대한 직접 비용 감소 효과, 자원비용 감소
			- 협상시간, 비용 감소, 유리한 가격협상.
			- 개선된 재무 통제 방식을 통한 비용 감소
			- SW관리에 따른 Infra 비용 감소.
		기업 경쟁력 강화	- 정보의 가용성 → 고신뢰성 의사결정을 지원
			- 시장 기회 & 수요에 대한 신속한 대응 가능
			- Biz Needs에 밀접하게 연관된 IT 서비스 제공
			- 인수, 합병, 분리에 따른 IT 부문을 신속하게 취급
			- 직원들에게 동기부여, 고객 만족도 향상.

"끝"

문	51	)	ISO-19770에 대해 설명하시오.
답		)	
1.			<u>S/W를 자산으로 인식하는 국제표준</u>, ISO-19770의 개요
	가		ISO 국제표준, ISO-19770의 정의
		-	SW 자산의 <u>효율적</u> 관리를 위해 process 및 SW 식별 전자
			Tag을 규정한 ISO 국제표준
	나		ISO-19770의 필요성

	구성	설명
SW 자산 가치의 중요성	SW 자산에 대해 기업의 중요 자산으로 인식
SW 자산관리 어려움	SW 비가시성에 기인 한 관리의 어려움.
ITSM의 효과적 지원	SW CI(지속통합) 식별 및 통합적 Release 관리

2			ISO-19770의 구성 및 설명
	가		ISO-19770의 구성

	ISO-19770-1	ISO-19770-2	ISO-19770-3
	(process)	(SW 식별 Tag)	(SW 라이센스 Tag)

나	ISO-19770의 구성에 따른 설명

구성	주요 내용
ISO-19770-1 (process)	- SW 자산관리 프로세스 표준 27개 process
	(조직관리, 핵심 process, process 인터페이스 등)
	- SW를 자산으로 관리해야 하는 규정 명시
	- ITSM 지원 & 기업 거버넌스 요구 충족 지원
ISO-19770-2 (SW 식별 Tag)	- SW Tag 부착을 위한 SW 자산관리 Data 표준
	- SW 식별 Tag : SW 형상 항목에 대한 식별정보 부착

			ISO-19770-3 (SW 라이센스 Tag)	-SW 라이센스 Tag에 대한 SW 자산관리 Data 표준 -SW 라이센스 Tag : 라이센스에 관한 정보를 보유한 컴퓨터 파일
3.			ISO-19770의 활용방향	

활용 방안	설 명
효과적인 SW 자산관리	SW 자산의 정확한 현황파악, 수요예측 및 분석 등에 활용
SW 불법 복제	SW License 정보의 관리를 통해 S/W 불법
사용감소	복제 방지 및 저작권 관리에 효과 예상

"끝"

문 52)	SRM (Storage Resource Management)에 대해 설명하시오
답)	
1.	효율적 Storage 자원관리를 위한 SRM의 개요
가	SRM (Storage Resource Management)의 정의
-	Storage를 효율적이고 효과적으로 관리할수 있도록 용량과 실제사용량, 정책과 Event등 다양한 OS (Operating System) 상의 Storage를 관리하는 도구
나	SRM의 필요성

통합 스토리지 관리
- 이기종 서버와 스토리지 Multi platform상 공간관리 효율
- 분산 스토리지의 통합제어

Event에 대한 Fast응답
- 디스크의 장애발견,
- 예방, 사용상
- 공간부족 문제해결,
- 장애시 신속대응

스토리지 정책관리
- 업무, Server별 스토리지 할당,
- 투자예산 확보
- 관리정책수립

2.	SRM의 구성도와 주요 기능
가	SRM의 구성도

관리자 Console — 분석/처리 — SRM 서버 — SRM 스위치 — Storage 1, Storage 2, Storage 3

정보수집 ←

구성관리 →

- SRM Server는 각 Storage로부터 SRM 스위치로부터 정보수집, - SRM 서버를 이용하여 Storage 구성관리 가능

4 SRM 의 주요기능

기능	설명	비고
자산관리	Storage H/W 구축이력추적, Reporting	감가상각연계
통합관리	단일 APP. 으로 이기종 Storage 일원화	상호운영성
사용분석	Host(서버)와 storage System간 스토리지 I/O, 트래픽, 연관관계분석	성능평가, I/F평가
이력분석	사용량, 증설량, 회수량의 입체적분석추적	가용량탐지및추적
장애관리	Disk fault시 Alarm, 공간부족 Alarm, 증설량 Reporting	가용성확보, 장애관리
자동화	Provisioning, Version관리, 매일Report등	관리효율성향상

3. SRM 의 도입효과

통합된 중앙집 중적관리체계구축	스토리지 자원 의 효율성극대화	Business 신뢰도 향상	New Biz Model 창출

Storage 자원 통합 관리 System 구축

필요성

다양한 Vendor 별	다양한 스토리지 자원의 통합관리	스토리지 자원의 사용현황 분석

구분	설명
스토리지 자원통합극대화	일관된 표준및 정책 적용으로 H/W, S/W의

				활용 극대화, 성능 향상, 이용률 극대화.
			시간 & 자원 절감	신속 정보수집, 자동화에 따른 운용시간 & 인력자원절약
			문제해결 자동화	임계치 설정에 따른 문제 해결 방안 마련
			체계적인 Storage 관리	실시간 Data 및 누적된 History Data 기반으로 스토리지 용량 & 성능에 대한 체계적인 계획수립가능
				"끝"

문 53)	MRO(Maintenance, Repair, Operation)에 대해 설명하시오	
답)		자재
1.	e-Marketplace 통한 공급, MRO의 개요	
	가.	MRO(Maintenance, Repair, Operation)의 정의
	-	생산에 직접 소요되는 원자재를 제외한 비전략적 간접
		자재를 e-Marketplace를 통해 기업에 공급하는 물류 공급 사업
	나.	MRO 서비스의 필요성 (O2O : 오프라인을 온라인화(안정))
	-소량 자품 충원 관계로 주문 처리 비용이 구매 비용의 많은 비중차지	
	-MRO 구매 비용은 20% 정도이나 전체 구매 건수의 80% 차지	
	-기존 거래 관행상 신규 공급 업체 발굴 및 가격 협상 활동이 제한적	
2.	MRO 프로세스 구조 및 설명	
	가. MRO 프로세스 구조	

업무프로세스 (B2B)

기업 고객 (Master) — ⑧ 대금 청구, 대금지급 → MRO 운영업체
③ 주문확정
⑦ 정제보서
②주문조회
MRO 거래 site
④ 주문 조회
⑨ 대금지급
① 주문
⑥ 배송완료
⑤ 상품 배송
기업 고객 (각부서 발주자)
협력 업체 (공급자)

- 기업의 다양한 Product, 자빈도 발주등의 비핵심 자재들을 B2B의 e-Procurement 기능을 통한 공급자와 수요자의 MRO process.

4. MRO process 구조에 대한 설명

절차	설명
1	MRO 거래 Site에 주문 입력
2	MRO Site에서 마스터에게 부서별 주문 내역 조회
3	기업고객 (Master)에 의해 주문 확정, MRO Site에 통보
4	MRO Site에서 공급자에게 배송 Order
5	공급자에 의한 상품배송 실시
6	배송완료후 배송완료 입력
7	MRO 운영 업체에 의한 집계조사
8	대금청구, 지급 (MRO 운영업체와 Master 간)
9	대금청구, 지급 (MRO 운영업체와 공급자 간)

3. MRO의 형태 분류와 Biz Model의 분류

가. MRO의 형태 분류

항목	세부	설명
Main-tenance	구매 형태	정기적인 또는 제속이 정기 활동에 필요한 부품,자재, 서비스등 수립된
	속성	예방, 정비 활동에 따라 구매되는 간급을 요하지 않음
	사례	기계부품, 청소도구, 실험기기& 자재

(및)

			Repair	구매	계획(plan)되지 않았거나 비상시의 정비
				형태	활동에 필요한 부품, 자재 서비스 등
				속성	신속한 보충&사용을 위해 필요한 긴급자재
				사례	전기, 전자부품, 기계 부물
			Operation	구매형태	그밖의 업무에 필요한 간접 자재들
				속성	일반적으로 구매 부서에 의하여 구매되는
					사무환경에 필요한 긴급을 요하지 않는 자재
				사례	사무용품 및 기기, 복사기등

4. MRO Business Model의 분류

비즈니스 모델	내용및 특징
중립적 Marketplace 모델	-다수의 구매자와 공급자(사업자)에게 MRO 사이트를 제공후 수수료 혹은 S/W판매로 수익을 올리는형태 -주로 System 업체들이 추진, Claim 요청에대해관리필요
Customize Sales 모델	-사업자가 다수의 Vendor 상품을 사이트에 게재 하여 판매하고 매출이익을 취하는 형태 -고객입장에서 보면 구매업무의 Outsourcing이 됨
Company Extranet 모델	-개별 기업 혹은 공동 다수의 기업들이 자신의 공급업자들과 Extranet으로 연결되어 주문과 공급이 이루어지는 형태, 업무 Out Sourcing Merit은 없음

4. MRO outsourcing 성공전략및 도입효과

가. MRO Outsourcing 성공 전략

O2O : Offline 2 online

			효율적인 System	-고객 Needs 대응(신속성)확보, 비용절감 O2O화, 관리및 Service 능력 향상
			가격경쟁력	-원가 절감, 간접비용 절감, 가격경쟁력확보
			MRO 제품의 Sourcing 능력	-방대한 상품의 표준화 DB, 자금중 소량, 사용빈도가 높은 Product 관리능력 향상
	사.	MRO의 도입에 따른 비용 절감 요소		
		비용절감요소		설 명
		전표비용		도입 즉시 Paperless 실현
		업무비용		MRO 구매에 따른 업무 투입 비용/시간 절약
		재고비용		상류 표준화 & 납기 향상에 따른 적정 발주
		상품비용		Data 통계 분석을 통한 낭비요소 제거, 구매단가인하
		기타비용		투명성 확보로 거래사고 축소및 거래투명화

"끝"

문 54)	ILM (Information Lifecycle Management)에 대해 설명하시오.
답)	
1.	정보 (Information)의 생명주기관리, ILM의 개요
가	ILM (Information Lifecycle Management)의 정의
	- 정보의 가치와 정책에 근거하여 정보의 생성, 저장, 소멸까지 전체 프로세스(process)를 관리하는 기법
나.	ILM (Information Lifecycle Management)의 관심이유
	- 축적되는 Data양의 기하급수적 증가.
	- Storage 관리의 효율성이 Data 증가속도를 따라잡지 못함.
	- Storage 관리에 소요되는 비용증가, 이기종환경의 Storage관리 효율성 대두. - 기업내 관리, 비용측면의 효율적 Data저장관리 필요성 대두
2.	ILM의 구성요소 및 적용단계
가	ILM의 구성요소

구분	설 명
정책관리	Data 이동 총괄 Framework (Data Archive정책, 보안정책)
Data 이동	정책에 따라 저장매체 이동(App.과 연동되어 Data 자동이동)
참조	Data 보존요구수준에 맞는 저장소 설정 (저비용저장장치, Tape
데이터	광저장매체 (ODD)의 빠른 탐색&복원 제공, HDD,SSD적용

나.	ILM의 적용단계	
	1단계	N/W 스토리지기반구축, 저장정책에 따라 Data를 스토리지에 저장
	2단계	특정 App.에 ILM 솔루션 적용, 성능별로 스토리지 구성하여 중요도에

		2단계	따라저장, ILM Solution에의해 아카이빙(Archiving)
		3단계	모든 App.별 Data 정책수립후 ILM 구현, 가시성, 스토리지 효율성
3.			ILM 구축시 기대효과 및 전망
	가.		TCO 절감 및 최소 비용으로 Data 가치 최대 활용, 급변하는 비즈니스
			요구에 신속(Agility)히 대응하여 Time To Market 실현.
	나.		IT 컴플라이언스(SOX법, 바젤Ⅱ협약)시대의 Data 관리
			법적 규제에 따라 ILM 구축은 필수적임
			"끝"

문 55)		BDM (Business Process Management)에 재해 설명하시오.
답)		
1.		Business process 최적화 도구, BPM의 개요.
	가	BPM(Business process Management)의 정의
		- Business process의 자동화, 통합화, 최적화를 통해 Business process의 민첩성(Agility), 유연성, 가시성 확보및 이를 통해 기업가치를 향상 시키는 개념&System
	나	BPM의 특징
		자동화 ─── 통합화 ─── 최적화
		자동화된 Biz process의 실행(BPEL)의 이용 / E2E관점에서의 Legacy System과 Biz process통합 / Biz 프로세스 Monitoring & 분석을 통한 process 개선
	다	BPM의 목적
		민첩성 Agility ─── 유연성 flexibility ─── 가시성 visibility
		비즈니스 환경 변화에 따른 민첩한 대응 / Biz의 다양성& 예외에 대한 유연한 수용 / End to End 프로세스 전과정의 관리를 통한 가시성&통제력 확보
2		BPM의 개념도 및 구성요소

가. BPM의 개념도

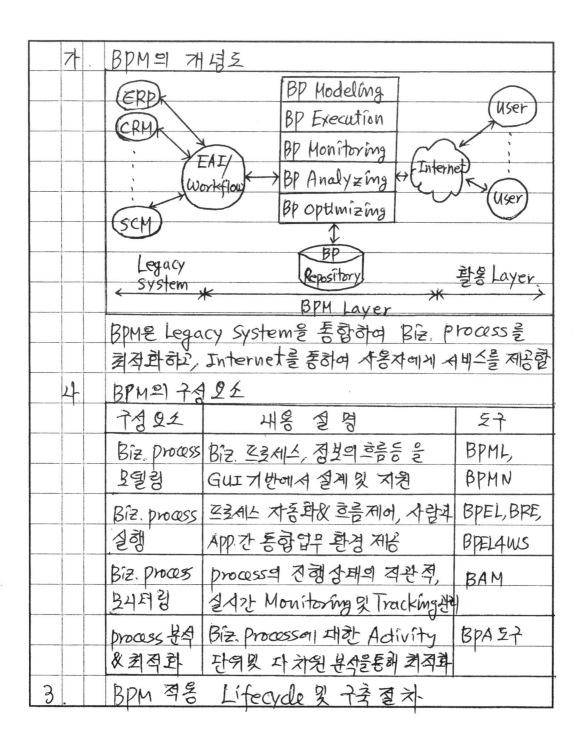

BPM은 Legacy System을 통합하여 Biz. Process를 최적화하고, Internet를 통하여 사용자에게 서비스를 제공함

나. BPM의 구성요소

구성요소	내용 설명	도구
Biz. Process 모델링	Biz. 프로세스, 정보의 흐름등 을 GUI기반에서 설계 및 지원	BPML, BPMN
Biz. process 실행	프로세스 자동화 & 흐름제어, 사람과 App.간 통합업무 환경 제공	BPEL, BRE, BPEL4WS
Biz. process 모니터링	process의 진행상태의 객관적, 실시간 Monitoring 및 Tracking관리	BAM
process 분석 & 최적화	Biz. Process에 대한 Activity 단위 및 다차원 분석을 통해 최적화	BPA도구

3. BPM 적용 Lifecycle 및 구축절차

가. BPM 적용 Life Cycle

단계	Life Cycle	설명
1	Discovery	Business process 도출
2	Modeling	BP설계 및 Modeling
3	Executing	BP실행 Automation
4	Monitoring	BP 진행상황 Monitoring
5	Analyzing	BP 개선을 위한 분석
6	Optimizing	지속적인 BP 개선

나. BPM 구축 절차

단계	설명
process설계	기업내의 Biz Process설계 & Modeling
검증및 최적화	시뮬레이션을 통한 검증& 최적화
실행및 운영	BPMS를 통한 업무 적용및 Monitoring, 운영
성과분석 & 개선	성과 측정/분석, 개선점 도출 통한 지속적인 개선

다. BPM 구축을 위한 접근 방법

BPM 접근	설명
Workflow 관점	전통적인 Workflow에서 출발, 문서와 사용자 업무중심, 비정형업무/문서관리/지식관리등에 적합
EAI 관점	EAI 기본 기능 보유, System간 Data 전달& 전환기능 기반에서 탄생, 정형화된 업무관리에 적합
SOA 관점	process와 Data 통합을 위한 아키텍처 중심 의 BPM 구현, BPM과 SOA 상호 작용으로

			기업의 *Agility* 제공, RTE의 기반
4.		BPM의 기대효과 & 고려사항	
	가.	BPM의 기대효과	
		구분	설 명
		Process 관점	가시화, 투명화 → 지속적 개선, 병목구간 해결 → 시간 단축, 최적화, 효율화
		직원 관점	업무능력 향상및 표준화, 운영과 관리의 일원화, Risk 감소및 생산성 향상
		System관점	업무 변경시 신속 대응, Time to Market 실현
		평가관점	BSC 연계로 내부 Process 평가 용이
	나	BPM 적용시 고려사항	
		- Business 관점에서 도입 목표(Target)의 명확화 & 실질적 도입 효과 가 높은 분야부터 점진적으로 선 추진행	
		- 자사(감사) 상황에 맞는 적합한 BPM 선택 & 초기부터 성과측정, 측정방법 모색 필요.	
			"끝"

PART 5

IT 아웃소싱(Outsourcing) 프로세스 및 IT 서비스 관리

ITO, BPO, RFI, RFP, SLA, SOW, SLM, ITSM(IT Service Management), ITIL(IT Infrastructure Library) v3, ISO 20000, Escrow 등에 대해 학습할 수 있습니다. 기본적인 내용이지만 자주 출제되고 있습니다. [관련 토픽 – 15개]

문 56)		ITO (IT Outsourcing)에 재해 설명하시오		
답)				
1.		비용절감 및 핵심역량의 집중, 기술 내재화, IT 아웃소싱 개요		
	가.	외부위탁 개발, ITO(IT Outsourcing)의 정의		
		조직의 핵심 업무에 집중화, 정보시스템 개발&관리의		
		일부를 외부 전문업체에 위탁하여 개발&운영하는 활동		
	나.	Outsourcing의 목적		

외부전문성 활용
인력및 조직축소 ← → 핵심업무 집중
비용절감 → 기업경쟁력 강화. 기술내재화 ← 품질서비스 향상
ⅰ납기준수　　ⅱ핵심기술 자산화

	다.	IT Outsourcing의 전략적 가치		
		- 비핵심분야 운영비용 절감, 핵심 기술분야 경쟁우위 확보 & 전략화		
		- 전문 아웃소싱을 통한 신기술, 도구, 방법론, 전문가 등의 기술이전		
		- 내부운영(operation), 기능 & process의 생산성 제고/향상		
2.		ITO의 유형와 개념도의 설명		
	가.	ITO의 유형 (계약 / 개발수명 주기 / 개발범위 관점)		

구분	종류	설명
계약 관점	도급	일정한 업무결과에 재해 발주자가 보수지급, 성과물 수반
	위임	발주자로부터 일정한 업무처리의 위임을 받은 수탁자가 업무처리, 성과물 수반은 필수가 아님

		계약 관점	파견	상호 업무 계약에 잇어 파견기술자간에 체결된 계약에 정해진 업무만 수행
		개발 수명 주기 관점	업무 위탁	업무(Biz.)분석, 기본설계등 상위공정 부분을 외부 전문가 지원을 받아 업무 수행
			감리위탁	외주업체에 대한 감독 업무 위임
			개발위탁	상세설계 사양및 SPEC화 후 개발 의뢰
			인력위탁	Coding, testing등 기술분야별 전문가
			운영위탁	24시간 연중 무휴, 유지보수 전문 대행
			교육위탁	기술 향상, 업무지식 함양, Level-update
		개발 범위 관점	Total 아웃소싱	장점: 관일창구, 통합성, 다른 부문 역량집중가능
				단점: 종속, 전문성 결여, 제3자 계약 가능성
			선택 아웃소싱	장점: 전문성 확보, 정보화 수준 향상, 계약변경시유리
				단점: 조정어려움, 책임소재 & 기능통합 애로점
			전통적 아웃소싱	고객의 System을 새로운 기술 환경으로 변화시키면서 이관하여 서비스를 하는 형태로 SI 프로젝트와 병행
	나	ITO의 개념도		

		- IT 전문업체를 통해 정보시스템 관리/개발 업무를 위탁받아 Service를 제공 받음.
3.		ITO 추진절차와 BPO와 비교
	가	ITO 추진 절차

절차	상세 내용	비고
대상 업무선정	정보시스템 전략 & 아웃소싱 수행 계획 수립, -아웃소싱 대상업무 선정	내부의사 소통 -팀 구성
서비스 제공자 선정	-RFP를 통한 서비스 제공자 선정 -Service 제공자 공식 확정	-제안 평가 -확정 통보
협상 & 계약	-서비스수준, 비용, 업무분담에대한 협상 -협상 결과를 바탕으로 계약	SLA 서비스 지표설정
전환 & 이행	-정보 자원의 이전 & 서비스의 전환 -자산, 인력등의 이전	-서비스 제공 -이전 정보 share
계약 관리	-서비스 수준에 따른 성과관리 -계약 기간 만료후 계약 정산	-공급자 검증 -계약 정산
계약전환	-타 서비스 제공자와 계약 & 내부전환	지속적 개선

	4	ITO와 BPO간의 비교

구분	ITO	BPO
대상업무	IT서비스	-Biz process (비 핵심)
목적	전문성확보, IT비용절감	업무유연성, 기술이전/원가절감
가격요소	투입 인력	업무처리량

주체	IT 부서	기획부서
사업 분야	Data Center, N/W, App, 재해복구, IT 컨설팅	행정, 회계, 재무, 유통관리
문제점	통제권 상실, 의존성 증가	정보 & 지적 재산권 침해
공통점	비용절감, 전문성 확보, 유연한 대응, 기술력 확보	

4. 성공적인 ITO를 위한 추진전략

구분	설명
전략적 연계	IT 아웃소싱이 Biz. 연계와의 타당성 검토
IT 가치전달	서비스 만족도, 품질요소 기준 / 수준의 정량화 (수치화)
위험관리	보안정책적 준수 & 장애복구, 연속성 & 재해복구
IT 자원관리	성능, 가용성, 요구사항 만족 여부
성과측정	SLA 지표기준의 평가 모니터링, 패널티 & 인센티브 제공

"끝"

문 57)	BPO (Business Process Outsourcing)에 대해 설명하시오
답)	
1.	성과측정 체계에 의한 process 위탁관리, BPO의 개요
가.	BPO (Business Process Outsourcing)의 정의
-	IT 집약적인 Business process를 정의된 성과측정 체계를 가지고 해당 Biz 프로세스를 관리하고 운영 (operating) 하는 외부 전문업체에게 위임 하는것 (가트너)
나	BPO의 도입목적 (ITO와 유사)

핵심역량 집중 / 저비용 / 유연성 / 전문성

- 자사의 원래업무에 집중하여 고부가 가치 창출
- 핵심가치에 집중

- 인건비, 간접비 등에서 우위가 있는 외부기업에 아웃소싱

- 설비, 인력등을 소유하지않고 저가의 자원활용
- 환경 변화에 탄력적으로 대응

- 자사가 보유하고 있지 않은 역량을 외부 전문기업에 위탁

2.	BPO의 일반적인 대상 process와 BPO의 종류
가.	일반적인 BPO 대상 process
	① 공급자 (Suppliers)와 관계된 process, 즉 공급망 관리 (Supply Chain Management)
	② 고객과 관계된 영업, Marketing, 고객지원등의 process
	③ product(제품) 및 서비스의 직접 연관된 제조업의 R&D, 계약생산 (Contract Manufacturing)등의 process

4	BPO의 종류 (Gartner의 분류)	
	종류	설 명
	공급망 관리	- "SCM"이라는 특정 Solution이 아닌 공급망(Supply Chain)과 관련된 모든 Biz. Process를 의미 - 운송, 물류, 직접구매, 창고관리 & 재고관리 등을 포함
	운영	- 연구개발 (R&D), 생산 등과 같이 운영과 관련된 영역 - 계약 제조 (Contract Manufacturing) 등과 같은 분야
	경영 지원	- 인사관리, Billing, 급여, 재무회계 등. - IT와 Biz. App의 발전과 함께 BPO 영역으로 급부상
	영업, 마케팅, 고객지원	- CRM 영역에 해당하는 Business process - 고객확장, 고객유지, 고객확보, 고객 선택 등의 기능이 포함 - Contact Center 아웃소싱이 대표적

3.		BPO 도입 프로세스 및 도입 단계별 작업 (Activity) 설명
	가	BPO 도입 process

		-	사전검토&계획 → 벤더 선정 → 협상&계약 → 서비스수준상과측정
4		BPO 도입 단계별 Activity (Action Item)	

단계	활동	내용
1	사전 검토 & 계획	-경영층(Top) 지원 확보및 T/F구성 -project Guideline 설정 (계획) -내부평가및 일정 계획표 (WBS) 작성 -내부의사소통, 범위 설정&RFP 준비
2	제안평가& 벤더선정	-제안 평가 기준 선정 -제안 평가, 벤더(Vendor) 선정
3	협상 & 계약	-협상전략 (Strategy) & 과정 수행 -계약 체크리스트 (checklist) 정리 -시작회의 (kick off) 및 실행
4	서비스수준 & 성과측정	-서비스 수준 (SLA), 계약 사후검토. -지속적인 개선, FA, CLCA 적용 -공급자 검증 자료 입수, 경험 사례화

4.		BPO의 문제점과 도입시 성공요인
	가	BPO (Biz. Process outsourcing)의 문제점

문제점	설명
업무 부하	Outsourcing 업무와 고유 업무를 연계할 업무가 필요하게되어 예상밖의 업무 부하증대
내부통제	업무추진 상황을 각악하지 못할경우 내부통제 어려움

		평가및재검	SLA, KPI의 관리 지표가 명확하지 않을
		토의 어려움	경우 위탁업체의 평가및 재검토가 어려움.
4		BPO의 도입 성공요인 (재정능력과 전문가가 필수)	
		성공요인	설 명
		지식	사용자가 요구하는 수준 이상의 process 경험과 지식
		기술	컨설팅, SI, IT 아웃소싱, 목표설정 달성능력, Killer-App.
		역량과 능력	제휴 역량, 가치기반의 계약 역량, 혁신능력
		Marketing	영업 전담조직, 시장인 지도/명성, BPO 사업경험

"끝"

문	58)	Outsourcing process에서 RFI(Request For Infor-mation)와 RFP(Request For Proposal)의 목적과 작성방법에 대해 설명하시오.
답	)	
1.		Project 과업 수행 및 달성 위한 RFI와 RFP의 목적
	가.	(RFI의 목적) - 정식 제안요청(RFP)이전에 RFI 수행을 통해 공급업체의 업무현황과 수행능력을 개략적으로 파악하여 후보업체를 선정하고 제안 요구사항을 확인하고자 함
	나.	(RFP의 목적) - 공급업체의 제안서 평가를 통해 고객이 원하는 서비스를 얻기 위한 목적 (고객의 요구사항을 이행할수 있는가?)
2.		RFI와 RFP의 Scope 및 작성 방법
	가.	RFI와 RFP의 Scope

발주자: 문제 정의 → 정보요청서(RFI) 작성 → 제안요청서(RFP) 작성 → 제안요청 발표회(입찰공고) → 제안서 평가 → 업체 선정

공급자 (사업자): 답변서 작성, 제안서 작성

	나.	RFI의 작성 방법

사업개요	사업명, 추진배경 및 목적, 효과, 사업 범위, RFI 제출요령 등
발주업체정보	사업목표/추진방향, 정보 System 현황, 개선 사항 등
주요요구사항	요구사항, 기술적 요구사항, 구현 방법, 교육, 성능향상, 관리 등

	자.	RFP의 작성 방법

개요 및 일정	제안 배경, 목적, project 추진 일정, 제안서 제출 일정

		정보 요구 내역	서비스 제공자명, 조직및 인력구조, 관련분야 추진 내역 주요 사업 내용 & 고객명, 주요 보유 기술 내역등
		기술적 환경정의	- 현재 기술 현황… H/W, S/W, N/W, F/W, 설비 현황등 - System 아키텍쳐 (현재 및 TO-BE 모델)
		제안서관련 요구사항	제안 목차, 공급업체의 핵심 인력 & 참고 자료, 제안형식, 제출부수, 제안서 제출 장소, 질의서, 각종 기준 선정등
3.		RFI와 RFP의 고려사항	
		RFI	발주자의 요구사항을 반영, 3~5개 공급업체를 복수로 결정
		RFP	제안서 내용에 고객의 요구사항이 잘 반영될수 있도록 공급업체에게 제안 작성을 위한 명확한 지침, 방향 충분한 정보를 줄수 있는 RFP를 작성
			"끝"

문 59)		SLA (Service Level Agreement)에 대해 설명하시오		
답)				
1.		IT 서비스 수준 협약서, SLA의 개요		
	가.	SLA (Service Level Agreement)의 정의		
		- IT 서비스를 제공하거나 제공 받기 위해 상호 합의한 서비스 수준에 대한 합의서, IT Outsourcing 서비스의 수준을 정량적(수치화)으로 측정하여 서비스 성과를 평가 하고 미흡한 부분을 개선하는 IT 서비스 수준의 성과 관리 방식에 관한 계약서		
	나	SLA의 필요성		

IT 서비스 환경	SLA	SLA의 역할
1. 서비스 영역의 증가	- process 진행에 도움	1. 의사소통의 도구로 활용
2. 제한된 전산 자원	효율적 관리 수단 제공	2. 분쟁의 방지 (법적 효력)
3. 측정, 계량 (정량화)화의 어려움	→	3. 지속적으로 갱신되는 문서
4. 사용자↔제공자간 거래차이	- 의사소통 도구로 활용	4. 객관적 서비스 효과측정
5. 상호 이해관계 복잡		5. 효율적 관리 & 서비스
		6. 지속 Service 관리

2		SLA의 구성요소 및 구성 (개념도)		
	가	SLA의 구성요소		

구성요소	설명	KPI 사례
기본 계약서	- 계약 전반에 관한 정의 (목적, 기간, 비용등)	ITO 계약서

-Service Level Metrics : 서비스수준관리지표.

			SOW (statement of work)	서비스(Service)별 상세항목을 기술한 업무기술서	서비스 대상, 항목 등
			서비스수준 관리 지표	서비스제공 영역별 서비스수준을 정량(수치)적으로 계약하기위한성과지표.	시스템 가동율 : MAX 99.8%, MiN : 98%.
			서비스목표 수준(SLO)	-Service Level Objectives -서비스수준관리 지표별 목표치. 최소치	가용성 : 99% 유지, N/W 처리량 : 99% 이상
			서비스성과 측정기준	관리 지표를 정량적(수치화)으로 측정하는 방법	측정주기, 방법 등 (총가동시간/예정시간)
			서비스 수준보고	서비스수준에 대한 의사소통 체계로 보고형식 & 방법, 개선방안	주간/월간 보고서 개선계획서, Daily보고
			보상 체계	목표치 준수, 미준수시의 보상 & 벌칙금 산정기준 또는 방법	Penalty, Incentive 등

-ITO : IT Outsourcing.

4. SLA의 개념도(구성도)

		ITSM (ITIL, e-SCM)		
사용자, 고객	SLA 요구 →	관리조직 -SLA 협상	OLA 요구 →	운영조직 -서비스 운영
	← SLA 대응	-서비스 수준예측 -서비스 수준보고	← OLA 대응	-서비스 수준관리 -서비스 수준측정

SLA 통신 (Communication) OLA Communication

SLM 구간

- SLM : Service Level Management
  서비스 수준관리 체계 및 System
- OLA : Operation Level Agreement : 운영수준 동의서

3 SLA의 추진절차 및 목차 예시

가 SLA의 추진절차

단계	절차	주요 내용
준비 단계	정의	- 서비스 요구문서화, 초기 KPI/Metrics 정의 (초기 SLA)
	도출	- 서비스 조정, Draft/Update SLA 문서화
협약 & 측정	협약	- 목표치, 역할/책임 & 절차 정의, 협상에 의한 협정 체결 (Confirmed SLA)
	측정	- SLA에 따른 서비스 제공 및 성과 측정
운영 & 평가	보고	- 목표 대비 측정치 비교 등의 성과 보고 (Performance Report)
	통제	- 개선안 도출 & Service 수준 개선

나 SLA의 각 단계별 내용

Phase 1	Phase 2	Phase 3	Phase 4
-서비스 현황	-지표조사	-관리지표/	-패널티/보상수준
-목표조사	-관리지표 선정	시험측정	합의 & 결정
-SLA 적용범위	-관리지표 측정	-관리지표별 목표	-Pricing 방식
합의 결정	방법의 정의	수준/최소수준	결정, -SLA 작성
-SOW 작성	(산출물화)	합의 & 결정	& 완성

Toc = Table of Contents

4.	SLA의 목차-예시		

4. SLA의 목차-예시

번호	목차예시	설명	
1	TOC	SLA의 배경과 목적	
2	서비스범주	서비스포함 범주, 제외되는 서비스 범주	
3	서비스명세	서비스 개요& 정의, 고객사& 주요 이해 관계자, 주요 이해 당사자, 서비스간 상호 연관성& 관련된 업무, 잠재적 변수	
4	성과평가	KPI, KPI 평가기준& 방법, 인센티브와 페널티조항	
5	보고체계	KPI보고, 서비스(Service) 운영성과 보고, 개선 계획(plan)및 결과 보고(Reporting)	
6	관리	협력업체 관리	
7	기타사항	SLA 용어 정리등	

4. SLA 적용 전후 비교 및 기대효과

가. SLA 적용전후 비교	1	구분	SLA 적용전	SLA 적용후
		지표	IT 운영 현황(CSR, 성능 분석 보고서등) 정형적 내용	IT 성과 지표(가동율, 장애 처리 건수등) 정량화(수치화) 가능
		관리체계	단순 실적 보고	지속적 서비스 품질 향상
		자원 투입	서비스(Service) 중요도 와 무관한 균등투입	서비스 중요도에 따른 자원 분배
		의사소통	미흡(비정기적, 필요시수행)	명확(SLA보고/협의 체계)

사. SLA 적용시 기대효과

구분	내용
발주자 측면	-서비스에 대한 정량적 수준 파악 가능 -서비스수준에 대한 품질 향상이 가능 -핵심사업에 대한 역량 집중 가능
수주자 측면	-사용자의 거래수준에 부합하여 Service(서비스)를 제공 (우선순위 기반 Service) -장기적으로 안정적인 서비스 제공, 새로운 수익에 대한 기반 마련, Value chain화 가능 -고객의 무리한 요구사항/저가 계약의 폐단 감소 -서비스 제공 인력의 효율적 운용 가능

-서비스수준의 PDCA을 통해 지속적 개선 필요함.   "끝"

문 60) SLA (Service Level Agreement)의 문제점과 해결 방안에 대해 기술하시오.

답)

1. (SLA (Service Level Agreement)의 정의) - IT Outsourcing 서비스의 수준을 정량화 (수치적 표현 가능) 하여 평가하고 미흡부분을 지속적으로 개선, 관리하고자 하는 협약서

2. SLA의 문제점

문제점	내용
① SLA 목적 결여	SLA를 penalty 중심으로 이해하고 비용절감 (product의 원가절감)의 도구로 추진함
② 경영층 관심 결여	SLA 담당자 수준에서만 평가되고 보고(Reporting)되어 모식적/형식적 행위로 수행됨
③ 단기 프로젝트로추진	SLA를 단기과제로 추진하며 무리한 서비스(Service)수준과 개선 없는 결과 발생가능성 존재
④ SLA 신뢰성결여	기술 중심, 수작업위주의 SLA 결과에 대해 발주자(IT서비스사용자) 입장에서 신뢰성 결여
⑤ 전문성 부족	SLA 담당자가 기존 업무와 병행하여 SLA 업무를 수행 함으로 전문성 & High Level 서비스결여

3. SLA 문제점에 대한 해결 방안

문제점	해결 방안	내용
①	품질(Quality) 향상으로 추진	SLA를 비용절감에서 서비스 품질 향상도구로 인식 전환 (품질이슈 Zero화)

			②	SLA 협의체 구성	SLA 협의체를 구성 정기적 Meeting, 정기적인 SLA 보고 & Issue 협의
			③	지속적인 프로그램	장기 계획, Service 개선 program 등 지속적인 활동추진 필요
			④	자동화 도구반영	SLA 지표수집의 Automation 화, 자동화를 통한 평가, 보고체계 구축
			⑤	SLA전담조직구성	발주자, 수주자 SLA 전담조직구성

"끝"

문	61)	SLA (Service Level Agreement) 계약서 발주자 와 수주자의 고려 사항에 대해 설명하시오.
답)		
1.		IT 서비스 수준 협약서, SLA의 정의
	-	IT 서비스 발주자와 수주자간에 상호 합의한 서비스 수준에 대한 합의서

2.		SLA 계약서 발주자의 고려 사항

구분	주요 내용
서비스 범위(Scope)	SLA 계약서 SLA를 통해 관리될 서비스의 명확한 범위 (SOW & R/R (책임과 Rule))
평가 지표	SLA 평가 대상이 되는 SLO를 선정. SLO 선정시 시범 1간과 지표 POOL에 의해 개발된 지표로 선정
전담 조직	수주자가 제공하는 서비스 결과에 대한 모니터링 (Monitoring) 평가하는 전담 조직 구성
평가수준	6개월 이상의 실제 Data로 최저 수준과 목표 수준 정의
관리시스템	지표 자동화, 보고 자동화를 위한 SLM 관리 시스템 적용

3.		SLA 계약서 수주자(IT 서비스 제공 업체)의 고려 사항

구분	주요 내용
서비스조항 의 현실성	SLA (Service Level 협약) 계약 내용이 상호 합의가 가능한 수준인지 검토 (제공 가능성 검토)

			시범 운영 기간	-SLA 지표및 평가에 대한 시범 운영기간 선정 (최소 6개월) - SLA 계약서 시범 운영 기간과 서비스 수준에 대한 합의 방식 명기
			서비스개선 협의체	SLA 보고, 개정, 평가, 이슈(Issue) 조정을 할 수 있는 회의체 구성/운영, 신속한 대응체제구축
			전담 조직	전사 SLA 관리조직 (표준/관리), 제공사별 SLA 담당자 전담조직 구성, Real time 서비스 제공

"끝"

문 62)	SOW(Statement of work)에 대해 설명하시오.
답)	
1.	SLA(Service Level Agreement)의 세부항목, SOW의 개요
가.	SOW(Statement of work)의 정의
	- 정보시스템 Service 수준의 계약서인 SLA에 대한 세부
	적인 Scope(범위) & 작업내용을 규정한 작업 명세서.
나	SOW의 필요성

	명확한 규정	정량화	운영, 관리
	- 발주자와 수주자간의 기대수준 차이에 대한 명확한 수행범위 규정	- 서비스 제공내역의 계량화 및 정량화(수치화)가능	- 개발/구축보다는 운영 & 유지보수 관련 SOW가 많이 쓰임

2.	SOW의 관점별 역할과 구성항목

	관점	역할
가. SOW의 관점별 역할	서비스 수혜자 (발주자)	- 합의된 서비스(Service)수준에 필요한 서비스 공급자의 작업내용을 이해, 상호 공감대 형성필요. - 작업량에 의거한 평가, 보상, 패널티등을 관리함 으로써 합리적이고 효율적인 서비스 수준요구
	서비스 공급자 (수주자)	- 합의된 서비스 수준에 필요한 작업량의 객관적측정 - 예기치 못한 서비스 요구에 따른 위험 전이 - 내부적인 원가 절감 및 생산성 제고의 드라이버로 작용

나.	SOW(Statement of work)의 구성항목

구분	설 명
예측적인고장시간	Hardware, S/W, N/W, 유지보수, 설치/변환
지원시간	Help Desk, 기술지원, 고객관리
Security(보안)	접근제어, Backup, 복사, 재해복구/상황모니터링

3. SOW의 기대효과

- 예기치 못한 Service Scope(범위)의 불투명성에 대한 위험 관리가 가능하고 문서화된 Service요구에 대한 정상한 Service 과금 지불 요구 가능.

- 효율적인 정보 서비스확인 & 통제로 인해 Service에 대한 명확하고 정확한 평가및 보상가능

"끝"

문 63)	SLM (Service Level Management)의 개념도와 구성요소에 대해 설명하시오.
답)	
1.	SLA 기반의 서비스(Service)수준관리 체계, SLM의 개요
가.	SLM(Service Level Management)의 정의
-	SLA에서 정의한 서비스 수준에 대한 지속적인 성과측정 및 평가, 개선(Improvement)관리 활동
나	SOW, SLA, SLM과의 관계

SOW → SLA → SLM

- 업무 정의서   · IT 서비스를 제공하는   - 서비스 수준 성과
- 서비스영역에   업체와 사용하는   관리를 통한
  대한 정의서   업체간의 협약   개선 활동

2	SLM의 개념도와 구성요소
가	SLM (Service Level Management)의 개념도

고객(사용자) —서비스계약→ IT 서비스 업체
고객(사용자) ←서비스 제공— IT 서비스 업체
SLM
인증 ← e-SCM
서비스관리 ← ITIL
Best practice 제공

서비스수준측정 / 수준보고 / SLO측정 & 위약 관리

- 고객과 서비스 업체간의 SLA를 바탕으로 SLM 수준을 결정하고 Service 수준에 대한 체계적인 성과관리

나	SLM의 구성요소
구성요소	내용 설명

			서비스 카타로그	Service 전체 목록
				-Service Level Agreement
			SLA	- IT 서비스를 제공하는 업체와 이 서비스를
				사용하는 업체간의 서비스(Service) 계약서
				-Operational Level Agreement
			OLA	- 내부 조직간의 의사소통및 관리를 효율적으로
				하기위해 서비스 공급자 내부 부서간에 교환하는 합의서
			SLO	- Service Level Objective : 서비스 수준관리,
				지표및 목표치 관리, 패널티 및 인센티브 부과
			SQP	합의된 서비스수준을 보장하기위한 서비스 활동 계획
			서비스 Report	주기적으로 제공되는 서비스 수준 보고서
			SLM 엔진	-서비스수준관리 과정에서 서비스 수준관리 지표별 측정치
				산출, -보고서 작성 자동화기능, 실시간 정보 서비스 모니터링

"끝"

문 64)	ITSM (IT Service Management)에 대해 설명하시오

답)

1. 합리적인 IT서비스 제공을 위한 서비스 중심관리체계. ITSM _(개요)

가. ITSM (IT Service Management)의 정의
- 합리적인 비용 범위 내에서 합의된 품질 수준의 서비스를 제공
할 수 있도록 process, 조직 역량 (Skill), 기술을 종합적으로
관리하기 위한 선진적 IT 체계. (IT 서비스 역량 강화)

나. ITSM 도입의 필요성

구분	내용 설명
고객/ 사용자 측면	-SLA에 기초한 맞춤형 IT 서비스 제공 -IT 서비스 품질의 합의로 일관성 있는 서비스 보장 -IT 서비스 가용성, 신뢰성, 서비스 비용관리의 개선 -접촉 창구의 명확화로 IT 조직과의 의사소통이 개선
IT 조직측면	-조직이 책임지는 서비스와 Infrastructure 관리가 강화 -최적의 process 구조정립으로 효과적인 아웃소싱이 가능 -내부 및 공급업체의 의사소통을 위한 논리적인 틀을 제공 -ITIL 기반을 둔 체계적인 IT 서비스 품질관리가 가능

다. ITSM 의 목적

ITSM
적용 → -명확한 의사소통채널 확립
-공통용어 사용 관리지표 활용
-process 표준화 → ITSM의
Goal
(목표)
- 비용절감
- 서비스 품질 향상

2.		ITSM의 구성요소와 참조모델의 설명		
	가.	ITSM의 구성요소와 설명		

구성요소	설명	주요기능
Process	-세부 Activity의 도출 & 실행에 Focus -조직관점에 접목하여 조직의 목표달성에 집중	-서비스 전략, 지자인증 실행
인력 & 조직	-최적 IT서비스위한 역량강화 기술/능력배양 -최적의 서비스 제공, 조직구성, 역할배정	-Matrix형 조직 운영, 역량강화
기술	-Process의 자동화, 최적의 Solution 제공 -형상관리, 영향분석 Tool을통한 효율화 추구	-Data Gathering 실시간 모니터링
문화	-IT process준수, 공유 가치관 share, -ITSM 실현위한 조직문화 형성	-공감대 형성 -홍보, 상상사례전파

	나.	ITSM의 참조모델		

eSCM ISO20000 → 아웃소싱 제공업자의 능력 평가 & 인증

ITIL → IT Best-practice 제공 → ITSM (기업의 IT서비스 관리 체계) → 프로젝트 관리 & S/W품질인증 → CHMI

SLM, SLA, SOW ↑

IT 아웃소싱 서비스 수준 & 서비스 가동측정

	다.	ITSM 참조모델의 설명		

모델	주요 내용	비고
eSCM	-e-Sourcing Capability Model	공인인증(5단계)

			eSCM	-ITO 서비스 제공자 역량평가모델 (사업자선정, 관리) -범위: IT 아웃소싱 Biz Lifecycle 전체	공인인증 (5단계)
			ITIL	-IT Infrastructure Library -IT 서비스관리를 위한 Best Practice Lib -범위: IT 서비스운영/지원절차, ISO 20000 인증	백과사전 식 Guide
			CMMi	-Capability Maturity Model Integration -IT System 설계/구축분야의 Best practice -범위: System 분석, 설계, 개발, Test process	SW- CMMi로 확장
			COBIT	-Control objectives for 국제 & Related Technology -IT통제 목적 달성을 위한 IT Governance 지침 -범위: 계획, 조직, 도입, 구축, 운영, 지원, 모니터링	IT통제, IT감사
			MOF	-M/S operations Framework -M/S 제품/기술의 IT환경에 대한 서비스운영 -범위: 변경, 운영, 지원, 최적화 4개모델	ITIL과 M/S 운영 Group 격타경험기반

- ISO 20000은 인증규격 (Specification)과 서비스 관리
실행지침 (Code of practice)등 두개 파트로 구성되어 있고
BS 15000규격에서 Global 환경에 맞게 일부 변경, 제정됨

3. ITSM의 구축효과

구분	효과
서비스 제공자	(비용절감효과)- process 최적화를 통한 품질(Quality) 및 생산성 향상, Best practice 표준준수

			서비스	(체계적인 관리)- 명확히 정의된 process 보유
			제공자	- 비즈니스 관점에서의 일관된 View 제공
				- 대외적 이미지의 제고, 기업 Image 향상(정판up)
				· 체계적, 문서화로 상호 신뢰도 증가 & 의사소통 용이.
			발주자	- 투명하고 객관적인 SLA 측정 가능.
				- 저 비용, 고품질의 서비스(Service) 기대
				"끝"

문 65)	ITSM의 도입목표수립 방안과 구축 절차, 성공적인
	도입을 위해 해야 할 Activity에 대해 설명하시오.
답)	
1	ITSM(IT Service Management)의 정의
	- 정보시스템의 운영을 전통적인 기술 중심의 관리에서 벗어나 경영
	지향적이고 전사적 차원에서 서비스적인 관점에 입각하여
	체계적으로 관리하기 위한 접근 방법.
2	ITSM의 도입목표수립 방안과 구축 절차의 설명
가	ITSM의 도입목표 수립 및 도입 요구사항

도입목표수립 방안		도입시 요구사항
기본 목표	- IT Service 와 Business Need 결합	- IT 서비스 전체 Life Cycle 에 걸쳐 도입목표가 수립되고 관리
구현 범위	- 3P (사람, 프로세스, 제품) 효과적, 효율적 활용	- 고객과의 약속인 SLA 만족 - 모든 process가 지속적으로 개선
관리 범위	- 비즈니스 중심의 고품질 서비스관리제공	이 가능하도록 설계 (개발&디자 인)되고 운영되어야 함

| 나 | ITSM의 구축 절차 및 설명 |

단계	상세 설명
분석& 기획 →	자사의 현황분석, 현재 IT관리 수준평가, 고객과 경영진 및 직원의 요구사항 수집 분석, Best practice 인 eSCM, ITIL process 분석, 구축 전략, 수행일정수립
Framework	고객과 경영진의 요구사항 반영, eSCM과

&: 및, 또는

			구성	ITIL 모델을 활용하여 ITSM의 영역과 도메인설계
			Process 설계/합의 공유	Domain별 process 작성, Task와 Activity정의, process별 산출물을 정의 및 템플릿을 작성, process 검증, IT 운영 process 합의 & 공유
			System 구축	-ITSM구축, 지원 System(패키지, 자체개발등)구축, -기존운영관리 System과의 연계 & Interface 중요고려
			Process 이행	-이행을 위한 계획수립 (Activity plan 작성) -성공적인 이행을 위한 CSF, 운영상태 Monitoring
			변화 관리	-개선점 도출 & 반영, 변화관리 통한 최적화/정착화 유도 -구성원에 대한 교육 : process & 필요성 공유 -주기적 점검 : process 이행상태 주기적 점검 체계 구축 -경영자의 관심 : 성공과 실패를 결정하는 중요 요소

3 ITSM의 성공적인 도입을 위한 Activity (Action Item)

단계	Activity	설 명
준비 단계	정확한 방향 제시	-도입의 목표 & 계획의 명확한 설정 -추진 방향의 공감대 형성위해 적극적 변화관리수행
	충실한 제도 지원	-적용의 통제 요소 실행력 강화를 위한 명확한 책임과 권한 정의 (R&R 정의)
	역량강화	-전문영역별 전문가의 확보및 육성 -추진외부 이해관계자와 유기적 협력 체계 구성
	process 성숙화	-전체 수명주기 (Life cycle)에 대한 선진화된 업무 process 구현및 내재화

			효과적인 System	업무수행 효율위한 자동화된 지원 체계
		구축	현실적 일정수립	조직역량과 업무범위에 맞게 일정수립
		단계	TFT 구성의 적합성	ITSM을 위한 TFT의 구성, Meeting 진행
			최적의 To-Be설계	To-Be설계에 대한 Owenership을 TFT에서 책정

- ITSM은 단기간에 구축되는 일회성 project가 아니기 때문에
ITSM 도입 당위성을 확보하여 지속적으로 추진되어야 함.

"끝"

문 66)		ITIL(IT Infrastructure Library)에 대해 설명하시오		
답)				
1.		IT 서비스 관리분야의 표준 Model, ITIL의 개요		
	가.	ITIL(IT Infrastructure Library)의 정의		
		- 사용자 서비스를 안정적으로 제공할수 있도록 System 운영과		
		관련된 전세계 Best practice 모아 놓은 자료 & 국제 표준		
	나.	ITIL의 목표		
		고객과 Biz 연계	IT서비스가 미래의 수요를 충족하는 Biz 연계	
		품질 향상	제공되는 IT서비스 품질의 개선및 향상	
		비용절감	서비스에 대해 장기적인 비용 절감 효과	
2.		IT서비스 개념도와 유사 process Model 간의 비교		
	가.	ITIL과 다른 관계와의 개념도		

		ITIL/ITIL3.0은 ITSM을 위한 Best practice 제공		
	나.	ITIL과 유사 process Model간의 비교		

구분	CMMI	CoBIT	ITIL
초점	S/w & 시스템 process	정보기술관리	서비스관리
목적	Software 품질 향상 및 개발노력 의 생산성 향상	경영통제모델과 IT통제모델의 괴리(차이) 해소	기업의성과를 효율적으로 지원할수 있는 IT서비스관리

			특징	SW/시스템엔지니어 중심	내부통제 중심	IT서비스 중심
3.			ITIL V3의 적용영역			

구분	주요 내용
차세대 System	차세대 System 추진시 요구되는 인력, process, System의 재설계를 전략과 설계, 전환, 운영, 개선의 ITILv3 개념을 적용
IT 아웃소싱	OutSourcing 추진에 따라 IT서비스에 대한 전략, IT서비스 재설계, IT process 접립시 ITIL V3 LifeCycle 개념 (Concept 적용)
IT 거버넌스	IT서비스 관리를 거버넌스 체계하에 전체 서비스 관리 모형과 실행 지점으로 체계화 (ITIL V3는 운영 영역으로 한정하여 추진)

"끝"

문 67)		ITIL (IT Infrastructure Library) V3에 대해 설명 하시오
답)		
1.		IT Service 관리분야의 표준모델, ITIL의 개요
	가.	ITIL (IT Infrastructure Library)의 정의
	-	ITSM 기반 IT서비스를 지원, 구축, 관리위한 표준 IT 서비스 관리분야의 주요 process 및 Best practice를 제공하는 모음집 (Library, 책자) - De-facto 표준
	나.	ITIL의 특징

특징	설명
고객지향적	비즈니스, 고객요구에 맞는 IT서비스 배치 및 활용
서비스품질향상	효율/효과성 검증된 체계적인 IT서비스 제공, 정량화/SLA기반
비용절감	효율적인 IT서비스 조직운영, 장기적 관점에서 비용절감
process 표준화	표준용어, 표준절차, 표준화된 조직, 문서공유

2		ITIL V2 한계성과 ITIL V3와 비교
	가.	ITIL V2의 한계와 ITIL V3의 탄생

```
┌─ ITIL V2 한계 ─┐        ┌─────────────┐
│                │        │ -Business 연계 │       ╭─────╮
│ -성숙도모델 부재   부재 │ -서비스 Lifecycle │      │ ITIL │
│ -도입에 대한 명확한가이드 ├→ -투자효과의 측정   ├→  │  V3  │
│ -서비스 Lifecycle 미흡 │ -도입 Guideline │      ╰─────╯
│ -IT와 Biz 전략의 연계부족 │                │
└────────────────┘        └─────────────┘
```

| | | - | Version 2는 IT 서비스와 비즈니스 전략의 연계 및 IT Service Life Cycle의 관리가 미흡 |
| - | process 중심의 관리 체계를 탈피→전사 Lifecycle 가능한 ITIL V3 출시 |

4. ITIL V2과 V3의 비교 설명

비교항목	V2	V3
영역	서비스지원등 7개 영역	서비스전략등 5개 영역
관점	IT중심 관점	비즈니스 안정의 접근관점
구성 Framework	독립적인 process 구조 특정 project 모델관리	비즈니스 process와 통합 을위한 Life Cycle 형태
실무 적용	What to do	How to do
국제 표준	ISO 9000	ISO/IEC 20000
서비스/솔루션 제공자의 IT스킬	컨설팅 제공자에 대한 기본 자격 규정	-ITIL제공자 자격 구체적인 -투입 인력 수준 파악 가능
활용 범위	대기업 중심	대기업 또는 중소기업
ROI 측정	제공하지 않음	ROI 측정방안 제시

- V3는 V2의 약점으로 지적된 ROI 부분 강화

3. ITIL 3.0의 구성 및 주요특징

가. ITIL 3.0의 구성

구성요소	주요 설명	주요 프로세스
서비스 전략	-IT서비스 전략중심으로 Biz 가치제공 -서비스설계,이전,운영,개선연계 전략수립	재무, ROI관리 포트폴리오관리

			서비스 설계	-IT서비스 전략하에 Biz 가치 제공 -Biz 영향도, 서비스 수준요구, 위험관리 체계	서비스 카탈로그 (CBSC, TSC)
			서비스 이행	원칙과 process 제시, 안정적/효율적 서비스 이행 실현	서비스 자산, Release
			서비스 운영	-품질과 비용의 균형적인 IT서비스 운영모델 수립 -Service (Utility + Warranty 제공)	Monitoring
			서비스 개선	-IT서비스 Lifecycle 기반의 개선활동 -Biz를 위한 개선 단계 및 측정, 보고방식 제시	event 관리, 접근관리

4. ITIL 3.0의 주요특징

구분	주요내용	특징
Life Cycle	-IT Service 생명주기를 제시 - Standard Framework 지향	-PDCA 개념을 IT서비스에 적용 관리
서비스 가치	비즈니스 요구 목적에 부합하는 IT 서비스 설계와 이를 지원하는 보증	비용관리, 포트폴리오관리
서비스 포트폴리오	-가치계획, Risk, 패키지, 비용/과금 -Biz Case 기반의 IT서비스 구성	Biz. Case (우선순위,위험)
서비스 지식관리 System(SKMS)	-Service Knowledge 관리 System -Multi CMDB 지향과 설계	Master CMDB설계
성숙도모델	IT서비스에 대한 성숙도모델을 제시	성숙도 모형
지속적 개선 (CSI)	-서비스 Lifecycle 기반의 개선활동 -Continual Service Improvement	7-단계 개선 process 지표중심

4. ITIL V3의 적용 방안

			IT 거버넌스 체계	-기업의 새로운 가치(Value) 창출/목표설정
			구축 모델로	-IT 활동에 대한 성과측정, 방향제시
			적용	-IT 거버넌스 체계의 실행 지침으로 적용
			Business	-Biz Value를 제공하는 IT 서비스 Lifecycle 제공
			연계모델로	-Biz. 지표(CSF, KPI, BSC)와 연계되는 전략겸
			적용	-서비스 전략/설계를 Biz 전략에 반영
			지속적인 품질	-IT 서비스에 대한 품질 규격 (인증규격)으로 적용
			활동모델로 적용	-IT 서비스 전영역(전략/전술, 설계 등)에 대한 개선활동

"끝"

문 68)	ISO 20000에 대해 설명하시오.	
답)		
1.	IT 서비스 관리를 위한 국제표준, ISO 20000의 개요	
가.	IT서비스 관리부문의 표준인 BS 15000 → 국제표준화, ISO 20000 정의	
-	IT 서비스의 Best Practice를 정립하기 위하여 글로벌 IT	
	업체들이 마련한 ITIL에 기반을 두고 있는 국제표준 인증규격	
나.	ISO 20000의 구성	
	Part 1	서비스 관리를 위한 인증 규격 (Specification)
	Part 2	서비스 관리를 위한 실행 지침 (Code of practice)
2.	ISO 20000-1 세부 구성도와 설명	
가	ISO 20000-1의 구성	

/서비스 제공 process/

용량관리	서비스 수준관리	정보 보안 관리
서비스 연속성 &	서비스 보고	IT 서비스를 위한
가용성관리	/통제 process/	예산수립 및 회계
/Release process/	구성 관리	/관계 process/
	변경 관리	
Release 관리	/해결 process/ Incident 관리, 문제관리	비즈니스 관계관리 공급자 관리

나	ISO 20000-1 구성도의 설명		
	Process	세부항목	목적
	서비스 제공	서비스 수준관리	서비스 수준을 정의, 합의, 기록, 관리

				서비스 보고	정보에 근거하여 의사결정과 효과적인 의사소통을 위하여 합의되고 적시의 신뢰성있는 정확한 보고를 제공
			서비스 제공 process	서비스 연속성 & 가용성관리	고객과 합의한 서비스 연속성 & 가용성의 이행의 자를 어떠한 상황에서도 보장위함
				IT서비스에 대한 예산수립&회계	Service (서비스) 제공 비용 (Cost)에 대한 예산수립 및 회계
				용량관리	서비스 제공자가 항상고객 Biz 요구로 인한 현재 &미래의 합의된 수요를 충족하기위한 용량확보
				정보 보안관리	모든 서비스에 대해 효과적인 정보 보안 관리
			관계 process	비즈니스 관계 관리	고객과 고객의 Biz 드라이브에 대한 이해를 바탕으로 서비스공급자와 고객사이의 원활한 관계를 수립하고 유지
				공급자관리	일정한 품질의 서비스제공을 보증하기 위한 공급자 관리
			해결 process	Incident 관리	합의된 서비스가 가능한 빨리 Biz에 복구 또는 서비스요청에 대응하기위함
				문제 관리	인시던트의 원인을 사전에 식별/분석, 문제의 종결관리를 통해 Biz의 중단을 최소화 함
			통제 Process	구성관리	서비스 구성요소와 Infra를 정의& 통제, 정확한 구성 정보를 유지하기 위함
				변경 관리	모든 변경들이 통제된 방식으로 심사,

				승인, 구현 및 검토됨을 보장하기위함
		릴리즈 process	릴리즈관리	Release에 하나 또는 2 이상의 변경을 운용환경에 제공하고 Release 후 추적 가능
				"끝"

문 69)	Escrow 서비스에 대해 설명하시오.	
답)		
1.	제3자 거래 중계 매매 보호서비스, Escrow 서비스의 개요	
가.	Escrow (결제 대금 예치제)의 정의	

- 구매자와 판매 자간 신용관계가 불확실 할때 제3자가 원활히
상품구매가 이루어 질수 있도록 중계를 하는 매매 보호 서비스

나	Escrow 서비스의 등장배경과 특징	

등장 배경	특징
- 비대면 거래 급증/복잡화	- 공신력 있는 제3자가 보관/배송
- Online 상 금융사고 발생	금액 지급, 후불제 (판매자)

2.	Escrow 서비스의 개념도와 Service Model	
가.	Escrow Service의 개념도	

판매자	은행&중계자	구매자
⑧ product 판매	①물품등록 → ④입금정보 ← ⑦송금 ← Broker 역할수행	②물품구매 ③입금 ⑥구매결정 ← ⑧ 상품구매자
	⑤물품배송	

- product 판매, 구매 시에 ① ~ ⑦번 과정수행

나.	Escrow Service의 Model	

Model (방법)	설명
금융기관과 Escrow	모든 서비스는 Escrow 업체가 운영하고

			업체의 제휴	금융기관은 가상계좌 발급
			방법 (Model)	- Escrow 업체 임의대로 인출이 되지않도록 공신력 부여
			금융기관이	- 금융기관이 직접 Site 및 Service system 구축.
			직접 Escrow	- 서비스구축에 대한 Risk & 쇼핑몰 설치 등 시장개척 중요
			서비스 제공 방법	- 금융기관의 Brand 가치를 이용한 공신력 확보
3.			Escrow 서비스의 장점 및 문제점	
	가.		Escrow 서비스의 장점	
			소비자 입장	- 대금 지불에 앞서 물품의 확인이 가능.
				- 물품을 못 받거나 반품시 신속한 환불 가능.
				- Internet (인터넷) 쇼핑몰 등 전자상거래를
				이용한 사기 자행등을 원천적으로 예방
			판매자 입장	대금 입금 확인후 납품 하므로 대금 지급에 대한
				보장성 확보, 거래의 안정성을 기반으로 새로운
				시장 개척과 고객 유치 가능
	4.		Escrow Service의 문제점	
		-	거래 절차가 복잡 해지고 후불 판매의 개념.	
		-	Escrow 서비스를 제공하는 기관에 지불해야 하는 수수료와	
			부가적인 경비 지출, 고객의 구매 의사 확인이 안될경우 대금 지급의	
			지연 (Delay) 발생	
				"끝"

임치 : 남에게돈이나 물건등을 맡겨둠

문	70)	Software Escrow에 대해 설명하시오.
답	)	
1.		SW 유지보수 지속 담보 보험, SW Escrow 의 개요
	가.	SW Escrow (임치=任置 제도)의 정의
	-	저작권자('S/W 생성자)가 SW의 유지보수를 계속 수행할수 없는
		경우(폐업, 파산, 자연재해등)를 대비하여 사용권자와 합의하에
		신뢰성 있는 제3기관에 Source code와 정보기술을 임치해 두는 제도
	나	SW 임치 제도의 추진 배경

SW 기술보호	사용자의 안정적사용	SW 산업활성화	분쟁 방지	신뢰성 제고

- SW저작권 보호, 사용권자의 안정적사용, S/W 기술력 보호및 신뢰성확보

2.	SW 임치 계약의 유형과 임치 대상물
가	SW 임치 계약의 유형

삼자간 계약(사용권자가 단일한 경우)	다자간 계약(사용권자가 다수인 경우)
SW 임치 계약	
저작권자와 사용권자가 소스프로그램 등을 위원회에 임치한 후 일정 조건 발생시 사용권자에게 임치물교부	저작권자가 사용권자를 위하여 소스 프로그램등을 위원회에 임치한후 일정 조건발생시 등록된 사용권자에게 임치물교부

	사	임차 대상물

S/W분야	임차	IT분야
- Source program		- 설계도/회로도
· Object program		- 반도체 chip
· 실행 program	-한국프로그램 보호위원회	- DB, Digital Contents
· 설계서/사양서/UML		- 회계 관련 문서, 계약 장서
· 매뉴얼, 유지관리 자료	-한국저작권 위원회	자간의 협의된 기술 정보등
· 개발기술자 정보등		핵심기술자료를 담고있는 S/W及문서

3. SW 임차 제도 관련 정책 현황

- SW 분리/분할 발주를 활성화 하기 위한 전제조건중의 하나.

- 미래창조과학부 : SW 기술서 평가 기준고시로 S/W 사업자가 프로그램 원시코드 및 기술정보등을 임치할 경우 총배점 한도에서 3점 가점 부여하여 공공사업 활성화.

"끝"

MEMO

PART 6

기업 연속성 관리

위험요소, 분석, 대응방법, 정량적 위험분석, FT, HT, Cold-Standby, Hot-Standby, 삼중구조, Backup 센터 구축 기법, DRS, Mirror/Hot/Warm/Cold Site 구축, RTO, RPO, BCP 체계 구축, RSO, RTO, RPO, RCO, BCO의 특성, BS-25999, Green IDC, 가용성 확보 방안 등에 대한 부분으로 이해 위주로 학습할 수 있도록 기술하였습니다. 항상 출제가 된다고 보면 됩니다.   [관련 토픽 – 15개]

문	7)	정보시스템의 위험요소와 위험분석단계, 대응방법에 대해 설명하시오.	
답)			
1.		위험과 위험관리, 위험분석의 정의	
		- 위험) 위협+취약성, 위협주체 & 취약성의 감소 → 위험감소	
		- 위험관리)-Data를 손상하거나 노출시킬수 있는 요소를 식별하고 Data 가치와 대책 비용관점에서 평가 위험완화, 감소 또는 사전에 제거하기위한 효과적인 관리 process	
		- 위험분석)-위험을 식별하고 위협의 영향을 정량화 (수치화) 하고, 보안분야 예산산정에 BackData, 분석하여 영향을 수치화	
2		위험요소와 위험분석 단계	
	가	정보시스템의 위험요소	

| | 나 | 정보시스템의 위험분석 절차 | |

절차	설 명
조직의 자산 가치식별	자산 가치 식별, 유지관리 비용, 비교우위 가치측정, Recovery에 드는 비용, Core Asset 분류/정제
위협 식별	조직과 IT Infra에 대한 모든 가능한 위협의 목록생성, 위협에 대한 event List 작성/식별

		정량적 위험분석	·산출물을 수치화 하여 자산사 위험 지수도출 ·연간 발생율, 예상손실, 노출계수등 계수화	
		정성적 위험분석	·시나리오 기반 분석, 가능한손실에 대해 수치 화대신 위협정도, 비용 & 영향평가등 가시화·	
		위험대응 계획	위협 감소위한 선략 & 조치, 취약점 대응방안, 최신 Issue 사항 & 경험 사례 반영, Checklist	
		위험감사&통제	식별된 위협 &취약점 관리 감독, 통제 & 평가	
3.		위협 대응 방안		
		방법	설 명	
		위험 감소	절차의 개선, 환경 & System 개선또는 구축, 조기 탐지 방법개발, 보안통제 & 인식 훈련정기적실시	
		위험 전이	현재보다 위험의 영향도가 낮은 영역으로위험 전이, 예)보험가입 위험일부를 전이, 리스크 발생결과 &대응주체변경	
		위험수용	위험수용하고 위험의 가능성 & 크기를 완화 하여 극복 & 수용	
		·위험 회피 방법도 있음 "끝"		

정보시스템의

문 72)		위험관리 방안과 정량적 위험분석 (Quantitative Risk Analysis) 방법에 대해 설명하시오
답)		
1.		위험관리의 정의와 위험관리의 Life Cycle
	가.	(위험관리의 정의) - 조직이 견뎌낼 수 있을 정도 이하로 위험을 줄임, 취약점과 위험요소의 능력, 보호대책을 개발후 통제&관리
	나	위험관리의 LifeCycle (Risk Management) - 관리방안

대응

위험식별 → 정성적 분석 → 정량적 분석 → 위험 대응 계획 → 검사&통제 보고

- 정성적/정량적 분석은 동시에 수행 가능

2.		정량적 위험분석이 필요한 경우와 수행절차
	가	(정량적 위험 분석의 정의) - 위험에 대한 분석을 숫자나 금액 등으로 객관적으로 분석하는 것 (즉 수치화하여 분석하는 방법)
	나	정량적 위험분석이 필요한 경우

복잡성 해소	조직의 data 수집, 보관 process가 복잡한 경우
수치화 분석	정성적 입력치가 항상존재, 가시화된 수치화 필요
비용분석	정량적 위험 평가를 통해 위험비용이 보안대책비용초과여부다

단

	다	정량적 위험 평가 수행 단계	
		단계	실행 내용
		1.	경영진의 승인득, 위험평가팀 구성
		2	조직내 정보 검토 (각 부서별 정보자산 검토)
		3.	노출계수(%) 계산 : 위험에 대한 손실 비율

			・노출계수: 특정위험에 직면 했을때 입게될 손실비율	
		SLE	Single Loss Expectancy : 한번의 침해로 발생한	
		계산(4)	손실액, SLE = 자산가치($) × 노출 계수	
		ARO	Annualized Rate of Occurrence : 위험이 1년내에	
		계산(5.)	발생할 확률 예)1년내 바이러스 감염확률 90% → ARO=0.9	
		ALE	Annualized Loss Expectancy : 연간 손실예상	
		계산(6.)	ALE = ARO × SLE	

- 보안 대책수립 → 위험발생 억제 → 연간 발생 빈도 감소 → ARO 감소

3. 위험에 대한 대책

대책	설 명
회피	자산 매각 & 설계변경등 다른 대안 선택하여 회피
전이	보험회사와 같이 다른 개체에 전이 (전이 비용)
완화	방화벽 등을 통해 위험 수준을 제거하거나 감소
수용	비용 대비 효과를 고려 하여 Biz 목적상 위험수용

"끝"

문 73)	FT(Fault Tolerance)에 대해 설명하시오		
답)			
1.	장애(Fault)에 강인한 FT System의 개요.		
	가.	FT(Fault Tolerance)의 정의	
		- 무정지(Seamless operating)를 추구하는 고가용성, 고신뢰	
		성을 추구하는 System (Backup, 이중화, 삼중화, RAID 등)	
	나	Fault Tolerance의 등장배경	
		- 정보 System화 : 모든 정보가 정보 System 내에 저장후관리	
		- 24시간 사용요구 : Always 운영되고 Service가 정지되면 안됨	
2.	FT System의 구성도 및 주요 기술의 설명		
	가. FT의 구성도		

		- 하나의 System, N/W 이중화, F/W 이중화, 처리장치/DB 이중화	
	나	Fault Tolerance의 주요기술	
		H/W	Triple Modular 구성, Check point(H/W) 등
		S/W	S/W적 Check point, Recovery/Backup 등
		DB	DB 이중화, RAID 구성, Security 적용 등

3. HA와 비교

구분	HA	FT
System 구성	다른 시스템	하나의 System으로 구성
정지시간	수분이내 복구완료	0초, 설치간 사용가능
비용&program	2~3배, 범용	10~20배, 전용

"끝"

문 74)	FT(Fault Tolerance)와 HA(High Availability)에 대해 설명하시오
답)	
1.	Seamless 서비스(무중단)를 위한 FT, HA의 개요.
가.	(FT(Fault Tolerance)의 정의) - 한 System내에서 장애 발생시 치명적인 영향없이 System 운영및 복구를 가능케하는 기법
나.	HA(High Availability)의 정의 - Cluster로 구성된 System 에서 장애 발생시 다른 정상 System으로 Take-over하여 최소한의 서비스 중단을 이루는 기법 (무중단 서비스 구현)
다.	FT와 HA의 필요성

가용성측면	Service Down Time의 최소화, 무정지 실현목표
Data측면	무결성과 일관성을 보장, ACID 보장(DB)
사용측면	실시간(Real time) 처리/서비스의 필요성

2.	결함허용기법 FT의 구성도, 기능및 기법
가.	FT(Fault Tolerance)의 구성도

```
  ┌─────────┐        ┌─────────┐
  │  Cpu    │╲      ╱│  CPU    │────┤ Power │
  └─────────┘ ╲    ╱ └─────────┘
  ┌─────────┐  ╲  ╱  ┌─────────┐
  │ Memory  │   ╲╱   │ Memory  │
  └─────────┘   ╱╲   └─────────┘
  ┌─────────┐        ┌─────────┐
  │  I/O    │        │I/O Device│───┤ Power │
  └─────────┘        └─────────┘
  ┌─────────┐        ┌─────────┐
  │  DB     │        │  DB     │
  └─────────┘        └─────────┘
           FT- 이중화 구성 예
```

- FT System은 내부 자원을 이중화하여 운영함

	나		FT의 기능		
			기능	내용	
			HW 중복성	System 구성요소의 Backup, 이중화하는 기능	
			결함 검출	결함 발생을 인식 → 복구수행전 선행동작	
			결함위치확인	결함의 내용과 위치를 찾는 기능으로 검출의 일부	
			결함 격리	결함 발생부를 운영으로부터 격리하는 기능	
			재구성	결함 발생시에도 시스템 중단없이 동작 지속수행	
			보수	고장난 부품을 정상동작에 영향없이 교체, 보수	
			회복	보수완료부품을 정상동작에 영향없이 System에 추가	
			Data 보존	어떠한 결함 발생시에도 내용손실, 유실 없도록 함	
	다		FT의 기법		
			분류	내용	기법
			Hardware	동일한 Hardware를 예비로 준비, 고비용, 가장 단순하고 효율적임	HW 3중화, 이중화 RAID 0~5
			Software	동일한 기능의 Software를 예비로 준비 (복구 및 Fail 싯점고려)	Check pointing Recovery Block
			Database	Data 복구 및 이중화 기법, ACID 보장, CRUD 보장 (트랜잭션)	Redo/Undo Log File
			정보	Data 무결성 확보위한 Error 검출 정정 정보를 Data에 추가후 전송	Parity Code, M of N Code
3	.		가용성 극대화 위한 HA 기법의 구성도, 구성유형 및 절차		

가	HA기법의 구성도		
	\<Hot Standby\> \<Mutual Take-over\> \<Concurrent Access\>		
	- System 구성에 따라 3가지 유형으로 구분됨		
나	HA기법의 구성유형의 설명		

유형	설명
Hot Standby (비대칭형 Fail-over)	- 한 System은 운영, 다른 System은 Backup용으로 대기 - 장애 발생시 Backup System이 take-over
Mutual take-over (대칭형 Fail-over)	- 두 System 모두운영, 장애발생시 지정서버로 Take-over - 각 Server는 독립적으로 운영되는 것이 중요
Concurrent Access	- 여러 System이 동일업무를 병렬로 처리 - L4 스위치에 의한 로드 밸런싱

다	HA 동작 절차 (장애유형별)	

장애유형	내용
System 장애	Keep Alive packet 미수신시 System 다운으로 판단 NW자원, Disk자원, 응용 자원순으로 Fail-over
Nework Adaptor	Standby Adaptor가 기존 IP주소를 Fail-over 서비스 Adaptor나 전체 Adaptor에서 발생 가능
TCP/IP N/W	N/W 전체 장애시는 Fail-over 효과 없음

4.		FT와 HA의 비교및 최신동향

	가	FT와 HA의 비교

항목	HA	FT
구현방법	2개이상시스템을 고속스위칭	System내 부품 다중화
이상발생처리	System간 Fail-over	업무 처리 기능에서 제외
Data손실	가장 최근 Data	손실율 0%
특징	H/W활용도 높음	구조적인 내부부품 이중화
복구방법	Cluster Transition	Mirroring

	나	FT와 HA의 동향
		- 24시간/365일 무중단 요구 System (원자력발전소등)에 적용
		- 증권, 금융업무등 정보 시스템 운영에 중요성이 더욱 강조됨
		- H/W와 S/W 혼합방식의 FT/HA 연구 및 활성화, 적용방안 필요
		"끝"

문	75)	디지털 컴퓨터의 내고장성 (Fault Tolerance)을 위해
		사용되는 콜드-스탠바이(Cold-standby), 핫-스탠바이
		(Hot-standby), 삼중구조 (Triple Modular Redund-
		ancy : TMR) 시스템에 재하여 각각 설명하시오
답	)	
1.		자연 재해, 고장, 장애에 Robustness(강건). FT의 개요
	가	FT(Fault Tolerance) System의 정의
	-	Hardware, Software, database 등을 이중화 하여
		무정지(항상 가동)를 추구하는 고가용성, 고신뢰성 System
	나	FT의 등장 배경
		정보 System화 -모든 정보가 정보 System에 저장되므로
		장애(Fault) 발생시 업무마비등 치명적 효과 발생
		24시간 Full 서비스 요구증대 - 한순간이라도 System이
		정지하면 기업의 막대한 손실 발생및 Service 중단,
		기업의 영업활동 & 이미지 손실. 충성고객 이탈
2		FT System의 개념도 및 이중화 기법
	가.	FT (Fault Tolerance) system의 개념도
	-	하나의 시스템. F/W (Firewall), IDS (Intrusion
		Detection System) 이중화. 접근제어, processor
	-	처리 장치 (Controller : I/F, 내부연산, DB 제어등)
		및 Database의 이중화, Security 강화 정책 필요

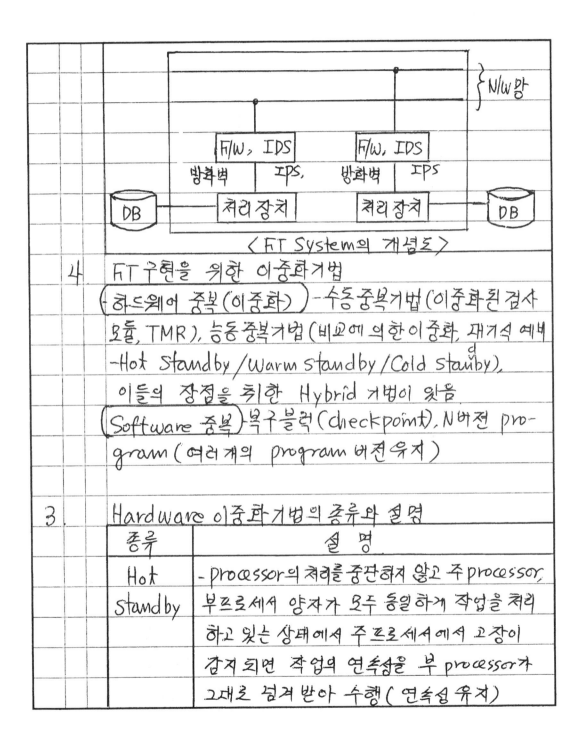

< FT System의 개념도 >

4 FT구현을 위한 이중화기법

(하드웨어 중복(이중화)) - 수동중복기법(이중화된 검사 요류, TMR), 능동중복기법(비교에 의한 이중화, 재기식 예비

-Hot Standby/Warm standby/Cold standby),

이들의 장점을 취한 Hybrid 기법이 있음

(Software 중복) 복구블럭(checkpoint), N버전 pro-

gram (여러개의 program 버전유지)

3. Hardware 이중화기법의 종류와 설명

종류	설명
Hot Standby	- processor의 처리를 중단하지 않고 주processor, 부프로세서 양자가 모두 동일하게 작업을 처리하고 있는 상태에서 주프로세서에서 고장이 감지되면 작업의 연속성을 부 processor가 그대로 넘겨 받아 수행(연속성 유지)

			Warm Standby	-작업중인 주 Module의 정보들을 부분적으로 부 Module로 전달하여 부모들과 동기화 수행 -주 모들에서 고장(Fault)이 감지되면 부모들이 주 Module의 작업을 넘겨받아 복구수행	
			Cold Standby	-비동기적으로 동작하는 주모들이 작업을 수행하고 있지 않을 때, 부모들은 Hot-Standby 처럼 작업을 하지않고 대기하거나 진단(Diagnostic)등의 예비적인 작업을 수행 -주모들(Module)에서 고장이 발생하였을때 작업의 흐름이 부모들로 넘어가는데, 이때 부모들은 주모들에서 지금까지의 이력(History)을 넘겨받아 일련의 과정을 준비	
			TMR (Triple Modular Redundancy, 삼중구조)	〈TMR의 구조〉 -동일한 Hardware를 3중화 하는 것으로 H/W 각각의 Module로부서 출력된 결과를 다수의 Module를 통하여 출력을 결정하는방식 -다수결을 통한 결정에 따라 출력의 정상여부를 판단하게 되므로 다수결의 결정이 중요	

4. Hardware 이중화 기술 비교

구분	Hot standby	Cold standby	TMR
기법의 주목적	고장의 복구(능동)	고장의 복구(능동)	고장의 예방(수동)
복구 지연	없음	있음	해당없음
구축 비용	고가	저가	고가
운영 비용	고가	저가	고가
중복성	2중화	2중화	3중화

"끝"

문 76)		정보 System에 발생할 수 있는 재난(Disaster)의 종류에 대하여 기술하고, 전산센서의 Backup 센서 구축 기법을 설명하시오
답)		재난(Disaster)
1.		정보 System (Information 시스템)의 개념과 종류
	가	정보 시스템의 재난(Disaster)의 개념
		-자연재해(지진중), 전산장애, 인적과실 등에 의하여 전산시스템이 마비되거나 서비스가 중단되는 모든 원인
	나	정보 시스템의 Disaster (재난)의 종류
		(자연 재해)-화재, 지진, 폭우, 폭설등 자연적인 재산으로 인한 마비
		(백업/전산 장애)-Backup설비, System, Network, Software 등의 장애로 인한 Service 중단이나 장애
		(인적과실)-내부/외부인원에 의한 인적결함(Fault)에 의한과실로 Service의 중단이나 장애 발생
2.		정보시스템의 재난의 복구를 위한 DRS 및 Backup구축유형
	가	DRS(Disaster Recovery System)의 정의
		-천재지변이나 Hacking등 각종 재해에 대비해 System을 Recovery 가능한 상태로 구축한 System (복구 가능)
	나	DRS의 필요성
		-Business 업무의 정보 System 의존도 증가
		-Hacking, 테러등 위협 요인의 증가

유형	내용
	·조직 분산화 등으로 인한 경영환경의 변화
다.	DRS를 통한 Backup Center 구축 유형 특징 & 장/단점
Mirror Site	·DR System에 동일한 Data를 실시간으로 처리하는 형태. ·장점: 주센터 재해시 즉시 업무 대행 가능 ·단점: 고가의 구축/운영 비용 소요
Hot Site	·Backup Center에 주전산 센터와 동일한 H/W, S/W 및 기타부재 장비, 비품거지 동일하게 갖추어 놓고 주 전산센터 재해시 최소시간내 대체 ·장점: 재해시 신속한 대체 가능 ·단점: 고가의 구축 투자비용, 고가의 운영 비용
Warm Site	·주 전산센터의 장비 일부를 Backup 센터에 설치 하여 주요 업무에 대한 복구(Recovery)만 수행함 ·장점: 장애시 필요 장비 추가도입으로 Hot site 전환가능 ·단점: 재해시 수일의 복구시간 소요, 복구상태의 신뢰도 저하
Cold Site	·시스템을 사용할수 있도록 전원시설, 통신설비, 공조시설, 온도 조절 시스템을 갖추어 놓고 재해시 H/W&S/W를 설치 하여 System 가동. 장점: 구축 비용 저렴 ·단점: 재해 발생시 수주의 복구기간이 소요, 신뢰도 저하

라. DRS의 문제점

- Cold/Warm/Hot/Mirror별 복구시간 및 경비에 많은 차이 발생
- 재해복구 Center 구축 & 운영 비용의 과다 발생

- DRS는 장애에 재한 예방이 아닌 원상회복을 하며, Biz및 각종업무를 포함하지 않으므로 기업의 업무 연속성유지에는 한계가있음

3. 고가용성을 통한 Backup Center 구축방안

가. 고가용성(High Availability)의 정의
- 두 대이상의 System을 하나의 Cluster로 묶어서 한 System 의 장애시 최소한의 Service 중단을 위해 Cluster내의 다른 System이 신속하게 서비스를 Fail-over하는 방식

나. HA의 구성도

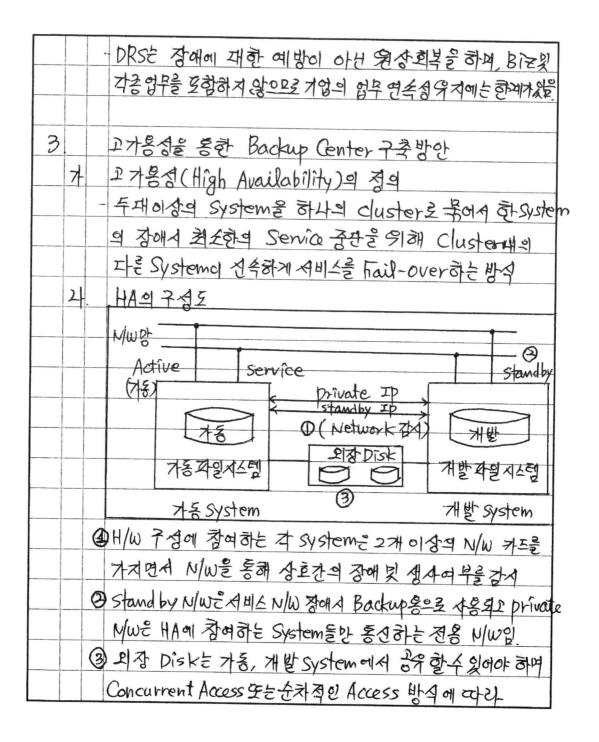

①H/W 구성에 참여하는 각 System은 2개 이상의 N/W 카드를 가지면서 N/W을 통해 상호간의 장애 및 생사여부를 감시

②Standby N/W는 서비스 N/W 장애시 Backup용으로 사용되고 private N/W은 HA에 참여하는 System들만 통신하는 전용 N/W임.

③외장 Disk는 가동, 개발 System에서 공유 할수 있어야 하며 Concurrent Access 또는 순차적인 Access 방식에 따라

		HA(High Availability)가 다르게 구성됨	
	자	HA를 통한 Backup Center 구축 유형	
		유형	내용
		Hot Standby	- 가동 System과 정상시 대기상태 또는 개발 System으로 운영 되는 Backup System으로 구성
			- 외장 Disk는 가동 System 에서만 Access 가능하고 장애(Fault)시에만 Backup System Access
		Mutual Takeover (Active - Active)	- 2개 System이 각각의 고유한 가동업무 서비스를 수행하다가, 한 서버에 장애가 발생하면 상대 System 의 자원을 Failover하여 동시에 2개 업무를 수행하는방식
			- 장애 발생시 Failover에 대비 해 각 System 2개의 업무를 동시에 서비스할수 있는 System 능력(Bandwidth)을 갖추도록 설계 해야 함
			- 외장 Disk는 해당 System만 Access 가능 함
		Concurrent Access (N-Active, M-Standby)	- 여러개의 System이 동시에 업무를 4수 병렬처리하는 방식 HA에 참여하는 System 전체가 Active 상태로 업무수행
			- 한 System에 장애가 발생해도 다른 System으로 Failover 하지 않고 가용성을 보장함
4		DRS의 한계극복및 업무연속성(BCP)유지를 위한 BCP	
	가	BCP(Biz, Continuity planning)의 정의	
		- 장애에 대한 원상회복 차원이 아닌 예방 통한 중단없는	

		Service 체계를 구축하기 위한 방법은,	
		- 장애 예방 전략으로 BPCP (Business Process Contingency plan)으로도 불림	
	4	BCP의 특징	
		- 거른 전산장애 복구를 칭하면 DRS와 BRS (Biz. Recovery Service)개념을 넘어 System 환경유지를 통해 Business 및 각종 업무의 연속성을 보장함, BCP구현시 HA를 고려.	
		- 장애에 대한 사전분석후 예방책 (Prevention) 억제책 (Deterrent), 탐지책 (Detect) 복구(Recovery), 재개책 (Resumption)등의 체계을 구축하는 일련의 과정.	
			"끝"

문	77)	재해복구시스템 (DRS: Disaster Recovery System)에 대해 설명하시오.
답	)	
1.		기업의 Business 연속성 지원, DRS의 개요
	가.	재해복구시스템 (DRS: Disaster Recovery System)의 정의
	-	정보 System에 대한 비상 대비 체계유지와 각 업무조직별 비상사태에 대비한 복구계획수립을 통한 업무연속성을 유지 할수잇는 System 체계. (비상시 신속 회복/복구기능)
	나.	재해 발생시 피해의 유형

정량적
재무적	-매출감소, 수입감소, 신규투자 필요
업무영향	-단위 업무당 처리시간 증가 Data

정성적
유형피해	-고객이탈, 미래영업기회손실, 손해배상, V유실
무형피해	-대외이미지 실추 & 신입도 하락, 감독기관제재

| | 다. | DR 의 필요성 |

DR 의 사례	내용
대지진	-대량의 PC손상, 복구대책이 없던 기업 파산
(1990년대)	-일본 고베 대지진, 사망 5000명이상, 1400억달러손실
뉴욕 세계	-2000년 초, 입주 350개사 중 150개 기업파산
무역 센터	재해복구 체계를 갖춘 메릴린치, 모건스탠리
비행기테러	등은 신속한 업무밋 Service 재개함
Internet	-바이러스로 국내 모든 Internet System 마비
재란	-전자상거래, 금융, 예약서비스 전면 중지 (복구3일)

2.		재해복구 System 운영 방식별 유형		
	가.	구축 형태별 구분		

구축 형태별
- 독자구축 - 기관 전용 DRS을 독자적으로 구축
- 공동구축 - 두개 이상의 기관이 DRS을 공동으로 구축
- 상호구축 - 복수의 기관 & 단일기관의 복수의 Site 상호간 DRS의 역할을 수행

운영 주체별
- 자체운영 - 기관 자체의 인력으로 DRS을 운영
- 공동운영 - 두개 이상의 기관이 DRS의 상호공유
- 위탁운영 - DRS운영을 민간 IDC 운영자 등 외부 기관에 위탁해서 운영

	나.	재해 복구 시스템 복구 수준별 유형		

구분	설명	복구목표시간(RTO)
Mirror Site	주센터와 동일한 수준의 정보기술 자원을 원격지(Remote Area, Backup)에 구축, Active-Active 상태로 실시간 동시서비스제	즉시
Hot Site	주센터와 동일한 수준의 정보기술자원을 원격지에 구축, Standby 상태유지(Active-standby)	수시간(2~3 시간)이내
Warm Site	중요성이 높은 정보 기술 자원만 부분적으로 재해복구 센터에 보유	수일~수주
Cold site	Data 만 원격지에 보관하고, 이의 서비스를 위한 정보 자원은 확보하지 않거나 장소등 최소한으로만 확보.	수주~수개 월

3.		재해복구 System 구축절차와 문제점에 따른 개선방향
	가.	재해복구 시스템의 구축절차

환경분석 → 내부, 외부 환경, 물리적/기술적/ 관리적 환경요소 분석 ← 예산, 시간고려

↓

업무영향분석 → 주요업무 process의 식별 / 재해시 업무중단에 따른 손실평가 / 업무중요성순위 & 복구대상 범위 설정 / 주요 업무 process별 복구목표시간설정 ← RTO, RPO, RSO 고려

↓

IT자원 복구 전략 수립 → 주요 IT 자원 선별, / 재해영향 & 허용정지시간 분석 / 복구우선순위 결정 ← IT 자원별 RTO, RPO

↓

DRS 설계 & 구축 → 운영형태, 유형, 재해복구센터위치 / Network 형태, 인력구성방안, / 재해복구시스템 구축 ← 투자 효율성의 분석

↓

DRS 운영관리 → 재해복구 운영조직의 구성 & 역할, / 재해복구 절차, 운영 매뉴얼 작성 / 재해복구 모의 훈련 수행 ← check list

	4.	DRS의 Issue (문제점)과 개선 방안	
		측면	문제점	해결방안
		System 측면	-용량부족, System환경상이 / -모의훈련/규정 미적용	-중요성인지 DRS 구축 / -업무 연속성 계획수립

		N/W 측면	DR센터와 사용자간, System 과 System 간에 비효율적 구축	-QoS, Traffic, 망분리. ·지능형 DNS, VPN 적용
		운영& 관리측면	실제 재해상황 발생시 절차4 역할을 숙지못함	-DRS운영팀 모의훈련 -주기적인 검증& Test
		유지 보수	DRS요구사항, 절차, 조직의 권 변경이 반영되지 않음	-절차, IT 자원&설비, 팀원/공급업체 관리.

4. 관련 규정및 재해 복구기준

가. 관련 법률, 정책, 규정. 지침

| 국내 | 금융감독원 권고 -금융기관 IT부문비상 대응방안 |
| 국제 | 바젤Ⅱ, ISO17799 등 국제 표준화기구, DRS, BCP권고 |

나. 재해 복구기준

구분	설 명
N/W 복구목표 (RCO)	-Recovery Communication objective -대상 Network의 정상 가동및 재개시간 범위를 정의
업무복구 범위목표 (RSO)	-Recovery Scope(범위) objective -재해(Disaster) 발생시 복구되어야 할 업무 들의 종류와 범위들을 정의
백업센터 구축목표(BCO)	-Backup Center objective, 재해 복구를위한 재해 복구 Center의 활용방안과 구축형태를 정의

"끝"

문 78)	재해 복구 시스템 구축 방법에는 Mirror/Hot/Warm/ Cold site로 구축할수있다. Mirror site 구축 방식에서 비동기(Asynchronous) 방식과 동기(Synchronous) 방식에 대해 설명하시오.

답)

1. Mirror/Hot/Warm/Cold site 구축의 정의 (DRS 구축)

Mirror	주센터와 보조센터→Active 상태	즉시 복구
Hot	주센터와 보조센터→Active-Standby 상태	수시간내복구
Warm	중요성이 높은 자원만 보조센터에 보유	수일~수주
Cold	Data만 보조센터에 보관, 보조센터 확보 미흡	수주~수개월

2. Mirror site 구축 방식에서 비동기와 동기식 방식 비교

구분	비동기 (Async.)	동기 (Sync.)
Data 경로	서버 주센터 보조센터 ①↓ ↑② ③ 디스크 Controller →디스크	주센터 보조센터 ①↓ ↑④ ② 디스크 ←디스크 ③
설명	①② : 주센터 CPU는 디스크새 특정 자료를 변경하고 작업처리를 종료함. ③ : 주센터 디스크는 변경된 자료에 대해 처리시 간을 기록(Time stamp) 혹은 변경된 기록을 일정간격으로 재해복구 센터 디스크로 전송하여 복제함	①② : 주센터 디스크새 특정자료 가 변경되면 같은 Data가 재해 복구센터의 디스크로 즉시전송복제됨 ③④ 정상적으로 복제가 완료 되면 같은 결과가 주센터 디스 크로 전송되고 이를 주센터의 CPU 가 확인하여야 복제 과정이 종료됨

write back   Write through

			장점	On-Line 업무 최소한의 영향을 줌. Data의 정합성을 보장	-Data 보존성이 높음 -실시간 복제
			단점	많은 부하을 주는 배치작업 & 주센져와 재해복구센져간의 HW 용량부족시 일부 Data손실	On-Line 응답 & 배치작업 수행시간에 많음 영향을 줌

3 Mirror 방식의 분류

구분	디스크 장치 이용	OS(운영체제)이용	DBMS 이용
복제대상	디스크 변경분	Data Block	SQL및 변경로그
구성조건	동일한 디스크 사용	동일한 논리볼륨 수준	동일한 DBMS 사용
복제시 소요자원	디스크 자체 지원	해당 서버 자체	DBMS 서버 자원

"끝"

문	79)	정보시스템 재해복구의 수준별 유형을 분류하고
		RTO(Recovery Time object)와 RPO(Recovery
		Point Object)관점에서 비교 설명하시오.
답)		
1.		정보시스템 재해복구의 수준별 유형및 설명, 장/단점
	가.	Information System 재해복구의 수준별 유형와 설명

Mirror site : 주 Center와 동일 수준의 정보 기술 자원을 원격지에 구축
Active-Active 상태로 실시간 동시 서비스 제고

Hot site : 주 Center와 동일한 수준의 정보 기술 자원을 원격지(Remote Area)에 구축하여 Standby상태유지
주센터 재해시 원격지 System을 Active 상태로 전환

Warm site : 동기적/비동기적 실시간 Mirroring으로 최신 상태유지
중요성이 높은 정보 기술(Information Tech.) 자원만 부분적으로 재해 복구 Center에 보유
데이터는 주기적 백업(Backup)

Cold site : 데이터(Data)만 원격지에 보관, 정보 자원(Info. Resources)은 미확보 & 부분만 확보
재해(Disaster)시 데이터를 근간으로 필요한 정보자원을 조달하여 복구(Recovery)개시

	나.	정보시스템 재해복구 수준별 유형의 장/단점

유형(Site)	RTO	장 점	단 점
Mirror	즉시	-Data의 최신성	-높은 초기 투자비용

		Mirror	즉시	-높은 안정성 -신속한 업무재개 -신속한 Backup -Mirroring (Data)	-높은 유지보수 비용 -Data update가 많을 경우 과부하 초래로 부적합
		Hot	수시간 (4시간) 이내	-Data 최신성 -높은 안정성 -신속한 업무재개 -Data의 Update가 많은 경우에 적합	-높은 초기투자비용 -높은 유지보수 비용 -Data update 많을 시 과부하 초래.
		Warm	수일~ 수주	-구축 & 유지보수 비용이 Hot Site에 비해 저렴	-Data의 자소손실 발생가능, 복구시간 김, 초기복구수준이 부분적.
		Cold	수주~ 수개월	-구축 & 유지 비용이 가장 저렴, -시간적 여유 있음	-Data의 손실 발생 -복구에 매우 긴 시간소요 -복구 신뢰성이 낮음

- 재해복구 업무 System의 중요도와 비용을 고려하여
적절한 유형의 구축 전략이 필요함

2. BCP에서 재해복구목표 RPO, RTO의 개념설명

RPO	RTO
-Recovery point object -업무중단시점부터 Data가	-Recovery Time object -업무 중단시점부터 업무가

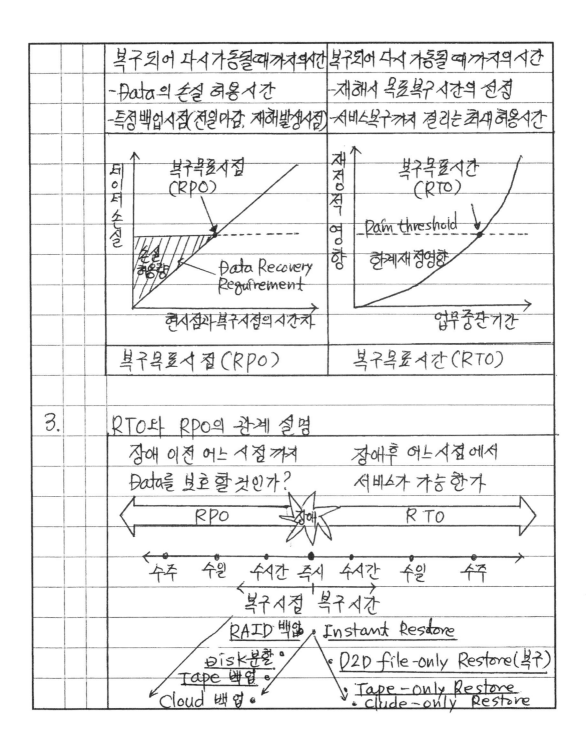

4.		정보시스템 재해복구 수준별 유형의 RTO, RPO관점 비교			
		구분	Mirror	Hot	Warm	Cold
		RPO	Data 무손실	Data 무손실	수일~수주전 Data복구	수주~수개월전 Data로 복구
		RTO	즉시 복구	수시간이내 복구	수일~수주새 복구	수주~수개월새 복구

- 업무 System 분석시 업무시스템별 RPO, RTO를 파악하고
정보 System 재해복구 수준을 결정하여 구축

"끝"

문 80)		기업의 CIO(정보담당이사 : Chief Information Officer)
		로서 업무 연속성 보장을 위한 BCP와 DR 체계를 수립하고
		이에 대한 전략을 제시하시오.
답)		
1.		어떤(재산) 위험으로부터의 기업활동 연속성보장, BCP의 개요
	가	BCP(Business Continuity Planning)의 정의
	-	기업 환경의 위험및 재산에 대한 사전분석및 예방, 복구
		계획(plan)을 수립, 통제하는 기업연속성 보장 활동.
	나	BCP 전략의 변화(변화 적응형 BCP 전략요구됨)

기존(Silo식 IT Service)	현재 (IT 융합시대로 꽹 창추이)
- 단일응용, System 중심의	- Cloud, Mobile, VDI 응합등 확장
BCP, DR 구축	- Big Data 처리(R기법)
- 물리 System, Storage.	- 외부망연결, 비 IT 요소 고려필요
Network DR 중요	- 보안요소 강화. Backup plan

변화 →

		- 과거 BCP/DR은 단순, 현재는 IT 꽹창은 입체적, process
		중심적, 적응형(Adaptive) BCP/DR 전략을 요구함
2.		CIO 관점에서의 BCP, DR 체계 수립 이해및 수립절차
	가	BCP 체계 구축을 위한 BCP 구성 요소이해

	재해복구	업무복구	업무재개	비상계획		정책, 전략
BIA →	DR계획 (핵심업무)	업무복구 계획수립	대체 process 수립 계획	업무비상 대응계획	→	조직, 인력, process
비즈니스영향분석	위험 (Crisis) Management					DRS

4. BCP 체계 수립 절차

	분석 / 설계	
-고객 환경분석, Workshop		-재해복구, 위험 전략 수립
-비즈니스 영향도 분석	분석 | 설계	-RTO/RPO 수립
-Risk Assessment	(BCP)	-주요 Process 계획 수립
-통합 Test, Review		-RTO/RPO 만족 DRS 적용
-R&R 부여, 교육실시	관리 | 구현	-통합 수행 계획 작성
-변화 관리 process 적용		-운영 절차서, 매뉴얼 작성
-산출물관리, 이력관리		-모의실험계획, 수행절차

-분석→설계→구현→관리의 지속수행, 변화 관리가 핵심

다. BCP에 의한 DR(Disaster Recovery) 체계구축

1) BCP와 DR의 연계방안

$$BCP \rightarrow BIA$$

재해복구목표도출

- RTO (시간)
- RPO (시점)
- RCO (N/W)
- RSO (대상)

영향 →

- DRS 유형
- Data Backup 방안
- 운영, 인력구성
- 도입기술

2) 재해 복구 목표에 의한 DRS 구축방안

비용
기술난이도

증가 ↑

Mirror(RTO=RPO=∅)

Hot(RPO=∅, RTO=수시간)

Warm(RTO=RPO=수일)

cold(RPO=수일, RTO=수주)

실시간 수분 수일 수주 → 저가 복구시간

- RTO와 RPO는 DRS 복구수준 및 도입 기술에 영향
- 비즈니스 중요도에 따라 우선 순위를 부여 ROI 효율 최적화 필요

3. IT 광장, 융합에 대응하는 효과적 BCP/DR 전략

가. 기존 BCP/DR의 문제점 및 전략도출

기존 BCP/DR의 문제	←(문제 분석)	차세대 BCP/DR 전략
-IT중심의 BCP/DR 계획		-비즈니스 프로세스 중심 접근
-재해발생시 거버넌스 부족	→	-다양한 IT환경을 고려
-주센터와 백업 센터의 차이 로 복구시간 장기소요		입체적 DR구축
-형식적이고 계획된 모의훈련	(전략 수립)→	-환경 변화에 탄력적인 적응형 BCP/DR 수립.

나. 차세대 BCP/DR 전략 실현을 위한 세부 Activity

전략	세부 Activity	내용 (Action Item 위주)
비즈니스 프로세스 중심 접근	방법론 기반 BCP구현	IT거버넌스 중심으로 핵심 process 선정, 평가, 대응 방안수립
	비즈니스, 조직	-전사적 BCP구축에 초점
	역할 명확화	-비 IT인력 참여, 명확한 역할부여
입체적 DR구축	복잡성 인식	-Cloud, Mobile, SNS등 기술고려
	비 IT 포함	-Center시설, 외부 NW등도 포함
	3site 복구체계	-원본/근거리/원거리 복구 체계 검토
	입체적 시뮬레이션	-기술이 아닌 프로세스, 역할중심 모의훈련
적응형	ROI 고려	-재해 복구 목표수준에 근거 전략적

		BCP/	탄력적 구축	투자, ROI 극대화 추구	
		DR	최신 기술	·Mobile Data Center.	
		구축	적용	-Thin provisioning, CDP, 중복제거	

4. IT 융합에 따른 3 site DR 구축 방안

구분	운영 센터	근거리 DR	원거리 DR
서비스	가용성 99.99%	RPO=0, RTO=2	RPO=수초, RTO=2
인프라	서버, NW, 스토리지모두	100%	60% 수준
운영	운영, 관리 인력	관리 인력 중심	관리 인력
훈련	참여(정기적 수행)	운영 인력 지원	중장거적 훈련수행
Data	동기+비동기	동기(50km 이내)	비동기 (해서)

-다양한 위협 대응위해 비 IT 요소도 고려 해야 함.

"끝"

문	81)	System에 대한 재해복구 전략수립시 고려해야 할 사항에
		있어 RSO, RTO, RPO, RCO, BCO의 특성에 대해 설명하시오

답) 1. System에 대한 재해복구 전략수립에 대한 개요

가. 재해복구(Disaster Recovery) 전략수립의 개념

업무 영향분석		재해복구목표		DRS 계획
Process식별, 우선순위부여	도출 →	RSO, RTO, RPO	기반 →	구축유형
재해복구 목표산정		RCO, BCO수립		운영주체

- BIA에 의해 도출된 재해복구목표를 기준으로 DRS를 계획하는 과정

나. 재해복구(Disaster Recovery) 목표의 역할

(DRS구축유형 결정) - 구축방식, 운영주체, Backup 규모의 추정

(Biz 위험 가시화) - 위험에 대한 체계적/효율적 대응 지원

2. Disaster Recovery 목표설명

구분	설 명
RSO (범위)	-Recovery Scope Objective : 재해복구 범위에 대한 목표(인사, 교육, 고객관리등), 다양한 업무중 가중치 고려, System 복구를 위한 대상의 기준
RTO (재가동 시간)	"A"시스템 RTO 정상가동 장애시점 복구완료 시점 -Recovery Time목표 : 장애→복구까지시간 -RTO가 짧을수록 구축 비용증가 -잘못 산정시 과잉투자유발
RPO (복구 시점)	"A"시스템 정상가동 RPO RPO P1 P2 복구완료 <일><시간> 장애 -Recovery point 목표 -Data가 복구되어야 하는 시점 -P2가 P1보다 Backup 주기 짧음 -RPO가 크면 (결면) 정보손실커짐

			RCO	Recovery Communication Objective
			(통신 장비 복구시간)	-각종 통신장비들의 복구에 소요되는 시간으로 N/W 복구목표 -본점↔지점, 영업점간, 영업점↔고객점간 목표수립
			BCO (Backup 센터)	-Backup Center Objective : 재해 복구 센터의 활용 방안, 구축형태를 정의하는 Backup 센터 구축목표 (위탁/자체, 공동/투자)
3.			재해 복구 목표에 따른 복구 수준 결정 방안	
				-비용과 복구 시간의 비교 내용 -RTO, RPO=∅(실시간) → Mirror -RPO=0, RTO = 수시간 → Hot -RTO, RPO 수일 → Warm -RTO, RPO 수주 → Cold

"끝"

문 82)		BCP(Business Continuity plan)과 DRS(Disaster Recovery System)를 비교 설명하시오
답)		Biz
1.		BCP와 DRS의 정의 (연속성보장과 신속한 복구 차원)
	가.	(BCP의 정의)-IT영역(Data, System관리)+Non-IT영역(서류, 중요문서)+DRS(백업, 복구체계)를 포함, 핵심 Biz기능의 연속성보장
	나.	(DRS의 정의)-재난 발생시에도 최소한의 업무(IT업무)를 수행 할수 있도록 IT중심의 정보 System, 정보 자산(Asset)의 Recovery 목적, H/W. N/W, S/W System의 신속한복구가 목표임
2.		재해복구시스템의 발전 방향과 BCP(업무 연속성)의 Scope
	가.	재해복구 시스템의 발전 방향

C&R → DRS → IDC DRS → BCP

- C&R
  - Contingeng & Recovery
  - 일반 전산실 수준
- DRS
  - 재해복구System
  - DRS 구축 회사 수준
  - DRS 도입
- IDC DRS
  - IDC재해 복구 System
  - DRS 전문 서비스 업체수준
- BCP
  - 업무연속성 보장
  - 실질적 사업연속 계획 수립 → 준비된 기업 수준

나. BCP(업무 연속성)의 Scope

IT영역	Non-IT영역	DRS	BCP
-Data, 응용 APP. 각종 System관리 보조관리 System	+ 서류, 유가증권, 중요문서, 기밀 문서등	+ Backup체계 Hot, Warm Cold, IDC 회선, 이중화	⇨ -업무 연속 성계획 -지속적 생산업무

| 3. | | BCP와 DRS의 비교 |

항목	BCP	DRS
목표	핵심 Biz 업무의 연속성 보장	정보자산(Asset)의 신속한 복구
주요 구성 요소	- 재해복구(Disaster 복구) - 업무 복구(Biz. Recovery) - 업무 재개(Biz. Resumption) - 비상계획(Contingency plan) - 위기 관리(Crisis 관리)	- BIA(Biz impact 분석) - RPO (복구 point Objective) - RTO (복구 Time objective) - 백업 센터 (Backup Center) - 백업방안, 운영방안
범위	IT, Non-IT & DRS를 포함	- IT System, Infra 에 초점
실행주체	- Biz unit(업무 관점) 중심	- 정보시스템 부서(IT부서) 중심
구축 절차	현황분석(환경, BIA) → 전략 수립 → 계획수립(분석) → 구축 → · 운영 및 관리	계획수립(위험요소분석, BIA, 복구계획) → 구축(DRS. test) → 운영(DRS가동, 관리, 모의시험, 교육) 및 관리
구축 유형	- DRS 시스템 구축후 BCP 구현 - BCP 시스템 구축시 DRS 포함	- Mirror / Hot / Warm / Cold site 형태로 구축
기대 효과	(무정지 서비스)-재해 복구 비용의 최소화, 업무수행 불가로 인한 경제활동의 손실 최소화, Seamless 서비스 운영 (정보 자산(Asset)의 유실 방지)-신뢰도 향상 및 대외적 이미지 제고 (향상), 전산업무의 안정적 운영 (신속한 복구)-재해발생시 신속한 Data 복구 및 업무복귀 수행	

"끝"

문	83)	BS25999에 대해 설명하시오
답)		
1.		업무 연속성 관리 체계, BS25999의 개요
	가.	BCM (Biz Continuity Management), BS25999의 정의
		- 예상된 위기상황이나 재산에 대비, 중요 업무의 연속성 보장을 위한 계획, 집행, 평가등의 관리적 활동의 표준
	나.	BCM의 구성

BS25999 → Part I : BCM Lifecycle, 표준의 실행지침
BS25999 → Part II : PDCA Cycle, BCM 진단 절차 (인증심사규격)

		- 국내 금융결재원, 기업은행 & 정부 통합 전산센터의 인증취득
2.		BS25999의 BCM Lifecycle 및 핵심 테마
	가.	BS25999, BCM Lifecycle

조직이해 자원, 위험분석 BCM내재화
Guide
전략수립 전략, RTO/RPO 결정 교육, 변화관리
BCM 정책
업무연속성 관리 기본정책 Guide BCP구현 조직, DRS 훈련강조
유지관리

		- BCP구현을 통해 비상계획, 업무재개, 업무복구, 재해복구계획
	나.	BCM의 핵심테마

핵심테마	설명
Resilience	조직이 발생한 업무중단 영향을 견지는 능력
Delivery (훈련)	계획이 예상대로 수행됨을 보장

| | | | 관리 | IMP | Incident 관리 plan, 사고시 초기, 확산 단계통제 |
| | | | | BCP | 핵심 process의 지속성 보장 |

- BCM의 궁극적인 목표는 기업에 Resilience, Delivery 관리보장

3. BCM기반 위기 관리통합 대응 절차

BCM 체계	재해 대응 절차

조직이해

BIA — 재해복구 목표설정

점검 예방/재산 재비

사고 사고발생

| 위기 관리 체계 | 비상 계획 업무 재개 계획 업무 복구 계획 재해 복구 계획 |

Guide → 긴급 대응

Guide → -재산 선포 -핵심업무비상재개 -업무복원

시험및유지

모니터링/통제

- 긴급사태 (사고) 발생시   위기관리 체계 가동   "끝"

문 84)		최근 IDC가 그린(Green) IT의 핵심으로 부상하고 있다.
		친환경 및 에너지 절약형 IDC를 구축하기 위한 방안을
		제시하시오.
답)		
1		친환경 및 에너지 절감, 저소비 전력형 IDC 구축 개요
	가	친환경 & 에너지 절감형(절약형) IDC의 정의
	-	에너지 소비를 최대한 절약, 탄소 배출을 저감시켜 이를
		통해 Data Center 운영비용을 절감할수있는 IDC 구축 방안
	나	친환경 & 에너지 절감형 IDC 구축 필요성

데이터 센터 운영 비용 증가 ── 에너지 사용량 급증 ── 정부의 Green 에너지 정책

-유가인상/소멸, 전기요금 인상으로 Data Center 운영비용 증가	-IDC 전력 및 냉각 비용이 전체 System 구매비용의 4배 이상으로 증액	-정부의 'Green' 에너지 정책에따라 Data Center의 탄소 배출 저감 필요.

2		친환경 및 절약형 IDC 구축을 위한 방안
	가	저전력 (Low Power Consumption) System 사용
	-	Data Center에서 Server등 IT장비와 냉방 장치가
		가장 많은 전력 소모. → 저전력, 저발열 System
		사용하여 전력 소비량을 줄이는 방안이 필요.

분 야	기술적 방안	내용
CPU, (Processor)	Multi-Thread 기술 (Intel의 SMT, AMD의 HT)	CPU를 논리적인 다수의 Core로 분할, 동시 처리, Processor 이용율을 극대화하는 방법
	서버온 Chip (Server on Chip)	Chip내에 Networking, 암호화 가속, PCI-Express 통합
	멀티 코어 (Multi-Core)	단일 (Single) Chip에 단순구조의 다중 Core 직접화, 발열 감소
서버 (Server)	블레이드 (Blade) 서버	블레이드 서버를 이용 Rack Size 감소, 탁장용이, 냉각공간의 감소 전력 효율 증가, 정비 시간 단축
UPS	저발열 UPS 사용	고효율 UPS 장비를 사용하여 발열량 최대한 감소
Storage	SSD. H-HDD 적용	SSD는 HDD에 비해 IO속도 10~15배 빠름, 전력소모 1/10수준, 발열최소화.

사 효율적인 냉각 / 공조 방식의 사용
- 효율적인 냉각기술을 적용하여 냉방/공조 System의 전력사용량을 획기적으로 절약하는 방법

분야	기술적 방안	내용
냉각 기술	열 방식 냉각	Room 전체 냉각 지양, 열단위 냉각으로 효율성 향상, 공간 활용개선, Rack의 전력 밀도 향상

			수냉식	물은 공기에 비해 약 3500배 정도 효율
		냉각 기술	냉각 방식	소음, 열이 발생하는 곳 위주로 집중 냉각으로 효율 증가시킴
			Data센서일체	외부환경과 분리, 적절한 온/습도 유지
		공조 기술	Rack의 효율적 배치	장비의 랙 (Rack)을 마주보게 배치. 반대 쪽에 항온 항습기 설치.
			외기 도입 냉방	외부의 찬(Cold)를 이용한 Data Center 1차 냉방
		S/W 제어	FAN 제어	특정온도 이상시 FAN 가속 모드로 전환
			열감지 Sensor	Thermistor 센서 사용 열 감지후 FAN 제어

자	Server 가상화 및 서버 통합 방식

분류	설 명
특징	-실제 기업에서 사용하는 System 사용률은 30% 이하 -서버 통합이나 가상화를 통하여 물리적 서버의 수를 줄임으로써 서버 자원 활용 극대화 가능
방식	하이퍼 바이저 방식 / Host 방식

하이퍼 바이저 방식

APP APP ... Clustering S/W 서비스 Console
OS   OS
VMware 가상화 Layer
x86 아키텍처
CPU - MEM - NIC - Disk

Host 방식

APP. APP. 게스트 OS 가상화
Host OS
x86 아키텍처
CPU - MEM - NIC - Disk

		방식	하이퍼 바이저 (가상머신이 H/W상에서 직접동작)	Host 방식 (가상머신 이 OS위에서 동작)
		서버 가상화 기술	하나의 물리적 System을 논리(Logical)적으로 통합/분할함으로써 다수의 OS(운영체제) 실행환경을 구성하여, 서버 사용률을 높일 수 있는 기술	

3. 친환경 & 에너지 절약형 IDC 발전 방향
- 산업 전반적으로 Zero power 구현에 대한 연구 활발
- Green IDC 센터 구축을 위한 기술 & 제품 개발노력필요
  새로운 product은 기존제품 (Legacy product)과 호환유지
- 국가 정책적 측면에서 인증제도입, 세제 혜택 실시

"끝"

		V 정보시스템의
문 85)		가용성 (Availability) 확보 방안에 대해 설명하시오.
답)		
1.		장애 (Fault)없이 지속 사용, 가용성의 개요.
	가	가용성(Availability) 의 정의 - 필요한 외부 자원이
		제공될때 어떤 시점또는 기간에 걸쳐 주어진 조건에서
		요구사항을(기능을) 수행하는 System의 특성.
	나	Availability (가용성)의 목적
2.		가용성 측정 및 달성방안
	가	가용성 측정 방법
		- 연간 기준 99.9% 가용성은 연간 다운시간 3.65일에 해당
	나	가용성 달성 방안

Availability (가용성)의 목적

오류 (Fault) 실패 (동작,기능..)	→	- Fault Detection - Fault Repair - 재도입 (시스템) - Prevention(예방)	→	- 적절시간내 응답 - 공평한 서비스 - 오류발생시도 지속서비스 - 다수사용자 동시서비스

가용성 측정 방법

고장 MTBF (평균 고장간 시간)			〈가용성 측정 〉← 3가지
			① MTTF/(MTTF+MTTR) *100
장애		정상	② MTTF/MTBF *100
MTTR (평균복구시간) ↑ 복구		MTTF (평균가동시간) ↑ 고장	③ MTBF / (MTBF + MTTR) *100

가용성 달성 방안

구분	기술	설명
Fault 발견	Ping & Echo	정해진 시간동안 응답 체크

			Fault Detection (결함 발견)	Ping & Echo	(Ping : 통신 상태를 주기적으로 점증)
				HeartBeat (심장 박동)	-일정간격 신호송신, 일정간격 미수선시 오류 간주
				Exception (예외처리)	-하나의 process 재상, Throw/Catch인식 -Java : Try ~ Catch으로 예외 처리
			Fault Repair	Voting (집계)	다른 결과 발생시 오류인식/제외
				Active Redundancy (중복)	-같은 요소 중복 배치 (Active-Active) -오류시 다른 요소로 대체
				Passive Redundancy	-Active-Standby 구조 -오류시 다른 요소로 전환
				Spare	오류 발생시 예비 구성요소 활용 (일정 간격 동기화)
			Fault Prevention (예방)	Removal	실패 예상시, 현재 컴포넌트를 제거
				Transaction	일련의 순차절차를 복구 가능토록 Group화
				Process Monitor	결함(Fault) 탐지시 감시자가 process 삭제, 신규서비스 시작
			Fault Reintroduction	Shadow Operation	오류 정정후 Shadow(그림자)모드에서 정상 검증, 복구

		Fault 복귀	State Resynchroni zation(재동기화)	-재동기화를 통해 최신상태유지 -Fault 발생시 최신 Fault 전상태로복구
			Check point /Rollback	Check point (log 기반)를 저장, 마지막 정상상태로 복귀

3. 가용성과 비용의 관계

비용↑

고수준의 가용성을 위해서는

-NW, Data 중복으로 비용급속증가

-복잡한 오류 식별 필요

-숙련된 Engineer 필요

98 99 100 가용성 -자동/수동 Test의 종합점검요구

"끝"

IT 효율 지원 및 Business 전략

IT-Governance, IT-Compliance, RTE(Real Time Enterprise), BAM,프로젝트
Portfolio 관리, SEM(VBM, ABC/ARM, BSC), IT-BSC, CEP, RTE 구현을 위한
Cycle Model, 차세대 IT 관리 등에 대해 기술되어 있습니다.

[관련 토픽 - 12개]

문 86) IT 거버넌스(Governance)에 대해 설명하시오.

답)

1. IT strategy, IT Governance 의 개요.

가. Business 의 alignment (정렬, 가지런함), IT 거버넌스의 정의
  - 기업의 전략과 목표에 부합되도록 IT와 관련된 자원과 process를 통제/관리하는 체계. 또는 IT 활용에 있어을바른 Action를 지원하기위한 의사결정, 책임에 대한 Framework

나. IT Governance의 도입 필요성

IT 거버넌스 필요성

기업의 Risk 증대	신속한 의사결정	협력증대	IT 중요성
-IT투자액 증대	-경영자 관심	-ODCD간 협력	-전략, 핵심자원
(통신/정보 Infra)	- 바젤 II	-SOX	-IT 성숙

2. IT Governance의 개념도 및 구성요소

가. IT Governance 의 개념도

Business 목표

IT 전략

IT 활용

아키텍처 관리	프로젝트/process관리	서비스관리

보안 관리 · 표준 관리 · IT자원 관리 · IT투자 관리 · 인력 관리 · 포트폴리오 관리

- Business 목표를 위해 관리요소를 process화 하여 준수

4. IT Governance의 구성요소 및 설명

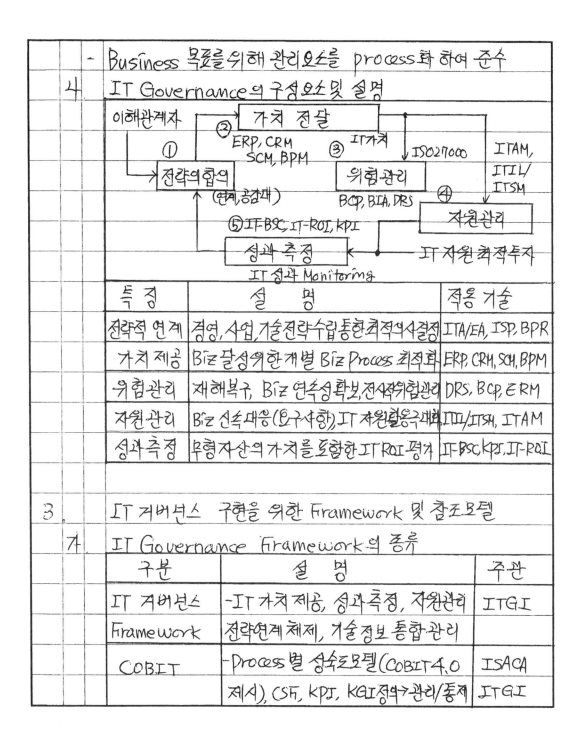

이해관계자 → ② 가치 전달

① 전략의 합의 ← (연계, 공감대)

⑤ IT-BSC, IT-ROI, KPI

성과 측정 ← IT 성과 Monitoring

ERP, CRM, SCM, BPM   ③ IT가치   ISO27000   ITAM, ITIL/ITSM

위험관리   BCP, BIA, DRS   ④ 자원관리

IT 자원 최적투자

특징	설 명	적용 기술
전략적 연계	경영, 사업, 기술전략수립 통한 최적의사결정	ITA/EA, ISP, BPR
가치 제공	Biz 달성위한 개별 Biz Process 최적화	ERP, CRM, SCM, BPM
위험관리	재해복구, Biz 연속성 확보, 전사적위험관리	DRS, BCP, ERM
자원관리	Biz 신속대응(요구사항), IT 자원활용극대화	ITIL/ITSM, ITAM
성과측정	무형자산의 가치를 포함한 IT ROI 평가	IT-BSC, KPI, IT-ROI

3. IT 거버넌스 구현을 위한 Framework 및 참조모델

가. IT Governance Framework의 종류

구분	설 명	주관
IT 거버넌스 Framework	-IT 가치 제공, 성과측정, 자원관리 전략연계 체제, 기술정보 통합관리	ITGI
COBIT	-Process별 성숙도모델(COBIT4.0 제시), CSF, KPI, KGI정의→관리/통제	ISACA ITGI

			의사결정 Framework	-의사결정주체, 메커니즘, 방법제시 -5가지핵심(원칙, 구조, 인프라, 요구사항, 우선순위)	MIT
			IT거버넌스 Model.	-원칙(전략), 메커니즘(주체), Process(의사결정)로구성, -조직 최적의사 결정지원	가트너
			COSO	회계, 재무, 감사 전문가→전사 Risk관리	-

	4	IT Governance 구현을 위한 Reference Model

(기획) (개발) (운영) (유지보수) (평가) →

(위험관리)

COBIT

(EA (ITA)) (CMMi /SPICE) (ITIL) (SLA/ SLM) (IT-BSC)

구분	설명
COBIT	IT Service의 전체 자원 및 process에 대한 기업의 거버넌스를 구현하기 위한 참조모델
EA/ ITA	Biz 목표부합용 상호운영성 보장. 기업 아키텍처구축 방안 제시.
CMMi/ SPICE	조직의 IT process를 평가하고 개선하기 위해 개발된 국제표준
ITIL	SLA:서비스제공자와 사용자간 서비스 수준 계약서 SLM:서비스 제공자와이용주체간 서비스관리수준 process
IT-BSC	유/무형 기업 정보화 성과전략, Process등 균형잡힌 시각으로 평가하기위한 성과측정및 평가 방법론
ISO38500	IT거버넌스구현위한 원칙 기반의 표준 제공

4.		IT 거버넌스 체계의 구성요소및 수립방법		
	가	IT 거버넌스 체계의 구성요소		

구분	설명
IT process	COBIT process, ITIL process
조직/제도	최적 IT 서비스조직 구성& 적절한 제도 시행
인력	IT 서비스위한 Skill & 능력 갖춘 인력 양성
도구및 System	자동화도구 & IT 전략 관리도구 & 솔류션 구성
가치관/문화	공감대 형성 & IT process 준수

나 IT Governance 체계 수립 방법론

추진단계	단계별 수행 업무	주요산출물
계획수립	환경분석, 방향설정, Framework 도출	Framework 설정
AS-IS분석	영역별관리 /통제요소분석 & 성숙도진단 Issue & 개선 기회도출	진단 결과서, 도출결과서
TO-Be설계	영역별 개선 모델, 기술, Solution 정의	기술/Solution정의서
이행 계획	이행과제, -우선순위, 추진조직	이행/추진 Roadmap

"끝"

문 87)			IT Compliance에 대해설명하시오.
답)			
1.			법적 규정, 지침등 규제에 대한 대응책, IT Compliance ^{개요}
	가.		권고 & 규제 방안의 만족, IT Compliance의 정의
			기업, 정부기관등 정보시스템 사용자가 고객 정보 보호, 자료보관,
			재무 보고서공시등과 관련하여 반드시 따라야 하는 규정,
			지침등의 규제를 준수하는 과정 (법규 준수)
	나.		IT Compliance의 목적과 특징

IT Compliance의 목적과 특징

목적
- IT운영의 효율성/효과성
- 재무정보의 신뢰성제고
- 법규준수, 권고사항 이해

특징
- 업무 process 재정비
- system 구축 (의무적)
- IT 업무 신뢰성

	다.		IT Compliance의 주요 규제
		SOX	- 재무보고서 왜곡 방지, 보고서의 신뢰성, 투명성
		(샤베인스-옥슬리)	- 내부 통제 제도 확립, IT Compliance 준수
			- CIO, CFO 재무제표 서명 책임
		바젤Ⅱ	적절한 Risk 관리를 통한 자기 자본 유지를
			국제적 통일 (표준) 기준
2.			IT Compliance 구성, 구현개념도, 요소기술
	가.		IT Compliance 대응 Framework (=COSO)
		항목	설명

		통제환경	-내부통제 전반적인 통제 구조
			-경영자 철학, 윤리규정, 조직 체계
		위험 평가	-위험식별,대응방안, 분석, -재무제표 주요 계정
		통제 활동	-위험 제거/완화 활동, 내부 규정, 업무절차
		정보&의사소통	내부통제에 필요한 정보 전달, 취약점 분석
		모니터링	내부통제 운영 상황 모니터링, 내부감사, 경영진검토
4.		IT Compliance 구현 개념도	

```
        대응
  ┌─────┐                                              ┌─────┐
  │ 외부 │         ┌──────┬──────────────┬──────┐      │ 기업 │
  │ 규정 │         │ 업무 │ IT Goverwance│모니터링│ → │경영투명성│
  └─────┘         │ 규정 │ (CoBit, COSO)│  /   │      │ 확보 │
                  ├──────┼──────────────┤ 평가 │      └─────┘
        BIA       │ 프로 │ DATA 품질    │ 체계 │
                  │ 세스 │ (DQM)        │ (내부│
  ┌─────┐         │ 정비 ├──────────────┤ 통제)│      ┌─────┐
  │ 외부 │    →   │ (BPM)│ 보안관리 강화 │  )   │ → │ 경쟁력│
  │ 규정 │         │      ├──────────────┤      │      │ 강화 │
  └─────┘         │      │ 위험 관리 강화 │      │      └─────┘
                  │      │ (BCP)        │      │
                  └──────┴──────────────┴──────┘
  요인  →     IT Compliance 대응체계      →    목표
```

		- BIA와 AS-IS분석을 통하여 각 업무 Level과 process	
		Level에 Compliance 대응 체계를 구축하여 기업의	
		투명성 확보를 통해 대내외 기업 경쟁력 강화	
마.		구현 요소 (기술)	

구분	Item	특징및 설명
IT	준법감시인	법규준수, Risk관리등 준법 상황 감시

			IT	준법감시무처	준법 감시인의 직무수행 보좌, 준법 감시부서
			Compliance	윤리강령	임직원이 업무수행시 지켜야 할 법규상, 행동규범
			조직	Process	메뉴얼, 예외상황시 대처방안, 정책 실천
			위험관리	바젤II	신용 Risk에 시장/운영 Risk추가
			체제요구	DRS	재해복구 System 의무화, Backup 센터구축
			기업경영	사베인스옥슬리	회계 감사의 투명성 확보, 재무 정보, CEO/CFO서명
			투명성요구	회계3법개정	공인회계사법, 증권거래법, 주식회사의외부감사법률
			자원System	RDW	Risk DW, Risk관리를 위한 Data Warehouse
			및	HRD	IT인적자원개발, Human Resource 개발
			Frame-	DW	Data Warehouse, ODS을 통한 CRM, ERP 연동
			work	COSO	전사적 내부통제 기능을 정의, 전사 Risk관리모델

3	.		IT Compliance Solution 요구사항과 추진 절차		
	가		IT Compliance 추진 절차		

| | | -요구분석 | -AS-IS | -GAP분석 | -구축 | -유지보수 |
| | | 규제내역 조사 | 사내 현황 파악 | Gap분석 전략수립 | 통제 대응 시스템 구축 | 운영/유지보수/ SLA |

- Biz 절차에 기반한 요건분석과 대응 절차가 IT시스템에 반영

	나		IT Compliance Solution 요구사항		
			구분	요구사항	설명
			일반적규제	Process 일관성과 가시성	기업 경쟁력 핵심

COSO: Committee of Sponsoring Organization

		일반적	회계감사,학습기능	회계 감사 지원 & e-러닝 학습
		규제	Record 관리	표준사항적용, 규제 고유의 요청사항
			process 관리	감사수행 process 자동화 & 표준화
		IT관점	Contents 관리	Compliance Contents 관리
			메일관리/검색	E-mail 관리, 신속저장, 검색, 규제준수
			Legacy와 연동	기존 Legacy와 연동, 이기종 시스템저장
4.		IT Compliance 도입 효과		
		– IT Compliance 비용절감 : 자동화업무, Scheduling 업무		
		– 규제에 대한 포함되지 않은 위험 감소효과		
		– 규제 대응에 신속한 대응 능력 보유		
		– 비즈니스 변화에 대응 능력 강화		
				" 끝 "

문 88) 기업의 RTE(Real Time Enterprise)를 구현하기 위한 기술요소를 설명하시오.

답)

1. 실시간 기업 경영, Agility(민첩, 신속), RTE의 개요

가. RTE(Real Time Enterprise)의 정의

- 기업의 각 Value chain 상에서 발생하는 Event를 영역별로 실시간(Real Time) Monitoring 및 분석하여 지연없는 실시간 의사 결정을 통해 내/외부환경변화에 신속히 대응하는 기업 모델

나. RTE의 필요성 (추진 배경)

정보 흐름의 가속화	- 실시간 환경 변화 Monitoring 및 감지 대응
Value chain 지속	- 시장변화에 따른 신속한 변화 관리
New Biz 창출	- 신속한 고객 요구 사항 대응 & 신규 사업 창출
Global화 & 경쟁 심화	- 신속한 업무 처리 & 업무 process들 간의 동기화

2. RTE의 개념도 및 구성요소

가. Real Time Enterprise의 개념도

Event 분석 /// 결정 /// 대응방안 결정 (Decision)

(Issue)   보고   실행계획

Event → /// 감지 ///   /// Action /// → Response(응답)

경영환경에 영향을 미치는 의미있는 내/외부 변화 요소

Awareness (event 감지)   현장 적용   Event에 대한 대응 및 조치

Cycle Time

- 전체 사이클 (Awareness - Decision - Action)을 최적화 하고

통합화하여 Event 처리의 신속성이 필요함.

4. RTE의 구성요소

구성	설명	적용기술
Awareness (감지)	각 영역별(생산, 자금, 배송등)실시간 모니터링, -가시화(Visualization)	BAM, EDM, Dash Board, RFID, 패턴인식
Decision (결정)	-실시간 의미있는 정보분석 -실시간 의사결정	BI, BRE, OLAP, DATA Mining, KMS, Ontology
Action (실행)	-실시간 실행 -통합된 협업 Infra	BPM, EDA, SOA, EAI Web Service

3. 기업의 RTE 구현위한 기술 구성도 및 기술요소

가. RTE 구현위한 기술의 구성도

4	RTE 구현을 위한 기술요소		
	핵심요소	기반기술	상세 설명
	실시간 모니터링	RFID	Micro chip에 저장된 정보 자동식별
		BAM	- 업무 process 진행 및 결과 모니터링
			- 실시간 가시화, 경고(Alert) 제공
	데이터 통합	DW	전사적 이질의 분산 Database를 통합
		ODS	운영 Data 변경점 주기적 update
		Data Mining	Big Data 정보 추출 후 의사결정에 활용
		EAI	Middleware 활용, Biz Logic 통합
	Application 통합	SOA	업무 중심의 Service Application 구현
		Web Service	SOAP 표준 규약 사용, 기업 내/외부 App. 통합
		EIP	내/외부 정보통합 Web 기반으로 제공
	지능화	BRE	Business Rule을 추출하고 정의 하여 관리, App.에서 Biz Rule 분리 시스템화 (신속성)
		BI	의사결정 정보 통합 하여 제공 → 합리적 의사결정
	자동화	BPM	업무 process 자동화, 통합, 최적화

4.	RTE의 기대효과	
	효과	설 명
	관리적 측면	기업의 생존 경쟁력 강화, 새로운 가치 창출, 손해의 최소화, 신속한 위기 대응능력 확보
	운영적 측면	고객의 Service 개선효과, 재고 절감.

EIP: 기업정보 portal
BRE: 기업 Rule Engine

			운영적 측면	IT 경영 Risk 감소, process 운영 비용 절감
			기술적 측면	업무 프로세스(process)와 RFID, BPM, BRE 등의 기술을 적용한 process 최적화
				"끝"

문 89)		기업의 효율적인 RTE(Real Time Enterprise) 추진
		절차와 사례, RTE구축시의 고려사항에 대해 설명하시오
답)		
1.		지연요소 제거, 민첩성 극대화, RTE의 개요
	가.	실시간 경영, RTE(Real Time Enterprise)의 정의
	-	Real Time으로 효과적인 정보수집 및 의사결정을 수행하고
		경영자원을 효과적으로 집행하여 경영성과를 도출하는 실시간 기업모델
	나.	RTE구현 기업의 특징

구분	특징	설명
Visibility (가시화)	실시간 모니터링	- 내/외부 정보통합 → 경영활동의 실시간 모니터링 - Event 및 지연 요소의 조기 발견
Intelligence (지능화)	실시간 분석	- 정보의 실시간 분석을 통한 최적의 의사 결정 - 기업 환경 변화에 적응할 수 있는 유연성 제공
Speed(신속)	실시간 실행	정보분석 통해 수립된 대응방안의 신속한 실행

2.		효율적인 RTE 추진 절차와 사례

절차	내용	사례
기업환경분석	- 기업 내/외부 환경분석	SWOT분석
	- 선진사례 벤치마킹 및 GAP분석	BCG Matrix
RTE 범위 산정	- 기업의 핵심 process 선정	인터뷰
	- Process 요구사항분석 & 수준진단	- 기준산출물
	- Process 문제점 정의	분석&문제
	- RTE 대상(적용) Scope 선정	도출

			RTE 모형정립	핵심 process의 재정의, RTE전략수립	ISP,
				RTE정보시스템 마스터plan수립, 추진과제선정	EA / ITA
			RTE 구축	과제 수행계획 수립 & 확정, 요구사항정의	BPM
				환경구축 & Infra분석/설계, System개발/검증	EAI, SOA
			운영 & 모니터링	- 사용자교육 및 Monitoring	교육, 변화관리,
				- 변화관리 적용	IT투자평가

3. RTE 구축시 고려 사항

추진 단계	단계별 수행 업무서 고려 사항
업무 성격	- Event Driven 형식의 업무 process에 적합
	- 배치형식 & Request and Reply 형식 프로세스는 부적합
패키지 도입	업무 process Logic이 투명하게 관리 되어야 하나
	패키지의 경우 Black Box 형태로 진행되어 내부프로세스 확인어려움.
데이터 량	대량의 Data 처리로 성능상 문제가 존재할 가능성
BCP	RTE 도입후 BCP process 및 시나리오 재점검 필요(고려)

"끝"

문	90)	BAM (Business Activity Monitoring)에 대해 설명하시오
답	)	
1.		Business Event의 Real time 모니터링, BAM의 개요.
	가.	BAM (Business Activity Monitoring)의 정의
	-	기업 활동에서 발생되는 각종 Biz Event를 수집, 분석, 대응을 통해 Business 속도와 효율성, 이익극대화를 추구하는 솔루션
	나.	RTE (Real time Enterprise) 실현, BAM의 특징
		(Real-Time)-실시간 의사결정을 통한 RTE 실현
		(생산성 향상)-Issue의 신속한 해결을 통해 인력&IT자원의 비용절감 (자동화)-Event의 자동수집, 분석 통한 대응체계구축
2.		BAM의 구성도 및 구성요소.
	가.	실시간 대응 위한 BAM의 구성도

	나	Event를 실시간 수집및 분석을 수행하여 즉시 대응가능
	나	Event의 감지& 처리, BAM의 구성요소

구성요소	역할	적용 예
BPI	Business Performance Indicator	Domain Event

			BPI	여러 Event중 모니터링 대상목록	지표및 기준
			Dash Board	-감지된 비즈니스 Event 및 분석 결과를 표시 하는 UI Layer	RIA, Chart, Grid 기술
			Alert System	-Event 분석후 위험 정도에 따라 관계자에게 전달되는 긴급서비스기술	SMS, Email, FAX 연계 기술
			알고리즘 (지능화)	-다수의 비즈니스 Event들 간에 연관관계를 분석 하는 알고리즘	CEP (Complex Event Processing)

3. BAM의 적용 사례

분야	설 명
BI	지능화 (Intelligence)된 Biz 수행위해 중요 Biz Event의 감지 (Monitoring) 및 정보를 전달하는데 적용
BPM	실시간 (Real time)으로 기업의 효율적인 운영및 Process의 Issue Monitoring 수행에 적용
SOA	서비스 (Service) 제공 및 운영 (operation)에 대한 상황정보를 실시간 (Real time)으로 제공

"끝"

RIA: Rich Internet Application : ← Web App 개념.

BI : Biz. Intelligence

BPM: Biz. Process Management

SOA : Service Oriented Architecture.

문	91)	PPM (Project Portfolio Management)에 재해 설명하시오.
답)		
1.		IT 거버넌스 구현을 위한 핵심 process, PPM의 개요
	가.	PPM (Project Portfolio Management)의 정의
		다수 project 동시 진행시 프로젝트의 우선 순위 결정, Resource의 효율적인 배분, Monitoring, 전체적인 관리 및 process 수행 방법론
	나.	project & IT 자산의 최적 조합 구성, PPM의 필요성

- (의사 결정 정보 제공) - 경영진의 경영전략 수립 위한 중요 정보 제공
- (경영 혁신 가속화) - 개발/품질/경영/영업 등 process 개선 통합
- (관리능력 향상) - 지속적인 Tracking/Monitoring 통한 사전 위험 예방

2.		PPM의 구성과 구성요소의 설명
	가.	PPM (Project Portfolio Management)의 구성

입력
Input
- 경영전략
- 사업
- 목표

CMMi (개발 프로세스)
투자계획 / 평가 process
process 표준 (착수, 수행, 통제, 성과, 평가)
IT Governance 구축
IT표준화 (업무, Data, 정보)

output
- 비용절감
- 수익창출
- Value Chain

산출물
출력

	나.	PPM의 주요 구성요소

기능	설 명	산출물 연계

			포토폴리오 관리	상품/사업/개발 기획의 선행조사	ROI, 선행기술조사
			Process 관리	개발과 운영, 기획등 전 부서 상호작용	Action Item화
			수요관리	전략기획, 기업 Identity, 수요포착	사전수요조사
			Project 관리	Best pratice, 표준준수, 자원 할당	System으로 관리
			Resource 관리	개발 방법론, PMO, PM, 관리, 기술	개발 등급 이력
			재무관리	ROI 산출, 경상이익, 감가상각비용	ROI, TCO
3.			실무 경험 차원, 효율적인 PPM 적용 방안		
		–	IT Governance 구축 공감, 부서이기주의 탈피 → 공존공생		
		–	각부서의 Action Item 수립및 Project화 → 진행 내용 공유		
		–	경영 혁신 필요성에 대한 전 사원 대상 사전 공감대 형성필요		
					"끝"

문 92)	SEM(Strategic Enterprise Management)의 개념과 구성요소, 구축절차, 기대효과에 대해 설명하시오.
답)	
1.	기업 가치 실현과 지속성장 위한 전략적 기업경영, SEM의 개요
가.	SEM (Strategic Enterprise Management) 의 정의
	- 경영진 차원에서 전사 정보 파악후 가치중심 경영을 구현할수있는 통합된 분석용 Application과 Process등 전략경영시스템
나.	SEM의 출현 배경

MIS → EIS → DSS → SIS → SEM

경영정보　　　경영자정보　　의사결정자원　　전략정보　　전략경영

·기업내의 모든 가용정보시스템 활용 → 신속의사결정 ⊕ 전략수립

2.	SEM의 개념도와 구성요소
가.	SEM(Strategic Enterprise Management)의 개념도

외부정보 →
ERP → DW
Legacy system

VBM	가치
ABM	원가
BSC	성과

← SEM

·기간 시스템 (ERP), 운영시스템, 외부시스템, DW로 통합 → 신속의사결정

나.	SEM의 구성요소		
구성요소	개념	주요내용
VBM	-Value Based Management -기업의 가치지표를 통해 경영관리	지표및 정량적 표현

		ABM	-Activity Based Management	ABC,ABB	
			-서비스, process등의 활동을 통해 원가산정	ABE 방법	
		BSC	-Balanced Score Card	회사전략 →	
			-기업의 점수관점에서 측정관리	순이익개선	

3. SEM의 구축 절차와 기대 효과

　가. SEM의 구축 절차

외부소스 (정보) ERP Legacy 시스템	→	KPI결정	→	BSC생성	→	모의실험	→	전략적 의사결정

기업내/외부 정보통합	ERP및기존정보, 외부정보→다양한 정량/정성적정보통합
KPI 결정	다양한 내/외부 정보→핵심 실적 지표값 결정
BSC 생성	기업의 Value chain연계→기업 전체 경영의 균형
모의 실험	BSC근거 → 시뮬레이션 → 의사결정
전략적 의사 결정	가치증진, Value chain 확보등의 의사결정

　4. SEM의 기대 효과

VBM	현금유동성확보, M&A를통한 사업집중화 결정판단
ABM	정확한 원가 기반의 전략적 의사결정
BSC	경영관리 process 향상, 성과 평가 정보 제공

- ERP, CRM, DW, EIP등과 연계하여 전략수립 필요.

"끝"

ABC= Activity Based Cost	
ABB = 〃　　〃　Budgeting	
ABE = 〃　　〃　Evaluation	

문 93)		BSC(Balanced Score card)에 대해 설명하시오		
답)				
1.		전략(Strategy)적 성과 평가도구, BSC의 개요.		
	가.	BSC(Balanced Score Card)의 정의		
		ⓐ무적 관점과 ⓒ객, ⓘ부 process, ⓗ습과 성장 관점 을 측정 가능한 KPI(핵심성과지표)로 전환하여 관리 → 균형적인 경영 성과 관리가 목표임		
	나.	BSC의 특징 (feature)		
		지표간 균형	재무-비재무, 결과-과정, AS-IS-TO-BE, 단기-장기, 과거-미래 지표간 균형	
		전략과 연계	조직의 비전과 전략을 이행하기 위한 목표 수립	
		전략적 의사소통	전략에 대한 조직 구성원간의 의사소통 원활	
2.		BSC의 개념도와 KPI(정량적 수치) 표현 방안		

재무 관점 — KPI — CSF — 내부 process 관점

재무 관점	내부 process 관점
매출액, 현금 흐름, 순이익, 원가 절감, 영업이익률, 채권 효율화	신제품 개발건수, 불량률 과거 issue 재발건, 단위 원가, process 수행적확도

비전 전략

고객 관점	학습과 성장 관점
고객 만족도, 실시간 대응, 적시공급률, 수주 출하	신제품 비율, 표준화&세미나 건수, 제품 개발기간, 참게 준수여부, 신입사원 레벨up

전사원 공감대 형성

3.		성과 관리 체계의 고도화 방안
	-	MBO project가 단순 업적 평가가 아닌 경영관리
		핵심도구로 활용될요
	-	조직원의 Communication과 협업의 활성화 필요.
	-	BSC 성과관리 & 평가관리 (BSC+MBO) 중 KPI 선정
		투명성 및 신뢰성 중요.
		"끝"

비교 설명하시오.

문94) IT-BSC(Balanced Score Card)에 대해 설명하고 BSC와

답)

1. IT-BSC의 정의와 특징.

가. (IT-BSC의 정의) - 기존의 BSC 재무,고객, 내부프로세스, 학습 관점의 평가를 IT에 맞게 개선하여 평가하는 성과평가방법.

나. IT-BSC의 특징 → 최종목도는 Biz 연속성확보/생존력 강화.

BSC 재무평가수용	ROI, NPV, TCO, IRR등의 평가
비재무적 평가추가	CSF의 도출과 KPI에 의한 정량적 평가
profit center	기존 cost 중심에서 기업 이익중심으로 변화

다. IT-BSC의 절차 (As-is → to-Be, PDCA)

경영 환경분석 →(CSF)→ 정보화 현황분석 →(KPI)→ 업무 분석기준 정의 → 투자 현황 분석 → 정보화 성과 분석 정보화가치분석 (NPV등)

2. IT-BSC의 구성체계 및 구성요소의 설명

가. IT-BSC의 구성체계 - 사용자와 기업의 Win-Win 전략필요

서비스충족 → 기업의 공헌도 관점 ① / 견실IT 기업 활성화 ③ / 시장이슈즉시개선 / 사용자관점 ② / IT의 비전&전략 / 선적채용 / 운영프로세스 관점 / 기술확보 / 미래지향적 관점 ④ -평가지침마련 -서비스프로세스 개선

나. (구성요소의 설명) ① - 매출향상기여, IT 비용절감, IT가치 창출

② - 서비스 만족도 향상, 기업 요구사항충족, 사용자/고객 만족

③ - 비용절감, 서비스 효율제공, S/W개발즉시성, IT 인력관리

④ - 미래의 변화를 기회로 활용, IT인력 교육, 훈련, 전문지식축적

3　IT-BSC와 BSC 의 비교 및 IT-BS의 적용시기대효과

가. IT-BSC와 BSC 간의 비교

구분	BSC	IT-BSC
관점	비즈니스 관점	기술적 관점
범위	모든 업무 대상	IT 투자 영역 국한
평가방법	모든 영역 종합적 평가	Business 관점으로 평가
활용	경영전략수립, 주주대상보고	IT부서, 평가, IT투자전개에참고
평가주체	경영전략담당 또는 회계부서	컨설팅사, IT 분석 수행 부서
목적	기업의행동과프로세스변화	IT에 따른성과 달성목적의 제시

4　IT-BSC의 적용시 기대효과

사용자 관점	IT투자성과에 대한 객관적, 정량적 근거 제공
IT서비스 관점	IT서비스 전반에 거시적 목표 제공, 지속 개선기회도출
경영자 관점	IT투자의 정당성 근거 제공, IT투자효과분석비고용이

"끝"

문 95)		CEP(Complex Event Processing)에 대해 설명하시오
답)		
1.		BigData 분석, 실시간 처리기술인 CEP의 개요
	가.	CEP(Complex Event processing) 의 정의
	-	여러개의 복잡한 Event Source로부터 발생한 이벤트를 대상으로 실시간(Real time)으로 의미 있는 Data를 추출하여 의사 결정에 도움이 되는 processing (실행과정)
	나.	CEP의 필요성

- Data의 복잡성
- 실시간처리 필요성
→ CEP →
Event / Stream Data 처리 (대량)
Seamless Data 실시간처리

2.		CEP의 구성도 및 구성요소의 설명
	가.	Complex Event Processing의 구성도

Complex Event Processing Engine
Event sources
Adapter → Channel → Processor → APP. → PC ... PC
Adapter → Channel
CQL Queries

- Adapter, Channel, processor, CQL Query, APP으로 구성됨

	나	CEP의 구성요소의 설명

구성요소	설명
Adapter	Event Sources로부터 Stream Data를 수신, 가공, 내부 Event Type으로 변환을 담당하고 생성한 event를 연결된 Component로 전달하는 기능수행

			Channel (채널)	-수신한 Event를 processor에게 전달
				-상/하위 I/F의 비동기적 동작지원하는 Thread 기능
			process-or	-CEP 엔진의 인스턴스로 CQL Query를 담당하는 부분
				-CQL 쿼리는 필터링, 집합함수, 패턴매칭, 조인등을 지원
			APP.	-Processor에서 처리된 의미 있는 Data를 타무서비스타 연동하기 위한 Business Logic 구현

3. CQL의 기능

기능	설명
필터링	SQL WHERE 조건을 통한 검색과 동일한 기능
집합함수	시간& Event 개수 단위로 집합함수 질의 기능 지원
패턴 매칭	PATTERN (X+ Y+)의 기본 pattern Matching 구문을 통해 Stream에 대한 pattern 매칭 가능

"끝"

문 96)	사이클론(Cyclone) Model에 대해 설명하고 현업에서의 경험사례에 대해 기술하시오.
답)	
1.	RTE를 효과적으로 구축하기 위한 방법지원, Cyclone 모델의 개요
가.	Seamless RTE 제공, 사이클론(Cyclone) 모델의 정의
-	기업경영,관리,운영측면에서 RTE를 효율적 구축지원 Framework
나	RTE(Real Time Enterprise)위한 Cyclone의 등장배경

(전사적 참여) - Process 개선은 전사 차원에서 수행 필요

(기업 생존위한 외부 Event 관리) - e-biz에서 외부 사용자 서

비스 처리주기를 Real time 화하고 event 발생시 즉시 대응 필요

(조직문화반영) - 단순운영이 아닌 기업 전반 구성원의 공동 관심사

2.	Cyclone Model의 개념도및 구성요소
가.	사이클론(Cyclone) Model의 구성도(개념도)

Cyclone 모형 (삼각형: Lead → 협력, 전략 → 경영 / ----- → Event 관리 / Manage → 관리 / Operate(운영) → 서비스)	1) Lead → Manage → 운영 순으로 상위 레벨 process의 결과가 다음 process에 계속 반영 2) Cyclone Model을 통한 지속 적인 process 개선 적용

-	Lead → Manage → Operate 레벨의 지속 유기적 운용필요
나	Cyclone Model의 구성요소

구성	설 명	주무부서
경영(Lead)	-외부의 open API 로얄티 지급, 품질이슈	특허, 품질부서

			경영	-신사업 Process 신속실행, 비즈 역량 강화	경영관리팀
			관리	-기업운영/실적/판매의 영향 Event 대응	-TF팀 가동
			(Manage)	-효율적인 의사소통위한 부서간 협의체운영	-협의체 가동
			운영	-개발과운영, 기획과 신상품 효율운영	-DevOps 적용
			(Operate)	-실시간 DB운영, Process 간소화	-개발및운영팀

3. Cyclone Model의 실무자 차원에서의 경험 사례

영역	추진 사례	경험 사례	느낀 점
경영	-신사업 방안	-경쟁시장분석, SWOT분석	-SWOT분석오류
	-시장 선도기업	-Red Ocean 상품 기획 방안	-상품기획시간지체
관리	-개발등급	-신규사업위한 Key Factor 변경	-KPI 달성
	-팀/조직 목표달성	-SW, HW, FW 개발 Cycle 단축	-개발납기준수
운영	-R&R의 명확화	-R&R 변경으로 인한 혼선초래	-PERT, CPM명확화
	-서비스 신속 제공	-Real time 고객 서비스 대응	-기업이미지향상

-실무경험 PM입장으로써 부서간 공감대, 신속한 의사 결정,
Daily Meeting 및 주간 단위 회의 통한 업무 개선 필요.

"끝"

문 97)			차세대 IT 관리 (Management) 방안에 대해 설명하시오
답)			
1.			차세대 IT 관리 시스템의 특징과 IT 관리의 필요성
	가.		차세대 IT Management System의 특징

차세대 ITM System →

Biz.IT통합 - 기업 전략의 Agility 지원
사용자 편의성 - 사용자, 협업 중심의 System
신기술, 안정성 - 기술 적응성의 아키텍처
미래 Biz 지원 - 개선, 혁신, 가치 창출

	나.		차세대 ITM 관리의 필요성

전략경영 달성도

차세대 전략/기술구현 Howknow 축적 단계

도약의 능선

성과미흡

변화관리 신속대응 '절망의늪'을 탈출 비약적 도약점

절망의 늪

차세대 구축

차세대 IT System 운영

시간

- 차세대 ITM 성과 달성위해서는 차세대 IT 관리가 필요.

2.			차세대 IT 관리의 목표(Goal) 및 효과적인 전략
	가.		차세대 IT 관리 Goal

항목	설명
조직	IT조직 정비, project/포트폴리오 관리 기술축적
기술	신기술 대응 강화, 시장선점, 운영 신속성 확보

		전략 지원	청사진 관리, 효율적인 process, 투자효율 강화
		인력	개발자 Skill 향상, 기획력, 분석능력 향상

4. 차세대 IT 관리 전략

전략관점	비즈니스	IT 서비스	기술	조직	프로세스
-기업전략 계획수립 (ESP) -IT기술고려	-지속전산 -개선발굴 -신규 Idea -시장발굴	-포트폴리오를 통한 IT 최적화 기술확보	환경적응 기술력확보 -합리적인 경량기술 선택	업무분산 수행 -통합/ 공유,창조	-지속 혁신 -지속 진화

3. 차세대 IT관리를 위한 서비스 기술관리 방안

가. 포트폴리오(portfolio)를 통한 IT 서비스 최적화 구현 방안

〈Application Life Cycle의 입체적 관리 방안〉

	계획	운영	〈IT 서비스 분석 Map〉		기술상태양호
-전략적 가치			운영향상모색	성과향상	
-사업적 가치			점전적폐기		
-기술적 가치	평가	Application	매핑		
-재무적 가치		재구축	개선		
-생산적 가치		폐기	Update		불량

위험요소 폐기검토 　운영불량　　　운영양호

-기민(Agility) 기업 전략 실행, IT포트폴리오관리 중요
- 위의 과정을 주기적/반복적으로 portfolio 관리 필요

4.		최근 IT 패러다임의 변화 동향		

과거/현재 → 미래(Next)

과거/현재		미래(Next)
산출물 중심	전략 →	성과 중심
핵심업무영역중심	IT 서비스 →	정보분석, 채널중심
과거 Data분석	정보분석 →	예측 Data 중심
내부, 정형 Data	Data →	외부, 비정형 Data
Silo 중심	Infra →	Convergence 중심

시사점 ⇓

사용자와 Interactive접근, 아키텍처중심, 예측중심. 개방

4.		신 패러다임 (paradigm)을 실현하는 IT 기술 제시		

기술	항목	설명
가상화	Cloud	On-Demand Infra, 서비스 사용
	Mobile office	Smart Driven 기업문화 개선
표준화	open API	개방형 혁신을 위한 Mash up 지원
	SOA	분산 Component, 서비스 통합
집중화	GSI	Global Single Instance -통합화
	정보 중앙화	기업보안, 지식교류 활성화
적응화 (Adaptive)	BI 3.0	전략, 전술, 운영의 가시성 확보
	OSS	개방 형 Source s/w를 통한 기술 향상

4.		차세대 IT 관리 성과 실현 및 내재화를 위한 선행과제		

항목	설명
비즈니스	-아키텍처의 지속적 현행화, 환경 적응성 Biz 개발. -IT 관리, Biz 의사 결정 가시성 제공
성과관리	정기적 진단, 평가지표를 통한 Feedback
Roadmap	성숙도 향상 & 개선위한 Roadmap 필요, 지속 발전
COE	혁신, 변화주도, Center of Excellence 필요.

"끝"

PART 8

품질 경영

FMEA, 통계, 모집단 표준 추출 방법, 평균, 중앙값, 최빈값, 가설검증, 주 효과와 교호작용, 확률 변수와 분포, 측정 오차, QC 7요소, TRIZ, 6시그마(DPU, DPO, DPMO, DMAIC, DMADV), 몬테카를로 Simulation, 인시던트(Incident)와 Problem 대한 부분으로 이해 위주로 학습할 수 있도록 답안화 하였습니다.

[관련 토픽 −14개]

문 98) FMEA(Failure Mode & Effects Analysis)의 목적과
FMEA를 활용한 설계품질 확보 체계에 대해 설명하시오.

답)

1. FMEA(Failure mode & Effects Analysis)의 목적과 범위

가. (FMEA 의 목적) - 잠재적 고장모드와 원인을 예측하고 그 영향을
평가, 잠재적 고장모드 발생을 감소 또는 제거하기 위한 설계
개선 방법을 제시, 신뢰성 정보관리 (문서화)

나. FMEA의 Scope

2. FMEA를 활용한 설계품질 확보 방안 (체계)

			‥설계품질 확보를위해 Design Review, 실제 verify 와
			각 항목별 Checklist 작성후 검증및 Share → Review실시
3.			QFD (Quality Function Deployment: 품질기능 전개)의 설명
			-소비자 요구를 기술적 특성으로 변화 하는과정

고객의 목소리
(VOC:Voice of Customer)

실제
기술 관련 수준

House of Quality
(품질의 집)

고객 요구사항 과의
적합방법 (설계기술)

고객의 요구사항	관계 메트릭스	고객 우선순위 비교

목표치설정

- 고객의 목소리 (VOC)를 설계에 반영시킴

"끝"

문 99)		FMEA (Failure Mode & Effects Analysis)의 진행
		절차와 ⌃종류에 대해 설명하시오.
		목적에 따른 FMEA
답)		
1.		FMEA (Failure Mode & Effects Analysis)의 개요.
		（사후실행이 아닌 사전조처, FMEA의 정의）
-		잠재적 고장모드와 원척을 예측하고 그 영향을 평가 하여
		고장모드 발생을 감소 & 제거하기위한 설계 개선 방법
2.		FMEA의 진행절차

전
행

순
서

제품/공정개발 및 변경 ← Start

Team 구성 ← 팀 구성원 (부서)

단위부품 공정의 기능별
잠재문제/고장모드 결정
설계, 기술, 생산
품질, 영업, 관리

고장/불량 Mode 별
영향 및 원인 파악

고장/불량모드별 검출 수단 파악 (심각도 × 발생도 × 검출도)

원인별 위험도(RPN) 판정 조처 불필요

위험 RPN 100이상 항목 우선선택

원인제거 & 선별 대책수립

대책 실시 결과 효과 검증 재검토요구

원인별 위험도 판정

기록유지 ← End

3			목적에 따른 FMEA의 종류		
			종류	설 명	적용시점
			S-FMEA (System)	-Subsystem의 Function위주 -제품구상초기에 시스템과 하위 시스템간 잠재적고장유형 분석시	제품구상단계 초기에 실시
			D-FMEA (Design)	제품 개발단계에서 결함으로 인해 발생될수 있는 잠재적 고장 유형 분석시 적용	상세 설계 단계
			P-FMEA (Process)	제조공정에서 설계된사항이나규격을 준수하지 않아서 생길수 있는 잠재적 고장유형 분석시 적용	공정설계 & 개선단계
			S-FMEA (Software)	Software 작동과 관련된 잠재적 고장유형 분석시 적용	설계단계 & 검증단계

"끝"

| 문 (100) | FMEA (Failure Mode & Effects Analysis) 활동을 통해 product (제품)의 사전 신뢰성 확보 방안에 대해 기술하시오. (유형별 추진방법과 SW-FMEA도 기술하시오) |

답)

1. 잠재적 고장의 영향도 분석, FMEA의 개요.

가. (품질 이슈 Zero화) Failure Mode & Effects Analysis의 정의
- 고장 모드 영향분석, 제품설계 및 공정 단계에서 잠재 고장에 관한 영향도 분석기법으로 제품의 신뢰성 확보 방안.

나. FMEA 활동의 전제 (부서간 공감대)
- 신규 설계에는 반드시 문제점이 존재 → 잠재고장분석 필요
- 철저한 사전조치 (과거경험 사례포함)로 사후비용 제거

2. FMEA의 Process와 FMEA 활동의 필요성

가. FMEA의 Process (제품 신뢰성 확보 위한 process)

기능의 나열	- 요구되는 모든 기능을 빠짐없이 List-up.
↓	
예상 고장 나열	- 기능을 상실 했을 때 예상되는 모든 고장형태 나열
↓	
고장영향 예상	- 사용과정에서 고장이 어떤 현상으로 도출되며 사용자 조건을 고려해서 예상
원인 추정	- 고장의 원인을 모두추정 (Inspection)
정량 분석 · 발생도 심각도 검출도	- 정해진 판정기준에 따라 정량분석 수치화를 통해 발생가능성, 심각성, 검출 방법.
R.P.N 산출	- R.P.N (Risk Priority Number)

$RPN = (S) \times (O) \times (D)$ S: 심각도, O: 발생도, D: 검출

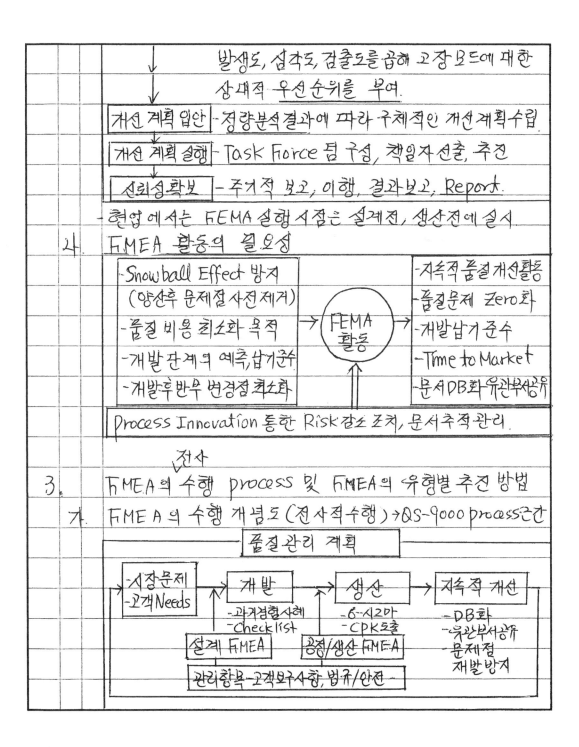

발생도, 심각도, 검출도를 곱해 고장모드에 대한
상대적 <u>우선순위</u>를 부여.

개선 계획 입안	- 정량분석결과에 따라 구체적인 개선계획수립.
개선 계획 실행	- Task Force 팀 구성, 책임자선출, 추진
신뢰성확보	- 주기적 보고, 이행, 결과보고, Report.

- 현업에서는 FEMA 실행시점은 설계전, 생산전에 실시

4. <u>FMEA 활동의 필요성</u>

- Snow ball Effect 방지
  (양산후 문제점 사전제거)
- 품질 비용 최소화 목적
- 개발 단계의 예측, 납기준수
- 개발후 반우 변경점 최소화

→ FEMA 활동 →

- 지속적 품질개선활동
- 품질문제 Zero화
- 개발납기준수
- Time to Market
- 문서 DB화 유관부서공유

| Process Innovation 통한 Risk 감소 조치, 문서추적관리. |

3. FMEA의 수행 process 및 FMEA의 유형별 추진 방법

전사

가. FMEA의 수행 개념도 (전사적수행) → QS-9000 process 근간

품질관리 계획

- 시장문제
- 고객 Needs

→ 개발
  - 과거경험사례
  - Check list
  설계 FMEA

→ 생산
  - 6-시그마
  - CPK 도출
  공정/생산 FMEA

→ 지속적 개선
  - DB화
  - 유관부서공유
  - 문제점 재발방지

관리항목 - 고객요구사항, 법규/안전

- 잠재적인 고장 원인 분석 통한 품질 신뢰성 확보

라. FMEA의 유형별 추진 방법

유형	추진 방법	세부 내용
설계 FMEA	- 전개 및 분석 활동	기능분석/제품특성, 영향분석
	- 중요도 평가	RPN 통한 위험 우선순위 도출
	- 조치, 개선 활동 실시	재설계, 설계변경
	- 평가 및 결과 Report	검증결과 (RPN 재평가)
공정 FMEA	- 공정 정보 파악 (기존 이슈 포함)	흐름도/배치도/공정특성 정보
	- 세분화 전개 (분할 후 정복)	공정 기능분석 및 고장유형 참조
	- 공정 FMEA 작성	고장형태, 원인파악 후 개선

- 설계와 공정 FMEA를 연동하여 사전 문제점 개선 실시

마. Software FMEA 활동 (S/W Life Cycle 연계)

- 설계서 반영 후 개발 자주 평가 및 검증, 개선
- checklist에 반영 7개발 검증 항목에 포함.
- Field 문제 / 사용자
- issue / Defect
- 반영
- Pre - SW FMEA
- SW FMEA 수행 (issue 적용)
- Post Mortem (반성 회의)
- DB화 / System에 등록 / 부서 공유 (과거 경험사례)
- 경험사례 등록
- 결함 (Defect나 issue) Data
- OEM 문제점
- 개발 내부 (자체) 개선점
- 설계해야 될 내용을 DB에서 추출 (품질문제 Zero화)

		- SW-FMEA를 통해 사용자, field 이슈를 지속적으로 개선.
4.		FMEA 활동을 통한 사전 제품신뢰성 확보 (현업적용)
		제품 사전 신뢰성 확보
		- 고장모드를 확인하고 그 영향의 심각성 인식이 중요.
		- 설계, 공정상의 잠재 결함에 대한 순위를 결정 (품질문제연관)
		- 제품의 중대 사고 예방-고객불만방지, 이탈방지, 충성고객확보
		- 설계, 공정상의 문제점 검증을 통한 효율 제고
		- 소량 다품종이 아닌 대량 소품종 생산에서는 FMEA 필수.
		"끝"

문 101)		통계(Statistics)에 대해 정의 하고 필요성, 과정에 대해 설명 하시오		
답)				
1.		관심사의 재상인 모집단의 특성 파악. 통계/통계학의 개요		
	가.	통계(Statistics)와 통계학의 정의		
		통계	어떤 자료나 정보를 분석, 정리하여 그 내용을 특정짓는 횟수, 빈도, 비율등의 수치를 산출해 내는 일, 산출된 수치	
		통계학	-연구목적에 필요한 자료및 정보를 적절의 방법으로 수집하고, 수집한 자료를 과학/논리적인 이론에 의거 정리분석 하는학문	
	나.	Staticstics의 필요성		

		-직관이 아닌 사실(Data)에 입각, 불확실한 상황에서 의사결정함		
2.		통계 측정의 과정및 설명		
	가	Staticstics 측정의 과정		

MSA: Measurement System Analysis
측정시스템분석

4	통계측정 과정의 설명		
		구성	설명
		모집단 (Population)	조사나 분석의 대상이 되는 어떤 특성을 가진 것들의 전체집단 (전국민의 평균수명, 남녀 비율, 출신 지역, 노령 인구 조사등)
	(표본)Sample		통계적 판단을 위해 모집단에서 선택된 작은 집단
		MSA	Data의 신뢰성을 확보하기 위해 측정시스템을 평가, 검증
		모수추정	모집단을 요약하여 하나의 값으로 묘사하는 척도 -모집단의 특성을 나타내는 대표값 (모평균, 모분산등)
		가설 검증	관측한 표준자료를 분석하여 모수에 대한 예상, 추측, 주장에 대한 채택 여부를 판단하는 통계적 방법.
		추론	모집단의 특성에 대해 추론
3.	Sampling과 자료분석의 종류		
		구분	종류
		샘플링 (Sampling)	-단순 랜덤, 층별/층화 랜덤 Sampling. -계통 Random Sampling. -집락 랜덤 Sampling, 2단계 랜덤 샘플링
		자료분석	평균, 분산, 중앙값, 최빈값, 범위, 히스토그램, 상자그림, 산점도

"끝"

문 102)	통계 (Statistics) Data의 종류에 대해 기술하시오.

답)

1. 통계 Data의 정의와 목적

통계 Data의 정의	통계 Data의 목적
-논리의 기초가 되는 자료	관심사의 대상인 모집단의
-관찰에서 획득한 사실	특성을 파악 → 의사 결정에 도움

2. Data의 유형과 설명

가. Data의 유형 - 계량형 / 계수형

```
                    계량형(연속형) ← 측정도구가 필요한 Data
        ↑ 정성적 표현              (길이, 시간, 질량)
  Data
  Type
                    계수형(이산형)─┬──── 불량(Defective)
        ↑                         └──── 결점(Defect)
    정량적 표현    ↓ 수치로 계산가능 (불량품수, 결점수)
```

나. 계수형과 계량형   Data의 설명

분류(Data)		내용 설명	종류
계수형 (이산형: Discrete)	Defective (불량)	고객 요구사항에 맞는지 아닌지를 기록한 경우	Unit불량수, 양품수.
	Defect (결점)	고객 요구사항에 만족하지않은 결함의 수를 기록한 경우	Unit결점수, 문서의오타수
계량형 (연속형) Continuous		Continuous특성, Unit의 특성에 대한 측정치를 기록한경우	시간, 길이 무게
- 계량형		Data를 측정하기 위해서는 측정도구 필요.	

3.		계수형과 계량형 Data의 예			
		경우의수	Data 유형	Data 형태	수학적 분포모형
		분류하다	불량	계수형	이항분포(0과1)
		세다	결점	계수형	포아송분포(발생횟수)
		측정하다	연속	계량형	정규분포(평균과분산)

"끝"

문 103) 모집단에서 표본(Sample) 추출 방법들에 대해
설명하시오 (즉, 종류에 대해 설명하시오)

답)

1. 모집단(Population)과 표본(Sample)의 정의

| 모집단 | 조사나 분석의 대상이 되는 어떤 특성을 가진 전체 집단 |
| 표본 | 통계적 판단을 위해 모집단에서 선택된 작은 집단 |

- 통계는 표본을 통해 모집단의 특성을 파악하는 것

2. Sample(표본)을 추출하는 방법과 설명

종류	내용	설명
단순 Random 샘플링	모집단(LOT) → 무작위 Random → 표본	모집단에 대한 기술적, 통계적 지식이 없을때
계통 Random 샘플링	↓ ↓ ↓ ↓ 1 2 3 4 5 6 7 8 9 ○○◎○◎○○○○	-최초 출발은 Random -시간적/공간적으로 일정 간격을 두고 Sampling
층별 비례 Random Sampling	△×○ ○△× ×○△ △×○ → 0000 △△△△ ×××× → ○ △ ×	-모집단을 몇 개의 층으로 분류 후에 Random 하게 채취 -층 내부의 품질을 균일화 -층간에는 차이가 크게
집락 Random 샘플링	○△○△× × ×△○△○ × → ○△○△× ×	-모집 단을 몇 개의 집락으로 나누어 균일한 품질을 갖도록 한 후 Random 하게 집락을 선택

			2단계 Random 샘플링		모집단을 몇개의 부분으로나눔, 랜덤 하게 집락 샘플링한 다음 2단게 샘플링 으로 랜덤하게 표본채취 (집락 샘플링 + 층별 샘플링)

"끝"

문 104)	아래 통계 Data에서 평균(Mean), 중 앙값(Median), 최빈값(Mode)을 구하시오

〈통계 Data : 관측치〉

A	B	C	D	E	F	G	← A~G 까지 과정
2	2	1	3	2	9	30	← 분(Minute)소요시간

답)

1. 평균, 중앙값, 최빈값의 정의

평균 (Mean)	-n개의 관측치에 대한 평균은 관측치의 총합을 관측치의 개수로 나눔 -극단값(outlier)에 대해 민감함	평균 : $\bar{x}$ $\bar{x} = \dfrac{\sum_{i=1} x_i}{n}$
중앙값 (Median)	-Data를 크기(n)순으로 배열했을때 가운데 위치 값 -극단값에 의한 영향을 적게 받음	
최빈값 (Mode)	-데이터의 빈도수(Frequency)가 가장 큰 값 -극단값에 의한 영향을 적게 받음	

2. 평균(Mean), 중앙값(Median), 최빈값 구하기

평균	평균 $\bar{x} = \dfrac{\text{관측치의 총합}}{\text{관측치의 수}} = \dfrac{2+2+1+3+2+9+30}{7} = 7$ 분
	-극단값 30이 평균에 미치는 영향이 큼
중앙값	2 2 1 ③ 2 9 30 ← 중앙 위치 값 = 3
최빈값	② ② 1 3 ② 9 30 ← 최빈값 = 2

3. 평균, 중앙값, 최빈값의 위치 비교

대칭분포	왼쪽꼬리분포	오른쪽꼬리분포
평균 중앙값 최빈값	최빈값 중앙값 평균	최빈값 중앙값 평균

- 극단값에 영향을 가장 많이 받는 것은 평균임

"끝"

☆(2)
「두가지 오류에 대해 설명하시오.

문 105)	가설검증(Hypothesis Testing)의 절차와 가설 검증의
답)	☆(2)

1. 모수의 판단을 주관이 아닌 객관화, 가설 검증의 개요

가. 통계적 검증방법 가설 검증(Hypothesis testing)의 정의
- 관측한 표본자료를 분석하여 모수에 대한 예상, 추측 또는
주장에 대한 채택여부를 판단하는 통계적 방법

나. 가설검증의 목적

가설 (Hypothesis)   ← Big Data
모집단 특성에 대한 추측, 주장등
                 통계적 가설 검정   Ⓨ   표본
Ⓧ ⇩ ← 가설이 통계적으로 의미가 있는가?   표본   ← Big
모집단 ------- 샘플추출   표본   Data 샘플

- 입력 변수X의 조건에 따른 출력 Y값의 변화에 대한 통계적
검증. 즉, X의 조건에 따라 Y값이 실제로 같은지 달라지는지를 결정하는것

2. 가설 검증 (Hypothesis Testing)의 절차와 종류

가. 가설 검증의 절차.   가설설정의

	실제 문제 기술	실제문제를 명확히 기술 ←(H1)
절차	가설 설정	귀무가설(H0, 같다), 대립가설(≠,<.)중택일)
	유의수준 d 결정	유의수준 d 결정 (1,5,10.% 선택)←Risk 기준
	가설검정기법 선택	Tool 선정, 모집단수, Data유형, 가설내용에 따라결정
	통계적검정실서	P-value(통계량) 계산
	통계적 결론도출	P-value와 유의수준 d값 (비교)
	실질적 결론도출	통계적결론을 실질적 결론으로 (도출)

4. 가설설정(Hypothesis Setting)의 종류

| 귀무
가설 | -Null Hypothesis (H$_0$) - 같다(귀천), 변화가없다.
-현재까지주장되어온것이나 변화나 차이가 없음을 설명하는가설 |
| 대립
가설 | -Alternative Hypothesis (H$_1$) -크다, 적다, 변화있다.
-표본으로부터 확실한 근거에 의해 입증(증명,주장)하고자 하는가설 |

3. 가설검증의 두가지오류.

			사실 (참값)	
			H$_0$	H$_1$
판단	H$_0$ 채택		옳은 결정 //	제 2종오류
	H$_1$ 채택		제 1종오류	옳은 결정 //

| 제1종오류
Type1
Error | 생산자
위험
(α-Risk) | -귀무가설 (NULL Hypothesis-H$_0$) H$_0$가
참인데도 불구하고 귀무가설을 기각하는오류
-양품인데도 불량이라고 판단할 위험. |
| 제2종오류
Type2에러 | 소비자위험
(β-Risk) | -귀무가설 H$_0$가 거짓인데도불구하고 귀무가설을 기각하지않은오류
-불량품을 양품으로 판단할 위험. |

"끝"

설계

문 106)	실험(Experiment)을 위한 주효과 (Main Effect) 와 교호작용(Interaction Effect)에 대해 설명하고 아래 결과값에 따른 교호작용와 주효과를 계산 하시오.			

	A	B	반응값	
	-1	-1	60	
	+1	-1	72	
	-1	+1	52	
	+1	+1	83	

답)

1. 실험, 주효과, 교호작용 (Interaction Effect)의 정의

가. (실험(Experiment)의 정의) - 출력의 변화에 대한 원인을 관찰할수 있도록 공정이나 System의 입력 변수에 계획된 변화를 가하는 일련의 시험.

나. (주효과(Main Effect)의 정의) - 각 입력변수의 한 수준에서 다른 수준으로 변화할 때에 수준간의 차이로 일어나는 출력변수의 변화의 평균치

다. (교호작용(Interaction Effect)의 정의) - 인자 A의 효과가 인자 B의 수준의 변화 따라 변화하는 경우, A, B 인자간의 교호작용 (효과)가 있음

2. 주어진 결과값에서 주효과와 교호작용의 계산

가. 주효과 (Main Effect) 의 계산

- 인자의 수준이 낮은 수준에서 높은수준으로 변함에 따른

		반응값의 평균적인 변화량		
		- 각 인자의 +1 수준에서의 평균 반응값과 -1 수준에서의		
		평균 반응값의 차이로 계산		
		주효과	계산	결과
		A	$[(+부호의 합) - (-부호의 합)]/(+(-)부호의수)$ $[(83+72)-(52+60)]/2 = 43/2$	21.5
		B	$[(+부호의 합) - (-부호의 합)]/(+(-)부호의수)$ $[(52+83)-(60+72)]/2 = 3/2$	1.5
	4	교호 작용(Interaction Effect)의 계산		
		- 어느 한 인자의 효과가 다른 인자의 수준에 따라 변화하는		
		경우에 두 인자간 "교호작용(효과)"이 있음을 의미함		

A	B	AB	반응값
-1	-1	+1	60
+1	-1	-1	72
-1	+1	-1	52
+1	+1	+1	83

교호작용	계산	결과
A와 B의 교호 작용 효과	$[(+부호의 합) - (-부호의 합)]/(+(-)부호의수)$ $[(60+83)-(52+72)]/2 = 19/2$	9.5

3.		주효과와 교호 작용 plot
	가.	주효과의 plot
		- Plot Graph로 표현

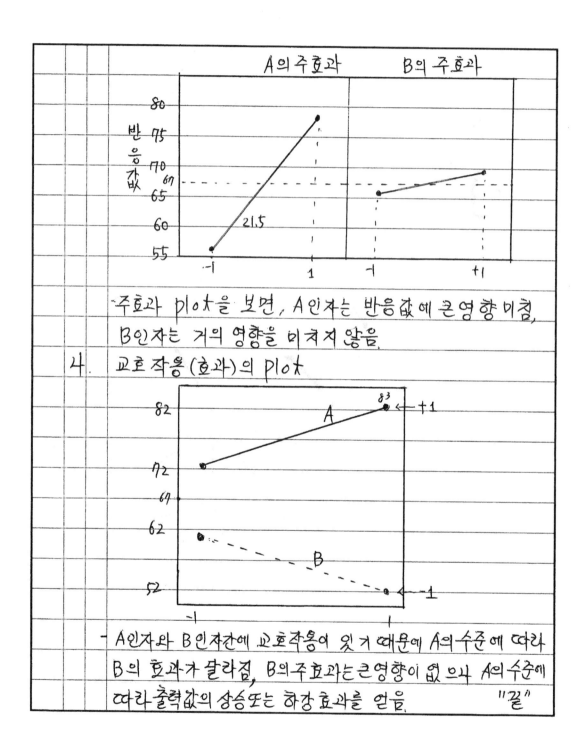

주효과 plot을 보면, A인자는 반응값에 큰 영향 미침,
B인자는 거의 영향을 미치지 않음

4. 교호작용(효과)의 plot

A인자와 B인자간에 교호작용이 있기 때문에 A의 수준에 따라
B의 효과가 달라짐, B의 주효과는 큰 영향이 없으나 A의 수준에
따라 출력값의 상승또는 하강 효과를 얻음.   "끝"

문 107) 두개의 주사위를 던져서 숫자의 합이 7이 될 확률과 9가 될 확률을 구하시오.

답)

1. 확률(Probability)의 개념과 확률 구하는 공식.

가. (확률의 개념)-통계적 조사에서 조사 대상의 일부만을 관측하고도 조사대상의 전체에 대한 결론을 이끌어 내는 논리적 근거가 되는것 (확률은 가능성을 말함)

나. 확률 구하는 공식

$$P(A) = \frac{\text{사건 (Event)} \leftarrow \text{표본공간의 부분집합}}{\text{표본공간 (Sample Space)}}$$

└ 발생가능성이 있는 모든경우에 대해 특정 사건 A가 발생될 가능성, 즉 똑같은실험을 무수히 반복할때 어떤일이 일어나는 비율

ex) 동전 1회 던질때 표본공간 S={H, T} // Head(앞), Tail(뒷면)

2. 두개의 주사위 던져서 합의 경우의 수

A\B	1	2	3	4	5	6	
1	2	3	4	5	6	7	←합
2	3	4	5	6	7	8	
3	4	5	6	7	8	9	←A, B
4	5	6	7	8	9	10	두개
5	6	7	8	9	10	11	주사위
6	7	8	9	10	11	12	사용

3.		숫자의 합이 7, 9과될 확률 예산
	가	숫자의 합이 7이 되는 확률

- 표본공간 $S = \{(1,1), (1,2) \cdots (6,6)\} = 36$가지 (총합)
- 사건(Event) = 7이 될 경우의 수

$$= \{(1,6), (2,5), (3,4), (4,3), (5,2), (6,1)\} = 6$$

$$P(7) = \frac{6}{36} = \frac{1}{6} \quad \text{//6번던질때 1번 발생가능}$$

	4	숫자의 합이 9가 되는 확률

- 표본공간 $S = \{(1,1), (1,2) \cdots (6,6)\} = 36$가지
- 사건(Event) = 9가 될 경우의 수

$$= \{(3,6), (4,5), (5,4), (6,3)\} = 4$$

$$P(9) = \frac{4}{36} = \frac{1}{9} \quad \text{//9번던질때 1번 발생가능}$$

"끝"

문 108)		확률변수(Probability Variable)에 대해 정의 하고
		확률분포(Probability Distribution)의 종류에 대해
		설명 하시오.
답)		
1.		확률변수(Probability Variable)의 정의와 예.
	가.	확률 변수의 정의 - 표준공간을 구성하는 각각의 사건에
		수치를 부여한 것. 즉 주사위를 던져 나타나는 주사위의 눈의
		수를 변수 X로 표시하면 확률변수 X = {1, 2, 3, 4, 5, 6}
	나.	확률 변수의 예와 확률분포표
	-	동전 2회 던져 앞면이 나타날 횟수에 대한 확률 변수
		표준공간 = {HH, HT, TH, TT} // H(앞면), T(뒷면)
		확률변수는 X = {$\emptyset$, 1, 2} // $\emptyset$=없음, 1:한번, 2는2번

- 확률 분포표 :	X(앞면의 수)	$\emptyset$	1	2	합
	$P[X \le x]$	1/4	2/4	1/4	1

2.		확률 분포(Probability Distribution)의 정의와 목적	
	정의	확률 변수가 취할수 있는 값들과 그러한값 들을 취할	
		가능성(확률)을 표나 그래프, 함수등의 형태로 나타낸것	
	목적	확률 변수(Probability Variable)가 어떠한 값이나 어떠한	
		범위내의 값을 취할 확률을 미리 파악하기 위함.	

3.		확률 분포의 종류와 설명 (비교)	
가. 확률 분포의 종류	계수형(이산형 확률분포)	이항분포, 포아송 분포	
	계량형(연속형 확률분포)	정규분포, 표준 정규 분포.	

	4	확률분포의 비교			
		구분	계수형 확률분포		계량형 확률분포
		종류	이항분포	포아송분포	정규분포
		특징	불량형 Data를 대표하는분포	결점형 Data	계량형 Data
		용도	결과가 성공/실패, 불량/양품등 두가지로 구분되는 Data의 확률계산	일정단위(면적, 시간, 공간, 구간등)장 특정한사건이 일어날 확률 계산	계량형(연속형) Data의 확률계산

표준정규분포: 평균이 0이고 표준편차가 1인 정규분포, 서로다른계량형 Data를 객관적으로 비교

"끝"

문 109)	측정오차는 정확도(Accuracy)와 정밀도(Precision)의
	편차에서 발생된다고 볼수있다. 정확도와 정밀도에 대해
	설명하고 정확도 변동의 원인으로는 편의(Bias), 안정성
	(Stability), 선형성(Linearity), 반복성(Repeatability)
	재현성(Reproducibility)으로 분류될수 있다. 각각에 대해
	설명하시오.

답)

1. 측정오차 = 정확도(중심) + 정밀도(산포), 정확도와 정밀도의 개요.

가 정확도(Accuracy)의 정의 & 현상 & 대책

정의	현상	대책
-관측값이 참값에 근사하는 정도를 나타냄 (평균의 관점)	평균 참값 측정값 측정 offset 발생	교정(Calibration) 분석이 필요 →교정주기, 방법밎 절차

나 정밀도(Precision)의 정의 & 현상 & 대책

정의	현상	대책
관측값 간의 차이 정도를 나타냄 (산포의 관점)	참값 측정값 산포 산포 차이 발생	-Gage R&R 분석필요 →측정기개선, 측정방법 개선 표준화 필요.

2. 정확도 변동의 원인 - 편의(Bias)와 안전성 설명

가.	편의 (Bias)에 대한 설명		

정의	현상	원인
기준 값과 관측된 측정값의 평균간의 차이 (편의가 작을수록정확)	기준값 ──편의(Bias)발생── 관측평균 0.7　　　　　0.8	- 기준값 오차 - 잘못된 특성값의 측정 - 교정 안됨 - 작업자 미숙 - 계측장비의 노화

나. 안정성(Stability)에 대한 설명

정의	현상	원인
같은 기준시료 & 같은시료의 한 특성에 대하여 장기간 측정을 할때 얻어지는 측정값의 총변동	──안정성── Time 1　　　　　Time 2	계측기 물성에 관계 예) 온도에 의한 영향, 선의 Noise현상.

3	정확도 변동의 원인 - 선형성과 반복성(Repeatability)		
	가.	선형성(Linearity)에 대한 설명	

정의	현상	원인
측정 범위내의 전영역 에서 편의(Bias) 값이 일정 하면 선형성이 양호함.	관측값　선형성양호 편의없음 선형성나쁨 참값	-교정 안된 계측기 사용 -최소/최대값 오차 -측정도구 내부 특성

4. 반복성 (Repeatability)

정의	현상
같은 시료의 동일 특성을 같은 계측기를 이용하여 한명의 평가자가 여러번 측정하여구한 측정값의 변동	 기준치　　　　기준치 편차 곱 평균　　　　평균 좋은 반복성　　좋지못한 반복성

4. 정확도 변동의 원인 - 재현성 (Reproducibility)

정의	- 같은 시료의 동일 특성을 다른 계측시스템을 이용하여 측정한 값의 변동. - 같은 시료의 동일 특성을 같은 계측기를 이용하여 <u>다른 평가자</u>에 의해 측정 하는 경우 - 같은 시료의 동일 특성을 동일한 평가자가 다른 계측기를 이용하여 측정하는 경우

현상	원인
 작업자C 계측기C 작업자B 계측기B 작업자A 계측기A	- 작업자의 측정 방법 테크닉 차이. - 측정 절차밋 방법이 명확하지 않음. - 작업자들의 일관성을 돕기 위한 (Jig)가 필요 　　검증 H/W　　"끝"

문 110)		현장의 문제 해결 방법론인 QC(Quality Control) 7가지
		(check sheet, Pareto 그림, Histogram, 특성요인도,
		산점도, 층별, 관리도) 도구에 대해 각각 설명하시오.
답)		
1.		현장문제 해결위한 분석도구, QC 7가지 도구의 개요.
	가	QC(Quality Control) 7가지의 정의.
	-	현장에서 발생하는 품질이나 원가, 생산량 등의 문제를
		해결하는데 도움이 되는 기초적인 분석도구
	나	QC 7가지의 구성

check sheet	Pareto 그림	Histo-gram	특성요인도	산점도	층별	관리도
현상파악단계 활용도구			원인분석단계 활용도구		자료관리단계	

2.		Check sheet와 Pareto 그림에 대한 설명
	가	Check sheet의 정의, 목적, 적용사례

		정의	종류별 Data를 취하거나 확인 단계에서 누락, 착오등을 없애기 위해 간단히 check하여 결과를 알수 있도록 만든 도표

		항목/일정	5/1일	5/2일	5/3일	합계(학습)
적용사례		CA, OS	4시간		4시간	8시간
		NW,보안		4시간		4시간
		소공,IT경영	4시간		4시간	8시간
		AL, DB		4시간		4시간

AL : 알고리즘

		목적	공정 전체의 사항을 파악하며, 정기적으로 변화사항을 기록하여 사고를 사전에 조치하기 위해 파악
	4.		Pareto 그림의 정의, 목적, 작성사례
		정의	불량, 결점, Claim, 고장등의 발생건수를 현상이나 원인별로 나누어 순서대로 나열후 그 크기를 막대 Graph화
		목적	불량품, 결점 또는 고장등의 개선사항을 대상으로 하여 어디에 문제가 존재하고 어떤 조치를 취해야 하는지의 여부를 판단
		작성 (적용) 사례	
3.			Histogram, 특성요인도, 산점도에 대한 설명
	가.		Histogram에 대한 설명(정의, 용도, 적용사례)
		적용 사례	
		정의	Data가 존재하는 범위를 몇 개의 구간으로 나누어 각구간에 서 발생하는 Data의 발생빈도수를 Check → 막대그래프화

		용도	Data의 전체적인 모습을 파악, 산포의 크기도출, 중심위치파악
	4	특성요인도의 설명 (정의, 설명, 적용사례)	
		정의	특성(결과)에 어떠한 원인(요인)이 있는가를 쉽게 파악. 즉 특성과 원인이 어떤 관계이고 영향을 미치는지 표현(나무가지모양)
		특성(결과)	일의 결과로 나타나는 것, 문제의 정도를 재는 척도.(불량율 등)
		요인(원인)	중요한 원인, 문제에 영향을 미치고 있는 대상
		적용 사례	(Fish Bone 다이어그램) — 가사: 청소, 분리수거 / 음식 / 모임: 동창회, 회식 → 학습 부족 / 병원 / 과자 — 출장, 철야, 잔업 / 육아 — 아의 활동 / 일
다.		산점도의 설명 (정의, 목적, 적용사례)	
		정의	두종류의 Data가 관계를 문제로 삼을 때에 그관계를 그림으로 표현
		목적	흩어져 있는 모양을 보고 상관관계가 있는지를 파악
		적용 사례	점의 분포 (산점도)
			상관관계: 양의 강한 상관 관계 / 음의 강한 상관 관계 / 무상관 / 곡선관계 이상점파악
4.		층별, 관리도에 대한 설명	
	가	층별에 대한 설명 (정의, 목적, 적용사례)	
		정의	집단을 구성하고 있는 문제(Data)를 어떤 특징에 따라

		정의	몇개의 Group으로 구분하여 품질에 대한 영향 정도파악
		목적	전체 품질분포와 층별한후 작은 그룹의 품질분포를 비교→품질
			에 영향을 미치는 원인 파악→그원인의 품질에 대한영향의정도파악
		적용	시간에 따라 품질이 변화한다면 … 시간별로 층별
		사례	작업 방법별로 품질이 변화한다면… 작업 방법별로 층별
	4	관리도에 대한 설명 (정의, 표현, 적용사례)	
		정의	우연원인과 특수원인에 의한산포를 구분해주는 통계적인 의
			미를 가지고 있는선, 즉관리 한계선이 있는 그래프
		표현	중심선 (CL) : Center Line = 중앙에 위치한 선
			관리상한선 (UCL) - upper 제어 Limit : 위쪽에 위치한선
			관리 하한선(LCL) - 아래쪽에 위치한선
		적용 사례	

-3σ +3σ

LCL   CL   UCL
(중심치)

"끝"

문	///)	트리즈(TRIZ)에 대해 설명하시오
답)		
I.		창의적 문제 해결 Method, TRIZ의 개요
	가.	(트리즈(TRIZ)의 정의) - 기존 System이 가지고 있는 기술적인 문제점이나 Idea를 구현하는 과정에서 발생하는 과학기술 분야의 문제(problem)들을 창의적으로 해결하는데 도움을 주는 체계적인 문제 해결 방법론
	나.	TRIZ의 기본원리

발명 문제	발명의 수준	발명의 유형	진화의 유형
-하나이상의 모순존재	-엔지니어가 접하는문제의 90%이상이 이전 다른 분야에서 해결된것	-해결책을 기술적 관점이 아닌 일반적/ 추상적인 언어로 표현	-특허는 특정한 유형을 따라 진화

2.		TRIZ의 문제 해결 방법과 재료 발명 원리
	가.	트리즈(TRIZ)의 핵심 모순의 해결 방법
		-모순의 종류 : 행정적 모순, 기술적 모순, 물리적 모순
		-어떤특성을 개선하면서 다른특성에 부정적 영향을 주지않도록 모순해결
		-창의성이 필요한 문제에서 가장 효과적인 해결책은 모순을 극복하는 것
	나.	혁신을 위한 TRIZ의 재료 발명 원리

원리	설명
분할	Segmentation, System이나 대상물을 독립적인 부분으로 나눔
분리	Separation. System이나 대상에서 필요한 부분만 분리 또는 방해 부분 제거(Remove)

			국소적 성질	대상물의 각 부분 & 사용하는 System의 기능을 그 작동에 가장 적합한 조건으로 만듦
			재칭변환	Symmetry Change : 대상물 & System의 모양을 재칭(Symmetry)에서 비재칭으로 변환
			통합	Merging. 동일하거나 비슷한 대상물을 통합
3.			TRIZ 현황 & 적용분야	
	가.		현황 : SFM, ARIZ, STC, IFR등 다양한 방식들이 존재	
	나.		적용분야 : 제품 개발단계 & 공정상의 모순 해결, 신상품의 계획시 Concept 도출, 원천 특허(patent) 확보를 위한도구.	

"끝"

문112)	Six Sigma에서 사용하는 공정능력지수인 DPU, DPO, DPMO에 대해 정의하고 아래 예제에서 DPU, DPO, DPMO를 각각 구하시오

Defect (불량품)
양품
생산량
Case1) Case 2) Case 3)

답)	
1.	Six-Sigma에서 사용하는 공정능력지수의 개요
가	6-Sigma에서의 공정능력지수의 정의
-	고객 요구사항에 대하여 결함이 없는 제품이나, 서비스를 생산할수 있는 process의 고유 능력, 제품생산공정에서 생산되는 제품의 품질 변동이 어느 정도인가를 나타내는 양
나	공정능력분석의 목적, 고려사항, 결과물, 필요성 인지

목적	- process가 목표를 충족시킬수 있는지, 산포는 용인될수준자격
필요성	- process 과정에서 (생산) Issue의 본질을 정량화
고려사항	- 관리상태 유지 (process), 정량 (수치)화 가능
결과물	- process의 단기 & 장기공정능력 명시, 공정능력빛개

2.	DPU, DPO, DPMO의 정의
-	Unit(단위) : 측정 대상되는 제품/process의 산출기준
-	Opportunity(기회) : 결함 발생 가능성 있는 모든 검사/시험 내상

DPU	DPO	DPMO
• Defect per Unit : 단위당 발견된 결함수 $= \dfrac{Defects}{Unit}$	• Defects per opportunity : 총기회당 발견된 결함수 $= \dfrac{Defects}{Total\ opportunity}$	• Defects per Million 기회 : 백만 기회당 발견된 결함수 $DPO \times 1,000,000$ (백만)

- 총기회 = Unit * Unit당 기회수

3. DPU, DPO, DPMO 구하기

DPU : 1	DPU : 2	DPU : 4
DPO : 1/8	DPO : 2/8 (1/4)	DPO : 4/8 (=1/2)
DPMO : 125,000	DPMO : 250,000	DPMO : 500,000

- 결함수 (Defect) Data의 Sigma 수준산출은
  DPMO (백만개당 결함수)로 표현함

〃 끝

문	(113)		6σ (6 시그마) 추진방법중 DMAIC와 DMADV를 비교하여
답)			설명하시오.
1.			품질혁신과 고객 만족 달성위한 기업 경영 전략, 6시그마의 개요
	가		3,4개/1백만개의 Product(제품), 6시그마의 정의
			- 통계 척도(산포)를 사용, 모든 품질수준을 정량(수치)적으로
			평가하고, Upgrade(향상)된 품질문화 조성, 품질혁신과 고객
			만족을 달성하기위해 전사적으로 실행하는 기업 경영 전략
	나		6시그마의 수학적 의미

불만족 0.00034% | 6σ 고객만족 99.99966% | 불만족 0.00034%

-6σ -5σ -4σ -3σ 0 3σ 4σ 5σ 6σ

← 5σ → 233건/1백만 제품중

← 6σ → 3,4건/1백만 product중

			- σ(시그마) : Data의 산포를 측정하는데 사용되는 통계적 측정단위
			- 시그마의 수치가 높을 수록 결과물인 제품과 서비스의 품질이 높음을의미
	다		6시그마의 특징

과학적 기법	기업 문화혁신	전사적 프로세스	고객 만족도 향상
- 통계적기법,	- B또조직원 참여	- Biz process정의	- 품질 향상을
- 산포 측정,	- 품질목표의 이해	- 분석통한 전사적개선	통한 고객
- Data 기반,	- 자발적 참여	- 품질 목표 달성의	만족도
- 정량적 수준평가	- 지속적 개선수행	지속적 활동	향상추구

2.		6시그마의 유형과 DMAIC와 DMADV 방법론의 process
	가.	6시그마를 통한 문제 해결 방법론의 유형

제조부문	영업 마케팅	R&D(개발) 부문
(DMAIC)	(DMADV)	Design for six sigma (DFSS)
- Define, Measure, - Analyze, Improve, Control - 고객요구 관련 근본원인에집중 - 관리 & 제품 Claim 최소화	- DMA, Design, Verify - 시작과 완료까지 6 - 시그마 품질 접근 방법론 - 서비스 품질의 극대화	- 제품설계서 적용 - 제품의 획기적 개선 - 강건 설계 - DMADOV (GE사)

	나.	기존 process 향상을 위한 DMAIC 방법론의 process

단계	설 명	주요산출물
정의 (D)	- 고객정의, 핵심 비즈니스 process에 의한 CTQ(Critical to Quality)의 정의	- process - VOC, CTQ산출
측정 (M)	- 핵심 비즈니스 프로세스를 통해 나오는 산출물의 현재 수준 측정	- Histogram - 잠재원인변수(x's)
분석 (A)	- Data와 Process Map을 분석하여 문제의 근본원인을 분석	- DOE - Vital Few x's도출
개선 (I)	개선 계획을 도출, 선정, 설계 하고 개선 활동 (Improve Action) 실행	- 해결안 평가표 - Pilot계획/실행
관리 (C)	개선 활동 (Improve Action)을 제도 화하고 지속적으로 Monitoring 실시	- FMEA - Risk Assessment

	다.	신규 제품이나 process 생성을 위한 DMADV 방법론의 process

단계	설 명	주요산출물
정의 (D)	-project 추진목표, 제약사항, 문제 정의, 팀구성원의 역할, 작업 process 확립	문제점 List, -Process
측정 (M)	-성과 지표 파악, 영향을 주는 잠재적 원인 도출 -CTQ 식별 및 우선순위 결정	-프로세스 Flowchart -Benchmarking
분석 (A)	-지표에 영향을 주는 핵심인자(Root Cause) 도출 -수집 Data의 분석을 통한 project 성과지표영향	-Fishbone Diagram -Pareto Diagram
설계 (D)	-설계요구사항에 미칠 요소들을 선정 -설계 측정단위에서 도출된 제품 Concept 을 만족시키는지 확인후 최종 설계확정(Fix)	-Design 다이어그램 -측정보고서 -설계 Spec.
검증 (V)	개선(Improve) 효과의 지속성유지를 위해 관리계획 수립후 수행 (실행)	-개선 결과서 -관리 계획서

3. DMAIC와 DMADV 방법론의 비교와 6시그마 수행의 성공요소

가. DMAIC와 DMADV 방법론의 비교

구분	DMAIC	DMADV
목적	업무 process 개선	결함없는 제품이나 서비스개발
측정	업무 process 현황	고객 요구사항
분석	직접적인 문제점을 찾기 위해 업무 process 분석	고객요구사항을 만족하기 위한 지점을 찾기 위해 업무 프로세스분석
결과	문제점을 해소 & 제거	고객 요를 만족하는 업무 process
검토	올바른 성과 도출 여부 확인	고객 요구에 부흥(만족)하는지 확인

4.	6시그마 수행의 성공요소	
	성공요소	설명
	최고경영자의 리더쉽	6시그마에 대한 확신 & 신념, 강력한 통솔력
	정량적 Data에 의한 관리	Data의 정확한 수집 & 효과적인 활용
	System 구축	6시그마 운동/경영활동의 일환으로 정착
	전사원에 대한 교육/훈련	- 전 직원들을 대상으로 한 주기적인 교육 실시 - 전문기관에 위촉 & 전문가 초빙
	직원들의 이해와 충분한 준비	- 현재 품질 수준과 목표를 명확히 함. - 6개월 이상의 준비 기간 필요.

4 6시그마의 사례와 활용방안

-(사례)-1980년대 모토롤라, 90년대 GE의 도입을 시작으로

2000년대 삼성전자, 현대자동차 등 많은 대기업과 협력업체

에서 도입. (적용방안)- 6시그마의 행동개선도구로 BPM과의

연계, 핵심인자도출도구로 CMMI와 연계하여 시너지 극대화 필요.

"끝"

문114)		몬테 카를로 시뮬레이션 (Monte-Carlo simulation)
		에 대해 설명하시오.
답)		
1.		특정 수치의 확률적 분포 구하는 방법 몬테카를로 시뮬레이션의개요
	가	Monte-Carlo Simulation의 정의
	-	많은 수의 실험을 바탕으로 통계자료를 얻어 그 자료로부터
		연산하여 어떤 특정한 수치나 확률분포를 구하는 방법
	-	구하고자 하는 수치의 확률적 분포를 반복 가능한 실험의
		통계로 부터 구하는 방법
	나	Monte-Carlo 시뮬레이션 적용시 주의할점
	-	입력값의 확률분포와 실험의 수학적 모델링 (Modeling)
		이 정확하지 않으면 결과는 무의미 함.
2.		Computer 시뮬레이션과 Monte-Carlo 시뮬레이션 차이나
	가	Computer와 몬테 카를로 시뮬레이션의 차이 설명

Computer simulation	Monte Carlo simulation
In ... out $x_1, x_2, x_3 \rightarrow$ Model $f(x) \rightarrow y_1, y_2$	전달인수 $x_1 \quad x_2 \quad x_3 \rightarrow$ Model $f(x) \rightarrow y_1 \quad y_2 \quad y_3$ 5.26±0.4 87.6%
- 입력 변수 x_1, x_2, x_3로 부터 연산되어 y_1, y_2 결과 도출	- 입력에 대해 다양하게 수치/확률화

4.		Monte Carlo Simulation 실행 단계		
		Step	단계	설 명
		1	설계 모형 정의	- 누적특성에 대한 설계 모형 정의 - $y = f(X1, X2, \cdots X_n)$
		2	Data 생성	- 입력 변수(X's) 별로 동일한 수의 Random Data 생성, $X_i1, X_i2, \cdots X_in$
		3	연산 실시	- 설계 모형식에 의해 각 행 별로 연산 실시, 결과 y_i (output)
		4	랜덤 Data수 적용 연산	- 생성된 랜덤 Data수 만큼 연산 실시 - 반복수행 Step 2 and 3 for $i = 1$ to n.
		5	결과 도출	- 치우침(평균), 산포(표준편차), 공적 능력(Cpk), 추정불량율 등 분석

"끝"

문 115) 인시던트(Incident) 관리와 문제(problem)관리에 대해 설명하시오.

답)

1. Incident와 Problem의 정의

Incident	problem	Issue
-Business에 영향을 최소화 하여 인시던트를 해결하는 활동 (개발 자주 검증 Checklist)	-문제(problem)의 근본원인을 해결하고 재발되지 않도록 하는 활동 (CFA, CLCA, FMEA)	-problem 가 될 가능 성이 있는 항목

2. 인시던트(Incident)관리와 문제(problem)관리

인시던트 관리
→ 계획되지 않은 IT서비스의 중단이나 서비스 방해요인
→ 가능한 SLA를 준수하고 최대한 빨리 & Biz에 영향을 최소로 하여 Incident를 해결하는 활동

problem 관리
→ 하나 이상의 Incident에 대해 근본원인 해결활동
→ 근본적인 문제 해결과 동시에 재발 방지대책을 수립하여 IT Service의 가용성을 고도화 하는 활동

3. Incident 관리와 problem 관리의 비교

구분	Incident 관리	Problem 관리
주요 목적	-Biz 운영에 대한 영향 최소화, Agility 복구, 서비스품질 & 가용성 향상	-Incident 재발방지 -해결할수 없는 인시던트 영향최소화 및 발생방지

		범위	사용자, 서비스 Desk를 통한 Event, 기술스탭으로 접수	문제, 임시해결책와 해결책에 대한 정보유지(지식관리)
		프로세스 활동 절차	인식 → Incident 기록 → 인시던트분류 → 우선순위 결정 → 최초 진단 → 이관 → 조사및진단 → 해결&복구 → 종료	문제감지 → 기록 → 분류 → 우선순위부여 → 조사&진단 → 임시해결책 → Known Error 생성 → 해결 → 종료 → 주요문제 재검토

"끝"

PART 9

정보 시스템 감리

감리와 감사의 차이점, 감리원의 역할, 공통 감리 절차 및 시정조치, 감사 의무화
대상 판단 기준, 정보 시스템 감리 절차, 감리 용어, 감리 Framework, 현장 감리
6단계 등에 대한 내용을 학습할 수 있도록 하였습니다. 자주 출제되는 토픽들입니다.

[관련 토픽 – 15개]

정보시스템

문 116)	감리와 감사에 대해 설명하고 정보화 사업과정에서 발생할수 있는 Issue에 대해 설명하시오
답)	
1.	감독(監督)하고 관리(管理), 감리의 개요
가.	잘못되지 않도록 살펴 단속하고 일을 맡아서 처리, 감리의 정의
	발주자와 사업자등의 이해관계로 부터 독립된 자가 정보시스템의 효율성을 향상시키고 안전성을 확보하기위하여 제3자의 관점에서 정보시스템의 구축및 운영등에 관한 사항을 종합적으로 점검하고 문제점을 개선하도록 하는 Action.
나	정보시스템 감리의 목적, 대상, 방법
	목적 -정보시스템의 효율성 향상, 안정성확보, 기밀성/무결성/가용성확보
	대상 -정보시스템의 구축및 운영등에 관한 사항
	방법 -제3자관점에서 종합적으로 점검하고 문제점을 개선토록하는것
2	정보화 사업 과정에서 발생할수 있는 Issue

발주기관 → 과업수행

감리보고서

시정지시

사업자활동

감리수행결과

감리확인

시정조치확인

정보시스템 (결과물)

비합리적 & 불명확한 요구사항, 요구사항의 변경, 증가. 진행중 통제되지 않은 요구사항의 발생 & 증가

·개발역량, 기술력부족 (사업관리부족, 개발 방법론 미준수, 솔루션 미보유)

·이윤추구성향 → 문제점 은폐 가능성

요구사항의 미이행, 정보 System의 결함 & 오류, 저품질, 사용불편, 보안/개인정보효호등 미확보, 상호운용성미확보

3.		감리와 감사의 비교
		감사 최계적 측면의 예산에 대한 올바른 집행과 집행 결과에
		(Audit) 대한 합법성, 정당성, 적적성을 조사하고 검증
		완료된 행위를 대상으로 사후 징계나 처분에 초점
		감리 ·기술적 측면에서 프로젝트가 사업수행계획과 설계대로 되었
		(Audit 으며 효율성, 보안성, 품질등 기술적 요건이 보장되고 있는가를
		+개선 점검, 평가하여 진행중인 사업을 성공적으로 완수 시키는것이목적
		참고) 성과의 극대화를 위한 관리적, 기술적 성격이 강함

- 감리는 감사, 감독, 품질보증, 자문(Consulting)등을 포괄하는
복합 개념으로 이해되고 있음.   "끝"

문 117)	IT Audit (감리)를 정의 하고 감리원의 역할과
	감리의 목적에 대해 설명하시오
답)	
1.	감독과 관리역할, IT 감리(Audit)의 정의
	- 권한을 부여 받은 사람이 요구조건의 충족여부를 제3의
	독립적인 관점으로 Software 제품및 process에 대하여
	평가하는 행위 (ISO/IEC 12207)
	- 자동화된 정보시스템의 모든측면(상호연동성, 신뢰성, 가용성,
	합법성등) 또는 특정부문을 검토/평가 하는 각종 활동 (미국 ISACA)
2.	감리원의 역할 설명

감리 수행 Flow	감리원의 역할
	발주자, 사업자의 이해관계로부터 독립적인 (제3자 관점에서)
	정보 System의 구축 & 운영 등에 관한 사항을 종합적으로 점검 하고 문제 점을 개선도록 함으로써 정보 System의 효율성 및 효과성 향상, 안전성 확보등에 기여

| 3. | IT Audit (감리)의 목적 (효과) |

목적(효과)	내용
정보시스템의 효과성 (Effectiveness) 확보	정보시스템이 사전에 설정된 목표의 달성 여부 (업무 처리기능, 정보 제공, 고객 서비스등)
정보시스템의 효율성 (Efficiency) 확보	· 투입(Input)대비 Output(산출물)의 산출 결과(수치화) · 사용자측면 : 응답시간, 처리속도, Transaction 시간 · 시스템측면 : 처리량, 자원이용도(CPU, Disk, S/W등)
정보시스템의 안전성(Security) 확보	· 기밀성(Confidentiality) : 보안, 정보보호등 · 무결성(Integrity) : 정확성, 완전성, 일관성등 · 가용성(Availability) : 서비스 연속성, 가용성등
법적 요건의 준수	업무처리와 관련된 규정, 정보화 사업추진과 관련된 법령, 지침등의 준수

"끝"

문 118)	수석 감리원, 감리원 자격기준에 대해 설명 하시오.
답)	
1.	(정보 시스템 감리의 정의) - 감리 발주자 및 피 감리인의 이해관계로부터 독립된 자가 정보시스템의 효율성을 향상시키고 안전성을 확보하기 위하여 제3자의 관점에서 정보시스템의 구축및 운영등에 관한 사항을 종합적으로 점검하고 문제점을 개선하도록 하는 활동 (전자정부법)
2.	수석감리원과 감리원의 자격기준

등급	자격기준	자격증
수석 감리원	-기술사 & 정보시스템 감리와 관련하여「자격기본법」에 따른 국가공인자격을 취득한자	-정보처리 직무분야 기술사 -국가공인 정보시스템 감리사
감리원	- 행정자치부장관이「국가기술 자격법」및「자격기본법」소관 중앙행정기관의 장과 협의하여 인정하는 정보시스템 감리 유사자격을 취득한자 -기사자격후 7년이상 정보처리 분야 업무수행자 -산업기사 자격후 10년이상 정보처리분야 업무수행자	자격기본법에 따른 국가자격, 공인 민간자격 ISO17024에 따라 인증받은 국제자격(기존)감리유사자격 -한국전산원 감리인인정서취득자 -정보통신 기술사 - 국가공인 정보보호 전문가(SIS) 1급 (단 정보처리 경력 5년이상) -CISA 정식 자격자 (단정보처리 경력 5년이상)

3.	감리원, 수석 감리원의 교육

유형	자격등급	교육시간	교육요건
기본 교육	감리원 등급	40시간 이상	감리업무관련규정/기준&지침의이해 증진과 감리업무수행능력의 배양
전문 교육	수석 감리원 등급	50시간 이상	감리 총괄 업무의 수행, 감리원의 지도등 수석 감리원으로서 갖추어야 하는 소양과 전문 기술능력의 향상을 위한교육
계속 교육	모든 등급	3년마다 40시간이상	감리업무와 관련된 최신 지식의 지속적인 습득 및 기술능력유지를 위한교육

"끝"

문 119)		공통 감리 절차중 시정조치 확인 과정에 대하여 설명하시오
답)		
1.		(감리 (IT Audit)의 개요) - 감리 대상으로부터 독립된
	가. 감리의 정의	객관적인 입장에서 정보시스템을 종합적으로 점검/평가
		하여 관계자에게 조언/권고 하는 것으로 정보시스템의 유효
		이용 촉진과 피해 제거를 추구하며 건전한 정보화를 도모
		하는 것 (1985년 일본 시스템 감사 기준)
	나	(시정조치 확인의 정의) - 감리 수행결과 보고서에 따라
		시정조치가 (잘) 수행되었는 지를 확인 하기 위한 활동
	다.	감리 과정과 시정조치 확인 과정 (Flow)

발주기관 → 과업 (요구사항)

권고, 시정 지시, 점검

감리 보고서, 감리원 (감리 법인), 점검, 사업자 (활동)

점검 → 정보시스템 (결과물, 산출물)

· 감리 수행결과
· 시정조치확인

- 발주기관에서 시정지시 하고 감리법인에서 점검

2.		시정조치 확인 과정의 세부 Flow와 항목 (Activity)
		- 발주자, 사업자, 감리법인, 정보시스템 및 산출물로 구성

가. 시정조치 확인 과정의 세부 Flow

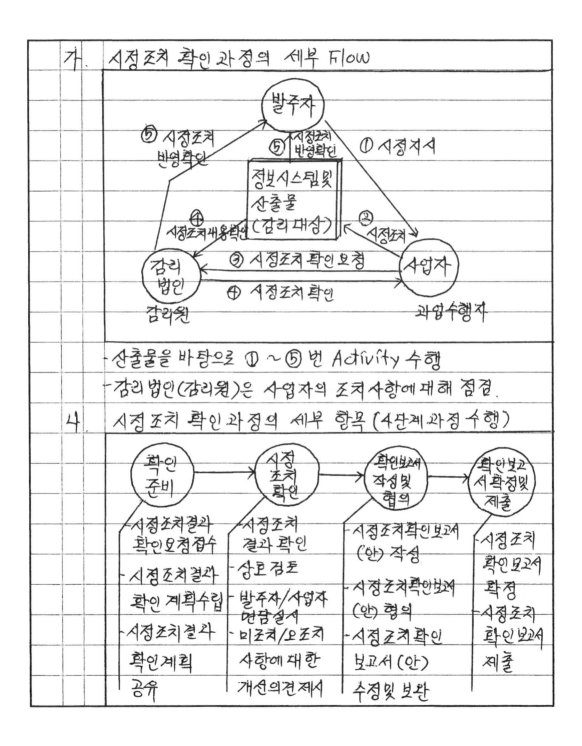

- 산출물을 바탕으로 ①~⑤번 Activity 수행
- 감리 법인(감리원)은 사업자의 조치사항에 대해 점검.

나. 시정조치 확인과정의 세부 항목 (4단계 과정 수행)

확인 준비	시정 조치 확인	확인보고서 작성및 협의	확인보고서 확정및 제출
-시정조치결과 확인요청접수	-시정조치 결과 확인	-시정조치확인보고서 ('안) 작성	-시정조치 확인보고서 확정
-시정조치결과 확인 계획수립	-상호 검토	-시정조치확인보고서 ('안) 협의	-시정조치 확인보고서 제출
-시정조치결과 확인계획 공유	-발주자/사업자 면담실시	-시정조치확인 보고서 ('안) 수정및 보완	
	-미조치/오조치 사항에 대한 개선의견제시		

3.		시정조치결과서와 조치결과 확인의 예시					
	가.	시정조치 결과서의 예시					

개선권고사항	개선유형	개선시점	조치현황	조치내역	관련산출물
(1) 개선사항제목1	-	-	조치완료	-	A
(2) 개선사항제목 2	-	-	조치중	-	B
·······	-	-	반영불가	-	C

(조치완료) - 해당 개선권고사항에 대해 조치가 완료된 경우

(조치중) - 해당 개선권고사항에 대해 계획을 수립하고 조치중

(반영불가) - 예산부족, 보안, 발주자의 의견등을 사유로 발주자와

사업자의 협의 및 의사결정에 따라 조치하지 않기로 결정 (발주자의

확인 근거문서 첨부될) '조치중' 항목은 예상완료일자와 조치방법기록됨

	나.	조치결과 확인의 예시 (사업자가 제출한 시정조치결과서 내용을 인용)					

개선권고사항	개선유형	개선시점	조치 결과 확인		
			조치현황	검토의견	검토결과
(1) 개선사항제목1	-	-	조치완료	-	적정
(2) 개선사항제목2	-	-	조치중	-	미흡
·······	-	-	반영불가	-	해당없음

(적정) - 조치완료 & 적정한 계획에 따라 양호하게 조치 수행중

(미흡) - 조치 미완료 & 미흡한 상태

(해당없음) - 권고사항이거나 "반영 불가"로 통보받은 사항

4		시정조치확인 결과의 작성요령

세부 구성 항목	작성 요령
개선 방향	감리수행결과보고서의 개선방향을 인용함
시정조치 확인대상	사업자(과업수행)가 제출한 산출물, System과 이를 점검한 방법을 기술함.
시정조치 결과	조치된 내용, 미조치 또는 잘못 조치된 내용을 기록함. 관련 증적은 본위치에 기록하거나 별첨으로 첨부하며 오류증적만이 아니라 정상 조치된 증적도 포함시켜야 함.
검토의견	미조치 또는 잘못 조치된 내용에 대한 개선 방안을 제시함. 단 미조치 또는 잘못 조치된 내용이 없으면 적정의견을 작성함.

"끝"

문 120) 감리 의무화 대상 판단 방법에 대한 플로우(flow)에 대해 설명하시오

답)

1. (IT Audit(감리)의 정의) -객관적인 기준에 근거한 표준과 지침서, 규격및 절차등이 S/W 제품이나 process에서 지켜지고 있는지 확인하기위해 독립적인 평가를 실시하는것(IEEE STD 1028)

2. 감리 의무화 대상 판단 방법에 대한 Flow(절차)및 설명

가. 감리 의무화 대상 판단 방법에 대한 절차(Flow)

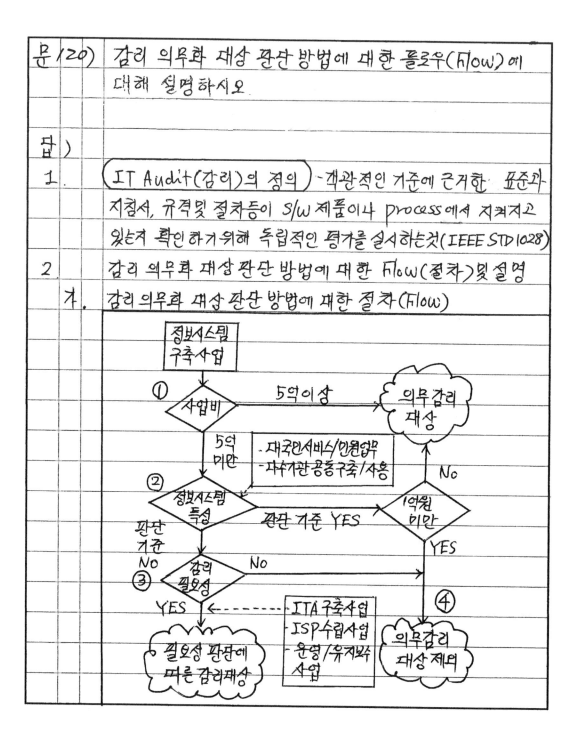

4.			감리 의무화 대상 판단 방법에 대한 설명
		①	단순 H/W, S/W구입비를 제외한 사업비가 5억원을 넘는지 판단.. 5억이상: 의무감리대상, 5억미만.. ②번으로
		②	정보시스템의 특성이 시행령 제 71조 1항1호 각목(본문 내용)에 해당하는지 판단.. 해당시 의무감리대상, 미해당시 ③번
		③	공공기관 장의 판단에 따라 감리가 필요한지 판단. - ITA, ISP, 운영/유지보수등.
		④	③번까지 판단하여 대상이 아닌 경우에는 의무감리 대상이 아님.
			"끝"

문 /2)	정보시스템 감리 Flow (발주자, 사업자, 감리법인, 산출물
	기준)을 설명하고 정보시스템 감리 형태 (4가지)에 대해서
	설명하시오.

답)

1. (정보시스템 감리의 정의) - 발주자와 사업자등의 이해관계로
부터 독립된자가 정보시스템의 효율성을 향상시키고 안전성을
확보하기위해 제3자의관점에서 종합적으로 점검하고 문제점
을 개선 하도록 하는 것 (감독하고 관리함)   [기준)

2. 정보시스템 감리 Flow (발주자, 사업자, 감리법인, 산출물

- ① 감리계약부터 ⑧ 시정조치 반영 확인 단계 까지 수행

3. 정보시스템 감리 형태 (4가지)
- 3단계 감리, 정기감리, 상주감리, 추가감리로 구분됨

구분	3단계 감리	정기 감리	상주 감리	추가 감리

구분			3단계 감리	정기 감리	상주감리	추가감리
	수행 시점		① 요구정의: 분석단계 완료 ② 설계: 설계 단계 완료 ③ 종료: 통합시험 이후	· 사업유형별 감리 점검 · Framework에 따른 감리시점	전체사업 기간 또는 주기적	수시 & 주기적 (매월)
	감리 수행 방법		예비조사 및 감리계획수립, 착수회의, 현 장감리 종료회의, 시정조치확인		현장상주	현장방문
	결과물		· 감리계획서, 감리수행결과 보고서, · 시정 조치확인 보고서	· 정기 ———— 보고서, · 비정기보고서		
	비고		사업비가 20억원 미만이거나 사업기간 이 6개월 미만인경우 는 요구정의 단계 감리 생략가능. (요구정의 서의 과업내용 반영 여부는 발주자가 점검	· 모든 유형의 정보화 사업은 해당사업의 전체 & 특정시점에 종합적으로 실시하는감리 · 3단계 & 2단계 감리는 정기 감리 에 포함됨	· 통상적으로 상주/추가 감리는 단계별 감리나 정기감리를 병행하여실시 · 단계별 감리 & 정기 감리가 기본이며 상주/ 추가 감리를 추가하여 실시하는 개념임	

"끝"

문122) 정보시스템 감리에서 사용되는 용어중 7가지이상 나열하고 설명하시오.

답)

1. 감리형태에 따른 용어

용어	설명
정기감리	모든 유형의 정보화사업에 대하여 해당 사업의 단계 또는 특정시점에 실시하는 감리
단계별 감리	정보시스템 구축 사업에서의 정기 감리의 일종 (2단계 감리, 3단계 감리 통칭)
3단계감리	감리대상의 요구정의, 설계, 종료 단계로 실시하는 감리
2단계감리	3단계감리 중에서 요구정의 단계의 감리를 생략한 감리
상주감리	감리 대상사업 현장에 상주하거나, 주기적으로 투입되는 감리원(상주 감리원), 사업관리, 업무지원, 자문등을 수행하는감리

2. 감리과정에서 사용되는 용어

용어	설명
대비표	사업자가 과업 항목에 대한 이행여부를 확인할수있도록 작성한 문서로 과업대비표와 요구사항 추적표를 포함
요구 사항	요구사항 정의서에 기록된 개별 요구사항이 각 개발단계 마다 적정하게 반영되었는지를 추적할수 있도록 작성한문서
추적표	사업자가 요구분석 단계에 최초 작성, 각 사업 진행시마다 갱신
과업 대비표	사업자가 제안 요청서, 제안서, 기술협상서, 사업 수행 계획서, 요구사항 정의서에 기술된 과업 항목 대비하여

			감리보고서	감리결과의문서, 감리수행결과 보고서 + 시정조치확인보고서
			감리수행결과보고서	감리 결과를 담은 보고서
			시정 조치 확인 보고서	감리 수행 결과 보고서의 개선 권고사항을 올바르게 보완했는지 확인하고 그 결과를 담은 보고서
			감리 사업 수행 계획서	전체 감리 일정, 범위, 감리전반에 재한 이행계획 명시문서, 감리 계약 체결후 착수시 제출

"끝"

문 (23)	정보시스템 감리의 프레임워크 (Framework)와 감리 절차에 대해 설명하시오.
답)	

1. 정보시스템 감리의 정의, 목적, 대상, 방법및 필요성

가. 정보시스템 감리의 정의, 목적, 대상, 방법

정의	감독하고 관리, 전자 정부법에 "제3자의 종합적인 점검"
목적	정보시스템의 효율성, 효과성향상, 안정성확보, 법준수목적
대상	정보시스템의 개발&운영(Operation)
방법	제3자의 관점에서 종합적으로 점검하고 문제점을 개선토록 하는것, 감사, 감독, 품질보증, 자문의 역할

나. 정보시스템 감리의 필요성

- 최근 공공부분의 정보화 환경변화와 더불어 정보 System 감리의 필요성이 증대됨

다. 최근 공공부분 정보화 환경변화

제도적측면	법적 측면	정부 측면
중소기업참여 확대	공생 발전형 S/W생태계	상주감리 제도
선진적인수/발주 체계구축	대기업의공공 S/W참여제한	PMO 제도

2. 성공적인 정보 시스템 감리를 위한 Framework와 기존대비변경점

가. 정보화 사업 감리 점검 Framework V4.0 (정보화진흥원)

사업유형/ 감리시점

정보기술 아키텍처구축 (ITA) → 정보화전략 계획수립 (ISP) → 시스템개발 (SD) → DB구축 (DB) → 시스템운영 (OP) 유지보수 (MA)

감리영역

기반정립	이행목표	업무	정보화계획	시스템 아키텍처							자데수집및 사업구축	테이블구축	서비스제공	유지보수이행	절차
현행아키텍처구축	목표아키텍처구축	기술		응용 시스템	시험활동	운영준비	조영호					품질검사	서비스지원		
관리체계				데이터베이스											
품질보증활동	품질보증활동		품질보증활동												

사업관리

감리관점/점검기준

산출물

서비스

- 정보시스템 개발 사업뿐만 아니라 ITA, ISP수립, DB구축
운영, 유지보수등 모든 유형의 정보화 사업에 공통적으로 적용

4 정보시스템 감리 Framework V3.0 → V4.0 차이점

차이점	주요 내용
SD단계 구분	개발방법론(객체지향/정보공학)에 따른 점검구분 삭제
SD단계 추가	5단계 → 6단계 … "종료" 단계 추가
감리관점 변경	"성과" → "서비스"로 변경 … 전반적으로 잘운영력는지점검

3 감리 수행절차 (감리 법인 관점)

수행 절차	주요 내용
감리계약 체결	감리 제안, 종합감리계획서 작성&통보, 확정
감리 계획 수립	감리규약에 규정한 사항을 기반으로 감리계획수립 : 개요, 목적, 범위, 일정, 영역 및 점검 항목등
착수회의 실시	-감리 계획 설명및 점검 항목 협의 : 사업현황 파악및 현업 담당자 확인
감리수행및 감리보고서 작성	-계획에 기초하여 현장 감리 실시 : 자료검토, 인터뷰, 관찰, 시험 활동, 상호검증을 수행 : 감리 보고서 작성& 검토
종료회의	감리 결과 설명, 의견 청취, 추후 일정 협의
감리보고서통보	감리보고서 확정본 작성후 통보
조치결과 확인/통보	-개선 사항에 따른 조치 계획 수립및 검토 : 개선 사항 조치 & 조치결과 확인

4.			공공 정보화 환경변화와 성공적인 정보 시스템 감리 대응방안

사업관리/품질보증 활동과 실질적인 개발
품질 향상 지원(감사, 감독, 품질보증, 자문역할)

기술적 측면의 감리대응

PMO, 상주감리를
통한 사업관리 &
QA 지원

성공적인
정보시스템
감리방안

재공학 감리를 통한
System 품질향상 지원

공공 정보화 사업의 성공

- PMO, 상주감리에서의 사업관리 & 품질 보증 활동 지원과
재공학 감리를 통한 System 구축품질 향상의 균형적 지원

"끝"

√정보 System

문124)	현장감리에서 이루어지는 6단계 절차에 대해 세부적으로 설명하시오.
답)	
1.	정보 System 현장감리의 정의
	- 각 단계별 감리계획서 (점검항목)에 따라 현장에서 점검을 수행하고 그 결과를 보고서에 작성하여 제출하는 Action (활동)
2.	현장감리의 6단계 절차
	- ① 감리시작 → ② 착수회의 → ③ 감리수행 → ④ 보고서안 작성 및 검토 → ⑤ 종료회의 → ⑥ 보고서 확정및 통보
3.	정보시스템 감리의 6단계 세부 절차및 내용

절차		내용
감리시작		- 현장감리 준비... 감리원, 감리장소, 착수회의 시간/참석자.
		- 감리수행 환경 확인 ... System 환경등 준비상태확인
착수회의		- 이해관계자 참석하에 감리수행 절차와 내용공유
		- 착수회의 결과 정리 .. 필요시 감리계획 수정 & 반영
감리수행		- 산출물 접수, - 산출물에 대한 검토, 분석, 시험,
		- 문제점 발견 & 개선 방향 도출
		- 상호 검토 (감리팀), 사업자 면담, 발주기관 면담, 문제점 및 개선 방향 확정
보고서안 작성및 검토		- 보고서안을 발주자/사업자 검토, 감리팀내부 검토/통합을 거쳐 확정
		- 감리원별 보고서 초안 작성 & 검토

				-보고서 초안 취합, -보고서안 검토
			종료회의	-종료회의 준비
				-종료회의 실시
			보고서 확정 및 통보	-보고서안 이견사항 접수 & 검토
				-이견사항에 대한 처리 & 결과공유(Share)
				-보고서 확정 & 통보

"끝"

문125)	상주감리에 대해 설명하시오.
답)	
1.	(상주 감리의 정의) - 전체 사업 기간 또는 주기적으로 현장에 상주하여 업무 수행 결과를 정기적/비정기적으로 발주자에게 보고, 통상 상주감리는 단계별 감리와 정기 감리를 병행하여 실시
2.	상주 감리의 절차

	-상주 감리원은 정기 감리에 참여하지 못하도록 정의
3.	상주 감리원의 단계별 표준 점검 항목 (업무 범위)

상주 감리원의 업무 범위	정보화사업 표준점검항목	단계
사업계획서, WBS, 개발방법론의 공정, 산출물 조정 수행	일정/품질 관리 체계 수립 & 관리 여부	착수
-과업 범위 (요구사항) 구체화	-범위관리/변경관리	전단계
-과업 변경영향/타당성 검토	-사용자요구 반영 여부	
상세공정표에 따른 계획 재비	-진척관리 수행	진행 & 종료
실적 점검 & 이행 상태 확인	-이행 상태 파악	
산출물에 대한 품질 검토	품질관리 수행 여부	실행, 종료
위험 요소 사전 파악 &	-위험 관리 체계 수립	전단계
개선 방향 제시	-위험관리 수행 여부	
쟁점 사항에 대한 기술검토	위험 관리 수행여부	실행, 종료

전단계 : 착수 - 진행 - 종료

			발주자의 의사결정 지원 & 자문	- 의사소통관리 체계 수립/관리 - 의사소통 관리 수행 여부	전단계
			사업 성공 위한 필요한 자원	- 자원관리체계 수립/관리 - 인력 관리수행 여부	전단계
			- 정기 감리의 3단계 (착수→실행→완료) 절차와 　명확한 구분은 어려움.		"끝"

문 126) 정보 시스템(System) 개발 3단계 감리에 대해 설명하시오

답)

1. 정보 System 개발 3단계 감리 목적 과 시점, 세부절차.

　가. 정보 시스템 개발 3단계 감리 목적과 시점

```
   요구            설계           종료
   정의     →      단계     →     단계
   단계
```

목적	: 요구사항확정	목적	: 요구사항의설계	목적	: 과업이행
	여부점검		반영, 검사기준		여부점검(적합/
시점	: 요구사항정의서		구체화 여부점검		부적합판정
	작성완료후(통상분석	시점	: 설계완료후	시점	: 통합/시스템
	단계 말 정도에 실시)				시험완료후, 발주
					자 검사전

　나. 정보시스템 개발 3단계 감리의 세부 절차

```
   예비조사   →   현장감리   →   시정
                               조치확인
```

- 예비조사 검토자료준비
  및 감리원 확정
- 예비조사 검토대상자료접수
- 산출물 검토 & 감리대상
  범위 확인, 기능/비기능 검증방안
- 발주자/사업자 인터뷰

- 산출물접수
- 산출물에 대한
  검토, 분석, 시험
- 보고서 초안 작성
  & 검토

- 시정조치
  결과
  확인

2.		요구정의 관계의 Activity 와 요구사항 품질 Matrix
	가.	요구정의 관계의 Activity

- (요구사항 점검) - 계약문서에서 정한 내용이 요구사항 정의서에 적정하게 반영되어 있는지 점검

- (과업대비표 점검) - 사업자는 감리 시작전까지 과업대비표를 제출 (예비조사 회의시 필요, 사전에 통보하여 준비시킬것)

- (확인(개발내용))
  - 명확한 개발범위와 과업이행 여부 검증기준 제공
  - 요구사항은 기능점수(FP) 단위로 정량화 권장
  - 요구사항품질 Matrix 별로 작성 권장

- 사업비 20억 미만 & 사업기간이 6개월 미만인 경우는 생략가능 (발주자가 직접 확인, 위험요소로 작용 할수있음, 상주 감리일 경우는 상주감리가 수행)

| | 나 | 요구사항 품질 Matrix |

품질특성	평가항목	평가항목의 목적	측정대상산출물
완전성	요구기능 완전성	요구사항명세서상 식별된 요구사항중 누락된 기능 요구사항이 존재하는지 여부	RFP, 과업수행 계획서, 회의록 요구사항 명세서
정확성	요구기능 정확성	명세서상 식별된 기능요구사항 중 논리성이 정확하게 기술	요구사항목록, 요구사항명세서
검증가능성	요구사항검증	명세서상 검증기준 & 방법제시	요구사항 명세서
추적성	요구사항 추적성	요구명세서와 이전단계 산출물간의 항목 연계	RFP, 과업수행 계획서, 요구목록

3. 설계 단계에서의 Activity 설명

주요 점검 항목
- 설계 산출물이 과업 내용을 적정하게 반영 여부
- 대비표(검사기준서)가 세부 검사 항목별 적합/부적합 판정 가능한 수준 (구체화)

설계단계 과업대비표
- 요구사항 추적표 : 요구사항이 잘 이행/구현여부
- 검사기준서..요구사항내용, 검사방법, 예상결과, 판정

〈검사 기준서 작성예〉

요구사항ID	내용	검사방법	예상 결과	판정 기준
REQ 001	~항목으로 정의되어야함	입력 방법, 출력 형태	항목 1에 대한 예상 결과	정상화면서 적합판정
...	...	...	...	...

4. 종료 단계에서의 Action Item

적합/ 부적합판정

구분		평가 기준	판정
결함	미발견	-검사기준서의 요건 충족 -미결함 발견, 100% 만족	적합
단순 결함		현장감리 기간 내에 보완될 결함, 추가오류(타기능과 연계될 오류) 발생 가능성이 없다고 판단	
결함		-중요 과업요건 미구현, 원인불명 결함, System 동작 중단, 검사기 준서 미만족, 사용상 불편요소	부적합

				유의 사항	- 예비조사를 통해 준비상태를 확인
					- 시험 실시 가능 여부 확인, 검사대상 물량 파악
					- 우선순위 (위험도, 영향도) 등을 고려한 검증 전략 (Strategy) 수립
					- 시험 환경등의 문제로 실증 검사를 못하는 경우는 전제 조건 (향후 Issue 대응 방안 수립)에 기술해야 함.

"끝"

문 (127)		전자정부법에서 정의한 정보시스템과 정보시스템 감리
		에 대해 기술하고 정보시스템 감리법인의 업무 범위에
		대해 설명하시오.
답)		
1.		(전자정부법의 목적) - 행정업무의 전자적 처리를 위한 기본
		원칙, 절차및 추진방법등을 규정함으로써 전자정부를 효율적
		으로 구현하고, 행정의 생산성, 투명성및 민주성을 높여
		국민의 삶의 질을 향상시키는 것이 목적
2.		전자정부법에서 정의한 정보시스템과 정보시스템 감리의의미
	가.	(정보시스템) - 정보의 수집, 가공, 저장, 검색, 송신, 수신 및
		그 활용과 관련되는 기기와 Software의 조직화된 체계
	나.	(정보시스템 감리) - 감리 발주자 및 피감리인의 이해관계로
		부터 독립된자가 정보시스템의 효율성을 향상시키고 안정성
		을 확보하기 위하여 제3자의 관점에서 정보시스템의 구축
		및 운영등에 관한 사항을 종합적으로 점검하고 문제점을
		개선하도록 하는 것
3.		감리법인의 업무범위 (전자정부법 시행령)
		1) 사업수행계획의 계약 내용 반영 여부, 일정및 산출물 작성
		계획의 적정성 여부 검토/확인
		2) 과업 범위및 요구사항의 설계 반영및 구체화 여부 검토/확인
		3) 과업 이행 여부 점검. 4) 관련 법령등, 규정및 지침등의
		준수 여부에 대한 검토/확인

5) 감리 기준 규정

- 감리 기준에는 3단계 감리가 규정되어 있으며 기존 감리
  기준의 "기본점검표"는 NIA(한국 정보화 진흥원)에서 공지
  한 정보화 사업 감리 수행 Guide에 규정됨.

"끝"

문(128)	정보 시스템 감리 점검 체계에 대해 설명하시오.

답)

1. 정보시스템 감리점검 체계의 목적과 감리의 특징

가. 정보 System 감리점검 체계의 목적

어떻게 점검, 각사업별/각 단계별 어떠한 것을 (항목) 점검	→	점검/검토항목	(목적↓)	체계적인 감리 수행 위한 모델제공

도출

나. 정보시스템 감리의 특징

효과성 효율성	안정성	경제성	준거성	이해증진
-최적화 -관리효율	-보안성 -신뢰성,가용성	-적정비용 -채산성	-법규준수 -표준화	-이해당사자간 의사 소통

2. 정보시스템 감리 점검 체계의 구성과 점검 모델의 의미

가. 구성

7권 46개영역

	점검 Framework	표준 점검항목	점검 해설서	점검 가이드
점검모델	• 사업유형 감리시점 • 감리영역별 점검 항목도출	• 점검항목 상세설명 • 점검기준/ 관점	• 감리영역별지침 • 세부검토항목 점토방법제시 • 노하우반영	(실시)↓ (종료) end

Start • 어떤유형의 사업? - ITA/ISP/SD/DB/OP/MA(유지보수)

• 어떤관점점검? - 절차, 산출물, 성과

• 감리 영역별 감리인 배분? - 사업관리, 응용시스템, DB등

└ 감리 영역별 점검할 항목? - 사업유형에 따라 분류

4.	정보시스템 감리 점검 Model의 의미

①	어떤유형의 사업? 사업이 현재 어디까지 진행 (분석, 설계등)
②	각 사업유형별 감리영역 나누고 감리인 배분 정책수립
③	점검시 어떤관점에서 어떤 기준으로 실행 할지여부 (성과,보안)

3.		감리 점검 Framework 의 구성과 감리관점별 점검기준
	가.	감리 점검 Framework의 구성요소

구성요소	설명	항목
사업유형 감리시점	-정보화 사업의 생명주기 기반으로 사업분류, -사업유형별 감리시점제시	ITA, ISP, SD, DB 구축, 유지보수
감리영역	-감리기준을 사업유형별, 감리시점별 구분하여 규정	사업관리 및 사업 유형별 구분
감리관점 점검기준	-절차 (procedure), 산출물 (product), 성과 (performance)	감리원이 점검해야 할항목

-시스템운영사업의 경우 ITIL 서비스영역을 감리영역으로 채용.

-사업관리 영역은 PMBOK 관리항목 적용

4.	감리 관점별 점검 기준 항목

감리관점	점검기준	관련 성질
	계획 적정성 (plan)	사업수행 계획, 인력운용계획등 각종 계획 수립의 적정성 (Plan Reasonability)
절차 (process)	절차 적정성 (process)	개발/운영/유지보수 절차 수립 적정성, 위험/일정/품질/형상/인력/변경관리 절차등의 수립 적정성.
	준수성 (Compliance)	각종 계획의 준수 적정성, 위험/일정/품질/형상/인력/변경관리등 절차 및 활동 준수 적정성
산출물 (product)	기능성	기능의 충분성, 완전성, 정확성, 상호운용성
	무결성	Data 무결성 & 정확성
	편의성	사용 편의성, 운영 편의성, 학습성
	안정성	System 안정성, 서비스 연속성, 복구신속성
	보안성	System 기밀성, 안전성
	효율성	정보 자원 (인력, 서버등) 활용의 효율성, 업무 효율성, 응답시간 신속성, System 확장성, 기술발전 부합성
	준거성	산출물의 관련 기준/절차/표준/방법론 준수성 - 의사소통에 원활화
	일관성	분석성, 변경성, 현행화, 추적성, 유지보수성
성과	실현성	구체성, 실현 가능성, 투자 대비 효과성 성과목표 달성, System 사용 가능성

			성과	충족성	업무/기술적 요건 만족, 성과목표 달성, 과업 범위 충분성.
					"끝"

문 129) 정보 기술 아키텍처(ITA) 사업에 대한 정보 System 감리 Framework를 제시하고 중요 감리 점검 사항에 대하여 설명하시오.

답)

1. 정보기술 아키텍처 감리(Audit Improvement)의 개요

가. ITA(Information Technology Architecture)의 정의

- 감리 대상으로부터 독립적인 감리인이 ITA의 안정성, 효과성, 효율성 등을 향상시키기 위해 종합적으로 점검, 평가, 권고하는 절차

나. 감리인의 Activity 및 감리의 필요성

발주자 ← → 사업자

통찰력 필요 → 감리인 (감리) ← 불안요소 제거, 아픈데를 꺼내어 개선

필요성

필요성

관섭이 아닌 훈수 ↑

정보화사업 대규모화, 복잡화

공공부문 ITA 의무화

감리인의 Action

2. ITA 감리 Framework 및 ITA 감리대상 산출물

가. ITA 감리 프레임 워크

사업유형
감리시점

감리영역

① ② ③ ④ ⑤ ⑥ ⑦ ⑨

절차 산출물 서비스

← 사업관리 →

감리관점 점검기준

①③⑤ : 기반 정립 & 현행아키텍처 구축

②④⑥ : 이행목표, 목표아키텍처 구축

⑦ 관리 체계   ⑧ 품질 보증 활동

⑨ 사업관리 (공통사항)

4	ITA 감리 재상 산출물	
	점토대상	산출물
	기반정립	ITA 도입 위한 환경분석 (SWOT, 3C등)의 적절성
		추진방향 & 원칙 & Framework의 적절성
	현행 아키	현행업무(BRM), PRM, SRM, DRM, TRM, 보안 아키텍쳐의
	텍쳐 구축	정착성, 충분성 & 상호연관성, 문제도출 → 개선방향수립적절성
	이행계획	실현 가능성 여부 판단, 이행과제, 이행계획 자료 구축
	관리체계	활용, 진화관리, 성과평가 체계, 관리 체계의 일관성
	목표 아키	·BRM(업무), 응용, Data, 기술, 보안 아키텍쳐 정의
	텍쳐 구축	·목표 아키텍쳐 간의 상호연관성 & 정합성
3	ITA 감리 중요 점검사항	

	가	기반 정립 & 현행 아키텍쳐 수립 중점 점검사항	
		분류	점검 사항 (적정성/정합성)	추가 검토사항

분류	점검 사항 (적정성/정합성)	추가 검토사항
기반정립	-ITA 구축위한 환경분석	-범 정부 모델기반
	-추진 방향 / 원칙	-Meta 모델 정립
	- Framework 정립	-커스터마이징
현행 아키텍쳐 구축	-현행 업무/응용/Data/기술/보안 아키텍쳐의 충분성	-문제점 & 개선 방향의
	-현행 아키텍쳐 간의 상호 연관성	구체성
	-문제점 도출 → 개선 방향 제시	
	-성숙도진단, 자료구축의 정확성/충분성	

4		목표 아키텍처 구축, 이행 계획수립, 관리체계 & 품질보증	
	분류	점검 사항(적정성 점검)	추가 검토사항
	이행 계획	·이행과제 도출/이행 계획수립 ·법제도 개선 방향 수립	실현 가능성 (이행 추진 계획)
	목표 아키텍처 구축	· 목표 업무, 응용, 데이터, 기술, 보안, 아키텍처 정의의 충분성 ·목표 아키텍처 간의 상호 연관성 ·기술 참조 Model · Standard profile의 적정성	Meta Model 정의서에 근거한 속성 입력의 정확성
	관리체계	·ITA 활용 체계, 진화관리 체계 성과 평가 체계, 관리 체계간 일관성	ITA 고도화 방안의 수립 & 적정성
	품질보증	·방법론 & 절 차, 표준준수 여부 ·계획 대비 품질 활동의 적정성 · 사용자 요구사항와 관련 산출 물간의 추적성, 일관성 ·교육훈련 실시	·표준 산출물 양식 적용 ·QA활동의 시스템 화 지원 여부 ·QM 역할 점검

4.		ITA 감리와 ISP 감리의 비교	
	항목	ISP	ITA
	개념	조직의 경영목표 달성에 전략 적으로 필요한 정보화 방향에 대한 계획수립	업무와 관련된 정보기술 자원 & 구성요소를 체계화한 통합적 정보 자원 관리 체계 수립

		감리대상	ISP 산출물	ITA 산출물, Repository, 시스템
		중점사항	-핵심 정보화 현황분석, 개선과제출	-전사적 정보자원 상위
			-정보화 개선 모델 제시	Level 현황분석
			-개선과제 중심 목표 모델	-아키텍처별 상세모델
		감리후 절차	ISP에 기반한 project 수행여부	ITA project의 지속적관리운영

"끝"

문130)	ISP (Information Strategy plan) 사업에 대한
	정보 시스템 감리 Framework를 제시하고 중요 감리 점검
	사항에 대해 설명하시오.
답)	
1.	정보전략계획, ISP의 개요
가.	체계적 방법에 의한 최선/안정화 정보기술 적용, ISP의 정의
-	사업의 목적이나 목표를 달성하기 위해, IT 기술을 어떻게
	새로운 기회 & 경쟁력 우위를 창출하는가를 제시하는 것
나.	ISP 감리의 필요성
	-정보 System 의존도, 복잡도 & 위협요소의 증가
	-사업 성공요소를 효과적으로 지원하는 정보시스템 구축의 필요성
다.	IT 전략의 구성 체계

2.	ISP 감리 Framework 및 ISP 감리 대상 산출물
가.	ISP 감리 Framework
-	현황분석 → 전략수집 → 개선모델 → 실행 계획 수립

ISP 감리 차원 도식 (사업유형/감리시점, 감리영역, 감리관점/점검기준)
- ① 현황분석 & 전략수립
- ② 개선모델 & 실행 계획
- ③ 업무 ④ 기술
- ⑤ 정보화 계획

	나	ISP 감리대상 산출물	
		점토대상	산출물
		업무	사용자요구분석, 업무현황분석, 업무목표&전략, 정보화목표& 역할정의, 핵심 성공요인, 업무모델
		기술	정보기술 동향분석, System 구조도, 현행 정보 시스템 분석/평가서, 선진사례조사 결과서
		정보화 계획	업무/프로세스, 시스템, 보안, 정보 자원관리, 조직구조, 법/제도 개선모델, 보안구축 계획등
		품질보증	적용 방법론과 테일러링 근거, 사업수행을 위한 절차및 표준, 품질 보증 활동 계획& 결과서

3.		ISP 중요 점검사항	
	가	현황분석및 전략수립 중점 점검사항	
		분류	업무	점검 사항(적정성/충분성점검)
		현황분석	업무	-사용자요구사항 도출 분석의 충분성

				업무	-조직의 목표와 전략식별 여부. 「위협」
					-조직 내/외부 환경분석 SWOT(강/약점, 기회,
					-핵심 성공요인 (CSF) 식별의 충분성
					-조직의 업무기능분석 & 핵심 process
		현황 분석 & 전략 수립			-개선과제 도출의 적정성
				기술	-사용자 요구사항 도출 & 분석. 「평가」
					-응용. 데이터, System 아키텍쳐의 분석 및
					-보안 정책 수립 & 위험분석.
					-적용 가능한 정보기술 평가 & 선진 사례조사
					-정보 시스템에 대한 요건 정의 & 개선과제 도출
				품질 보증	-방법론 & 절차 표준 준수 여부
					-계획 대비 품질 보증 활동의 적정성
					-사용자 요구사항 & 관련 산출물 간의 추적성
					-교육 훈련 실시의 적정성
	사	개선모델 및 실행 계획 수립, 품질 보증 중점 점검사항			
		분류	업무	점검 사항	
		개선모델 & 실행계획	정보화 계획	-개선 방향 & 개선모델 수립의 원칙 / 기준	
				- System 개선 모델 도출 및 구축 계획수립	
				-보안 개선 모델 도출 & 구축 계획수립	
				-정보화 성과 관리 체계, 관련 법 제도 개선	
				-개선 모델로의 전환 계획 수립	
				-정보화 개선 모델의 구체성 & 현실성	

			개선모델		-방법론&절차 표준의 준수여부
			및	품질	-계획대비 품질보증 활동의 적정성
			실행계획	보증	-사용자 요구사항관련 산출물간의
					추적성, 일관성. -교육훈련실시
4.					

4. ISP 감리의 point

- 사업 배경의 정확 이해, 산출물/결과물의 흐름과 원리를 이해 대상사업의 특징과 환경 제약요인의 이해.

- 산출물간 연관성에 대한 이해 : 현황 분석 - 개선방향 - 정보화 전략 - 아키텍쳐 - 실행계획등 산출물의 전후 연관관계 파악.

"끝"

자주 출제되는 토픽

기업 경영환경 변화에 따른 대처 방안, 기업 연속성 계획수립, 빅데이터 수집부터 가시화까지의 과정, 정보의 정량적 분석방법, 기술가치평가방법, 기업 조직 경쟁력 강화를 위한 거버넌스, 디지털 전환, 공공데이터 품질관리 수준평가체계 등 자주 출제되는 토픽을 엄선하여 기술하였습니다.   [관련 토픽 31개]

문131) 기업 경영환경 변화에 대해 설명하시오

답)

1. 무한 경쟁시대, 경영환경의 변화요인

　가. 경영환경 변화요인

　| 경영환경 변화요인 | 세계화, 제품수명주기의 단축, 고객 중심의 경영, 지식 기반화, 스마트경영, 경영혁신확산, 신기술도입의 필요성등 경영환경 변화에 대응 가속화됨

　나. 경영환경 변화 (역할, 기능, 접근, 채널, 가치, 모형등)

구분	과거 (As-Is)	경영 환경변화 (To-Be)
역할	고객 지원 담당자	전 직원
기능	Process 중심	대화 중심
접근	Contact 관리	커뮤니티 관리
채널	고정 (Static)	전화 (Dynamic)
가치	고객과 주기적 연락	지속적인 고객 참여
모형	단순 거래 모형	복잡한 관계 모형

2. 세계화, 제품수명주기단축, 고객중심경영의 설명

　가. | 세계화 (Globalization) |

　- 국가단위가 아닌 전세계 시장을 활동무대로 전략을 수립하고 비즈니스를 수행하는 것

　- 시장의 세계화는 국경에 의한 시장구분이 저는 무의미

사   제품(product) 수명주기(Life Cycle)의 단축
- 급속한 기술혁신과 경쟁의 격화, 소비자욕구및 취향의
  다양화, 유행의 빠른 변화로 인해 제품 수명주기가 단축됨

	Key factor
매출액 총이익 사업조준화 경쟁 제품및공정혁신 매출액 이익 차발및도입기는적자 Time 투자 손실 제품개발 단계 도입기 성장 성숙기 쇠퇴	- 생산공정 맞춤형 자동화 기술요구 - 제품 수명주기 정보관리 중요성부각 - 고객 생명주기거처 관리 중요성 부각

- 제품의 수명주기는 product 마다 다르며 각국가의 정확한
  수명주기는 새로운 단계를 예측하고 계획과 전략을 입안 해야함

자 - 고객 중심의 경영
- 고객의 요구를 충족시키고 지속적인 구매를 유도하기위해
  고객이 원하는 제품과 서비스를 제공해야 고객이 만족 하고
  기업의 영속성 확보, 경쟁우위, New 경영구심력창조 가능

	Key factor
공급 수요 공급우선이 아닌수요 우선의 정책 필요	- 고객 만족 경영시대의 도래 - 고객관계관리(CRM)의 중요성이 부각 - 개인화 경향 강화 - 수요우선 정책수립

3. 지식기반화, 스마트경영의 도래, 신기술도입의 설명

가. 지식 기반화

- 기업의 물리적 자원의 중요성이 쇠퇴하고 경영 노하우, 기술등 지적자원의 중요성이 부각됨

물리적 자원 ──→ 지적 자원		Key Factor
- 노동	- 노하우	- 창조기반 경쟁우위
- 자본 중요성	- 기술(Core Asset)	- 지식품질이 중요
- 자원 변화	- 경험사례	- 정보관리의 중요성

나. 스마트경영 (SMART 경영)

- 조직이 자체 지능을 보유 하고 변화하는 내외부환경에 능동적으로 새응하는 경영, 즉 일회성이 아닌 지속가능한 가치를 창출해 낼수 있는 경영체제가 바로 스마트 경영임

스마트 경영		Key Factor
	- 스마트워크, 스마트 Data	- 스마트기반 경영
	- 스마트 교육, 스마트지식	- 채널 다양화등
	- 스마트 드바이스, 모바일환경	

다. 신기술 도입 적용의 필요성

- 인공지능, 블럭 체인, Big Data, N/W, IOT등 신기술 도입에 따른 기업 부가가치 창출 필요성 중요

4. 경영혁신의 확산

- 경영혁신은 기술, 구조, 전략, 문화, 인력등 조직의 모든 분야에서 환경변화에 대응하려는 의도적이고 계획적인

계획적인 변화 및 혁신노력을 총칭함

정보기술은 경영혁신을 통해		결론
추구하고자 하는 여러 목적들을		IT가 경영혁신을 위한
동시에 달성 하는데에 이바지		중요한 도구로 활용됨
할수 있는 유일한도구		에 따라 IT의 전략적
구조, 인력, 기술, 과업등을 상호		활용을 위한 IT 통제 밋
통합하고 연계 하는 역할 수행		경영의 중요성이 부각됨

- 대부분의 경영혁신 기법은 기업 경영의 3대 요소인

제품(서비스), 프로세스, 인력에 관한 근본적이고 획기적인 변화

를 추구하고, 그 실행도구로 정보기술을 활용 함.

"끝"

문/32)	비즈니스 혁선 (Business Innovation)		
답)			
1.	환경 변화에 대응, Business Innovation의 개요		
가.	지속적 고도성장 대응, 비즈니스 혁선 정의		
	- 새로운 제품과 서비스, 새로운 생산공정기술, 새로운 구조와 관리시스템, 조직 구성원을 변화시키는 새로운 계획과 프로그램을 의도적으로 실행함으로써 조직의 중요한 부분을 본질적으로 변화(혁선)시키는것		
나.	비즈니스 혁선의 등기		

기업 외적요인	· 세계화, 개방화, 규제완화(강화)등 경쟁 격화 - 양적요소보다 고객서비스/품질등 질적요소로 변화
기업 내적요인	· 경영/실행과정상의 비효율 증대 및 생산성 저하 - 경영성과의 목표가 양에서 질적 성장으로 변화

2.	Business Innovation의 도구		

혁선구분	분류	설명
사업 범위	리스트럭처링	구조조정, 사업범위와 종유를 재구성
	전략적제휴	시장진출위한 경쟁기업과 전략적 제휴
	전자상거래	ICT기반, 인터넷공간에서 사업 전개
조직 구조의 혁신	다운사이징	조직의 슬림화통한 스피드경영 실현
	아웃소싱	핵심분야는 In-House, 기타분야-아웃
	학습조직과	기업이 학습하는 조직을 지향하고 지식을
	지식경영	체계적으로 관리해 경영 성과을 제고함

		관리	BPR	고객관점에서 재설계, 효율성 제고
		프로세스	벤치마킹	경쟁기업, 선도기업 학습기법등 비교
			6시그마	최저의 비용으로 최고의 경쟁력 추구
		인적	스마트워크	일과 삶의 질을 균형적으로 관리
		자원	변화관리	변화의 방향 & 비전 공유 과정관리
		관리	성과관리	목표달성되는지를 측정하고 평가관리

3. Business Innovation에서 ICT의 역할

구분	설명
기존사업 다변화	새로운 서비스 창출, 기존사업에 신기술 적용
부가사업 창출	사업 각변화고려, 부수적 사업 창출필요
핵심사업 창출	ex) 책 주인공이름을 고객이름으로 변경 즉석판매

"끝"

문133) 엔지니어링 아웃소싱 (Engineering Outsourcing)

답)

1. ITO/BPO → 제3의 아웃소싱, Engineering 아웃소싱의 개요

　가. 제품 개발서비스, 엔지니어링 아웃소싱의 정의

　　SW 기업이 실제 각 제품의 기획, 설계, 테스팅등 제품라이프

　　사이클 관리에 관여하여 제품 개발과 관련된 기술지원 서비스

　　를 제공하는 새로운 Outsourcing 사업영역 (R&D 아웃소싱)

　나. Engineering Outsourcing의 등장배경

• 수요시장변화 (Life Cycle단축, 고기능화)	Needs ▷ EO의 등장배경 ◁	• SW 기업의 역량고도화 (S/W인력확보, 전문가 투입가능)
• SW경쟁력 = 제품 경쟁력연계	Enabler	• ITO/BPO 넘어선 시장
• 체계적 개발 방법론 부재 신속대응필요	필요성 대응방안	요구변화, 개발 만족

2. 분할발주가능, EO (엔지니어링 아웃소싱)의 Flow 및 설명

　가. Software 공학의 S/W개발 Lifecycle과 동일, EO의 flow

　　① plan → ② 요구분석 → ③ 설계 → ④ 구현 → ⑤ 검증후 배포 → ④ 유지보수

　　EO는 S/W공학의 Lifecycle과 동일하며 외부 개발자가 개발

　나. 엔지니어링 아웃소싱의 설명

계획및 요구분석	①②	제안서, 사업수행계획서, 요구사항 정의(기능/비기능)
설계	③	기능,비기능, 보안/System, DB등 요구사항 설계
구현	④	사용자 요구사항에 적합하게 구현, 성능고려
검증후 배포	⑤	Testing, Verification, Validation등

3. Engineering Outsourcing에서 S/W 역할

구분	설명
기술적 협업 환경구축	설계, 구현, Testing등에 대한 자양한 엔지 니어링 역량 확보 필요(예, 전자정부프레임워크 기반)
EO센터	엔지니어링 아웃소싱 서비스 센터에서 개발주도
SW 인력	적서에 해당분야 전문 S/W 인력 필요(교육)
아키텍트	SW지식 + HW지식, 기술지식등의 기술겸비필요
전문SW기업	전문 솔루션이 확보된 기업과 협력모색
커뮤니티	EO진행시 Delay 없는 의사결정, 추진체필요

"끝"

문134) 바이오달 IT (Bimodal)IT에 재해 설명하시오

답)

I. 제품 수요의 급격한 변화 대응, Bimodal IT의 개요

가. 두개의 IT 조직 구성, 바이모달 IT의 정의

기업에서 제품및 서비스 수요의 급격한 변화에 효율적으로 대응하기 위해 서로 다른 두가지 정보기술(IT) 전략을 병행하여 운영하는것 (기업의 IT조직 모델의 예시)

나. Bimodal IT의 필요성

캐즘 (chasm)이론	새로운 기술이 Chasm을 건너기
	전부터 다수의 수용자로 축약된 방식으로 빅뱅파격가 일어나는 시장에서 즉각적인 대응과 속도를 중요시하는 방법론와 조직이 필요

다. 기업의 경영환경과 Bimodal IT의 접근 필요성

기업 IT 환경		안정적 보장 (전통적 IT방식)
• 새로운 IT 기술로 무장한 신규 경쟁자		
• New Idea로 신속한 서비스화		⊕
• Start-up 회사 재거 탄생		
• 서비스 변화의 신속, 효율적 재응필요		신속한 Biz 혁신 (신속한 IT 방식)
• Real Time 고객 요구사항대응		
• 현장문제점 Zero화 시대		

2.   Bimodal의^{IT} 접근방식와 상세설명

가.   Bimodal IT 접근방식

- IT 부서를 Mode1 안정적인 정보기술팀과 Mode2의
  신속대응 정보기술팀으로 나누어 상황에 따라 별도운영, 대응

전통적   Mode1   Mode2 (유연성과 신속성)
IT접근
방식   (안정성과 효율성)   신속한 IT 접근방식

- Mode1 팀 : 순차적, 안정적, 정확성추구 전략
- Mode2 팀 : 비선형, 실험적, 민첩성추구 전략

나.   바이모달 IT 접근방식 상세 설명

구분	전통적 (Mode 1)	신속성 (Mode2)
제작형태	성숙한 솔루션도입, 재형변테	자체제작, 신규벤더조성
방법론	산업표준(SDLC, ITIL등)	Agile
목표	비용효율화	경쟁우위 획득 & 유지
가치	가격대비 성능	고객 경험, 수익
핵심	안정성	속도, 민첩성(Agility)
목적	예측가능 & 신뢰	참여 & 즐거움
적용범위	기업 IT의 2/3 이내	기업 IT의 1/3 이내
적용대상	핵심업무(거간계, System 등)	채널업무 (모바일 App 등)
문화	IT 중심, 고객과의 적정거리	Biz 중심, 고객 밀착

IT역할	Biz 요건이해 & 실현	혁신추진의 동반자
주기	장기 (Months)	단기 (Days, Weeks)
거버넌스	계획중시, 승인기반	실증적, 지속적 반복, 프로세스반
주관	CIO	CEO, CIO, CDO, CMO

3. 바이모달 IT 적용시 Issue와 개선방안

가. Bimodal IT 적용시 Issue

구분	이슈	이슈핵심
접근방법	고객중심보자 기술중심의 접근법	Biz 연계결여
조직 갈등	다른유형의 IT 조직내 갈등 & Biz조직과	조직 갈등
	IT 조직의 갈등으로 혼란 가중될수 있음	심화
파편화	다수의 다기능 조직의 파편화 증가로	조직
	기술도입이 더 어려워짐 (공유문제)	파편화
실험 결과	실험 단계의 Application의 양산율	기술적
	유형1 조직은 문제 해결만 수행, 속도저하	채무현상

나. 바이모달 IT 적용시 이슈 해결방안

이슈	개선 방안	해결기술
기술중심 접근법	•고객중심의 사업계획 & 조직구성 •고객 중심 접근법으로 전환	데브옵스 CDe 아
조직 갈등	조직문화의 지속적 개선및 거업 운영전의 조직문화 개선노력	데브옵스
조직	다수의 다기능 팀이 판일 조직	애자일조직

자편화	처럼 업무수행하도록 변화	애자일 조직
기술적	작고 즉각적인/점진적인 개발&	애자일방법론,
채무증대	운영 전행으로 기술 채무 최소화	데브옵스

4. 바이모달(Bimodal)IT의 전망

- Digital 혁선 Trend에 적응하기위해 기업의 입장에서

  기존 IT를 유지하면서 새로운 외부환경 변화에 빠르게

  대응하기 위한 방법으로 Bimodal 방석도입추세.

- 각 접근 방석은 사람, Tool, 기업문화, 방법론, 거버넌스,

  컴플라이언스, 평가가준 그리고 가치와 위험에 대처하는

  다양한 방석으로 적용및 배치 고려 필요

  "끝"

문/35) 커넥티드 서플라이 체인 (Connected Supply chain)

답)

1. IoT를 활용한 제조업 혁신, 커넥티드 서플라이 체인 개요

　가. 커넥티드 서플라이 체인 (Connected Supply chain) 정의

　　IoT을 통한 생산라인 생산, 자재흐름, 제조공정주기등

　　모든 이해관계자들이 실시간 정보공유가능한 경영전략시스템

　나. Connected Supply chain의 특징

자동화	IoT 통한 process 자동화 가능, 수작업 최소화
가시성	IoT Data와 N/W 통한 공장현장상황의 효과적 전달/관리
분석성	IoT 실시간 데이터에 기반한 예측&유지보수, 비용절감

2. Connected Supply chain 구성도와 기술요소

　가. 커넥티드 서플라이 체인 구성도

자재운송 → 자재입고 → 생산시작 → 제조현장 → 제작완료 → 운송/배송 → 완료/반품

생산과정

전체 정보 흐름 (flow)

　　가시성/자동화 향상, 중요자산 원격모니터링통한 고품질/서비스

　나. 커넥티드 Supply chain의 기술요소

구분	세부기술	설명
플랫폼	BigData/클라우드	사물&서비스의 개발/공유/활용지원
Network	RFID/USN	고신뢰 IoT 통신, 서비스생성
Device	Smart Sensor/GPS	스마트센싱& 엑츄에이션 제공플랫폼
보안기술	데이터보호/원격관리	개인프라이버시 마우출, 신뢰도향상

3. 커넥티드 서플라이 체인 적용사례

구분	적용사례	설명
가시성 & 자동화향상	• 프로세스 자동화 • 원격 통제 장치	Checkpoint의 지속적인 현황보고를 통해 가시성 & 자동화로 문제해결
중요자산연결 모니터링 & 관리	• 재고수취/발송 • ERP 연계	정확한 수요예측 & 재고관리를 통해 Bullwhip Effect (채찍효과) 최소화
에너지관리 & 자원활용최적화	• 기존자산수명연장 • 에너지 소비 최소화	생산설비에 대한 사전적 유지보수등을 통한 수익성장 & 비용절감

"끝"

문/36) 공유경제 (Sharing Economy)

답)

1. 상업경제 탈피, Sharing Economy의 개요

가. 협력적 소비, [공유경제의 정의] 가격이 아닌 사회적 관계의 복합적 조합에 의해 규정되는 경제, 합리적 소유문화가 형성되면서 소유개념이 아니라 서로 빌려주고 쓰는 신소비 Trend

나. 공유경제의 등장배경

스마트디바이스 / SNS 등 확대에 따른 공유경제 등장

2. 공유경제 수익모델과 핵심요소

가. Sharing Economy의 수익 모델

전략적 경제활동 위해 소유 대신 유휴자원을 공유하는 패러다임

나. 공유경제의 핵심요소

- 적정규모 - 소비자 만족을 위한 적정규모의 시장
- 여분의 자산 - 상호대여 & 교환 할수 있는 여분의 자산
- 공유재에 대한 믿음 - 편익을 얻을수 있다는 믿음
- 거래 당사자간 신뢰 - 검증된 평판 시스템

3. 상업 경제와 공유경제의 비교

구분		상업 경제	공유 경제
Biz유형		B2C (기업 - 개인)	P2P (개인 - 개인)
공급자 유형		전통 전문 기업	ICT기반 스타트업 기업
중개자	소속	공급자 회사	공유경제 plat
	재화연결	오프라인 & Internet	Internet (웹/앱)중심
	신규기업 진입장벽	높음	낮음
핵심 가치		제품과 서비스의 품질&신뢰성	저가, 가치있는 사용자 경험
신뢰확보수단		평판&과거 거래 경험	인터넷기반 직간접 평가
활용단계		복잡	단순
기본 철학		소유	공유
		과잉 소비	협력적 소비
		이윤 창출	가치 창출
		경쟁	신뢰

"끝"

문137) O2O (Online-to-Offline, Offline-to-Online)를 정의하고 기업관점에서 장점을 제시하시오.

답)

1. 신속성, 확장성 제공, O2O의 개요

가. 소비 형태의 다양화, O2O의 정의

ICT 기술을 기반으로 온라인 (Online)을 통해 고객을 유치하여 오프라인 (Offline)으로 소비자를 유도하는 방식

나. O2O의 특징과 등장배경

O2O 특징				O2O 등장배경
신속성	현장성	편의성	확장성	- Mobile 기기 확산 - 옴니쇼핑 채널의 등장 - 소비 형태 다양화 - ICT 기술 진화
-Agility -신속성	현장 중심	모바일 기기사용	on/ offline 확장	

2. O2O 서비스 개념도와 기술요소 설명

가. O2O 서비스 개념도 설명

- 소비자가 O2O platform 통해 제품구매하고 가까운 지역 매장

에서 물건을 찾거나 구매가능, 온라인 상품도 매장에서 반품가능

4. O2O의 기술요소

구분	내용	활용
온라인기술	스마트폰/앱, Mobile N/W, DB등	온라인 활용
오프라인	GPS, WiFi, NFC, QR, BLE, Beacon등	무선통신
Beacon	BLE(Bluetooth Low Energy)를 활용, 50~70m내 신호 감지, 근거리위치액	고객 매장유도, 쿠폰 발행 여부등
지오펜스 (Geo-Fencing)	GPS 기술을 활용해 지정거리에 가상의 울타리를 설정하고 사용자의 출입현황을 알려주는 기술	쿠폰, 이벤트, 프로모션, 주변맛집, 지역행사, 자동체인등
WiFi	스마트폰 기반으로 한 O2O의 시초	매장정보 제공등
BLE	저전력 블루투스 4.0(IEEE 802.15.1규격)	고객 매장 유도
LBS	Location Based Service 사용자위치특정 정보 제공	무선 콘텐츠 서비스 제공
NFC	Near field 통신, 13.65MHz 대역	음식 주문등

3. O2O 소비자및 기업관점의 장점

가. O2O의 소비자 관점에서의 장점

구분	장점	설명
온라인 Conftme)	정보획득용이	스마트폰 검색, 추천기능, 회원사이트제공등
	실시간구매	온라인 구매후 오프라인 방문즉시수령가능
	저렴한 결제	오프라인 대비 저가, 쿠폰등 비용 절감

			간편결제	모바일결제, Fimtech등 간편결제
		Offline	제품확인	온라인 검색 제품→오프라인 방문후 확인
			대기시간 감소	온라인 주문/결제로 오프라인 매장방문 즉시 수령
			혜택 증가	오프라인 매장 근접시 다양한 쿠폰정보제공
			사후관리용이	제품교환, 반품, 환불등 거론불편해소

4. O2O의 기업관점의 장점

구분	장점	설 명
Biz	Start-up 기회	초기시장, 다양한 사업 기회, 전입용이
	사업영역 확대	운송, 패션/뷰티, 숙박, 관광등 다양한 산업분야에서 기업 성장 기회 제공
	플랫폼 Biz	여러 사업자 연결하는 platform Biz
Cost	비용의 절감	통합 관리통한 운영 비용의 절감, Offline 매장의 광고 비용, 광고비용절감
	수익증대	롱테일형 사업등장 (소공급자들을 모아 구축)
마케팅	데이터 획득	소비자 & 매장관련 정보 Easy DB화
	타켓마케팅	온라인 회원정보, 매장 구매정보등
서비스	고객가치제공	DB화된 정보통한 개인 맞춤형서비스
	Killer Service	Beacon, NFC등을 활용한 모바일결제 & 상품 정보제공, ON/OFF 포인트 연동

4. O2O 사업의 전망

가. O2O의 비즈니스 진화 방향

- 기존 platform을 중심으로 한 O2O platform Biz 영역확장
- O2O 만의 차별적 서비스를 기반으로 다양한 수익 모델 발굴
- 모바일 매체 통한 온/오프라인이 결합(O4O)서비스
- 여러 영역의 조합을 통한 O2O 만의 특화된 Biz 발굴

4. O2O의 고려사항

- 소비자가 능동적으로 Beacon 기능활성화, App. 자운 등
  정보를 Download 하고 수신할 수 있도록 참여유도 [과제]
- O2O 서비스 기업에 있어 보안은 사용자의 충성도 좌우하는

- 산업 활성화를 위해 법/제도 측면에서의 보완, 지원
  필요성 여부에 대한 자각적인 검토 필요.

"끝"

문138) O4O (Online for Offline)

답)

1. O2O의 한계극복. O4O의 개요

가. O2O기반의 오프라인 서비스. O4O의 정의
- O2O의 한계들(불투명 수익성, 온오프라인연계) 극복하기 위하여 O2O의 정보, 자산을 이용하는 Offline 기반 ICT 융합서비스

나. O4O의 특징 : 신규고객 확보 최우선

- 한계발생 (신규고객감소) O4O / O2O기반 오프라인 서비스 / O2O
- 쇼핑channel 다양화 : 오픈마켓, 커머스등
- 쇼핑에 대한노력 최소화 : 온라인기반 쇼핑
- 고객 접점의 다양화 : AR. VR, 커머스등

2. O4O의 구성도 및 주요기술

가. O4O (Online for Offline)의 구성도

Offline 영역 / On-line 영역
차별화전략 / 서비스제공 / 사용자
O4O platform : 위치기반인식, 상품분석, 체감 컨텐츠 제공
과금 platform
과금, 온라인 콘텐츠 / Online
상로교환
On demand 서비스 / Offline
(EX) 아마존고등

- O4O platform의 등장으로 상품에 대한 입지, 상품, 소비문화 등의 장벽은 인공지능, 컨텐츠, 위치기반 기술등으로 극복

나. O4O의 주요 기술

기술	주요기술	특징
인식기술	RFID 사물 탈부착	Active RFID 칩 정보 Read.

		인식	NFC 근접결제	Read/Write 모드, P2P모드 근접결제
		기술	상품이미지인식	OCR/QR코드 이용 이미지인식, CNN기반
		위치	고객위치 지오펜싱	사용자의 지오펜싱 영역 내외부 인지
		기반	비콘기반위치	최대 50m 거리내 상품위치인식
		인식	GPS기반 인지	상품에 탑재된 GPS기반 상품 인지
		분석	빅데이터 분석	Cloud 서비스, AI분석 결합한 분석기능
		기술	매장트래킹	매장 방문고객수, 스마트폰 터치수등
			상품간 연관분석	협업필터링, 상관관계 분석등 연관분석
		체감	체감형 증강현실	VR, AR기반의 고객 편의 시설 제공
		기술	4D프린팅 이용	적층기반 활용, 실제 제품모방, 실체험
			동적 Data 이용	교통데이터, 온라인 지도, GPS결합분석

- O4O는 다양한 산업간 융합, 신기술이 적용되면서 온/오프라인
  사업 중심의 규제 체계와의 갈등 발생해소 필요.

3. O4O 확산을 위한 (CSF(주요성공요인)

분류	CSF	세부규정
규제	규제샌드박스	규제샌드박스 추진 5개 법안 (ICT
개선	추진	융합, 핀테크, 금융혁신, 지역혁신성장등)
네가티브	상품/광고행위	신규벤처의 진입 장벽 제거, 노동성장
규제전환	모두 허용	완화, 데이터 경제 추구등

"끝"

문139) CPND(Contents, Platform, Network, Device)

답)

1. Contents를 제공하는 IT생태계 환경, CPND의 개요

가. CPND(Contents, Platform, N/W, Device) 정의

컨텐츠, 플랫폼, 네트워크, 디바이스가 서로의 영역을 넘나들면서 융합하고 경쟁하는 IT 생태환경 시스템

나. 디지털컨텐츠가 N-Screen에 노출, CPND의 특징

통신과 컴퓨터 제조 & SW등 소수의 재기업과 컨텐츠 개발 & 공급등 다수의 창의적인 개인 & 중소기업, 소비자가 수직적 통합과 수평적 연계를 통하여 형성하는 거대한 환경

2. CPND의 구성도와 구성요소 설명

가. CPND의 구성도

C	P	N	D
디지털정보, 게임, 책, 음원, 영상 ...	카카오, Line, 페이스북, 인스타그램, play스토어	KT, SK, LGU+ ... (기반)	PC, TV, Smart Phone, 태블릿
원천(Resource)	Market(경쟁)	Infra	N-Screen

디지털 컨텐츠 → 유통시장 → Network(5G) → 디바이스 자연화

Contents가 플랫폼기반으로 Network를 통해

소비자의 단말(Device)에 제공되는 시스템

나. CPND의 구성요소 설명

구분	설명	사례

		컨텐츠, Contents	OSMU 전략으로 다양한 컨텐츠 연동, 음성중심 → 디지털 컨텐츠로	Disney 모바일 사업등
		플랫폼, platform	포털 서비스 M2M, Connected Car 서비스, 컨텐츠 유통 가능 플랫폼	무인자동차, O2O 연결
		네트워크, Network	유무선 Network & 통신인프라 설비투자에 부담없이 시장진입가능	대형 MVNO 시장진입
		디바이스, Device	N-Screen에서 동작가능, 스마트폰 거치 및 연동 앱 활성화	웨어러블 거래증가, 각종 거거호환성확보필요

OSMU (One Source Multi Use), O2O (Online to Offline)

3. 향후 CPND 생태계 전망

CPND 시장은 초기 단말, Network 위주에서 점차 솔루션, 서비스 산업으로 진화, CPND의 경계를 허물고 통합된 생태계를 구축한 기업들이 주도 예상됨.

예) 구글 : C(구글) - P (playstore) - N (구글파이버) - D (구글자체 디바이스)

"끝"

문140) 스마트 팩토리(Smart Factory)의 주요 핵심기술에 대해 설명하시오

답)

1. 제조업(제조공정과정)혁신, Smart Factory의 개요

가. 고객 맞춤형 제품 생산, 스마트 팩토리의 정의

제조업 성장한계를 극복하기 위해 IoT, 인공지능, CPS, BigData 등의 기술을 사용, 자동화와 지지능화를 구현한 공장

나. 스마트 팩토리(Smart Factory)의 등장배경

노동원가상승		제조업 성장 한계 봉착	인더스트리 4.0이상		시장적시성 확보
원자재비용가	→		미래형 공장설비 개발	제품가치 서술연계	→ & 대용량고객 맞춤형 제품 적시에 생산
리쇼어링확산				CPS, IoT 등 스마트	

제품의 기획, 설계, 생산, 유통, 판매등 전과정을 ICT로 통합관리

2. 스마트 팩토리의 Framework와 주요 핵심기술

가. Smart Factory의 Framework

제조 경쟁력 확보 및 시장리더쉽 확보, 기술선점		

	핵심기술	기반기술
(PLM) (ERP) CRM (SCM)	통합, 연계	CPS
제품개발　MES 제조실행 공정, 품질, 설비관리 재고관리　물류배송	실시간 제어	Cloud
컨트롤 Sensor, 컨트롤러, RFID, QRcode등	이상대응(공정)	3D/4D 시뮬런
Machine 가공/검사/조립/이동/보관	지능화(자체복구)	BigData
제조기술 업종별/산업별 고유 기술	예측/최적화	에너지절감 스마트센서
	마스터 데이터	IoT, AI등

- PLM, ERP, SCM등 전통적인 제조운영 legacy 시스템과 CPS, Cloud, 3D/4D프린팅, 빅데이터 기술을 연계하여 실시간성, 유연성을 확보하고 이상대응 & 지능화를 실현하는 factory system (팩토리 시스템)

4 Smart factory의 주요 핵심기술

구분	주요기술	설명
제조 운영 기술	PLM	제품의 Lifecycle를 통해 제품의 관련된 정보와 프로세스(process)를 관리하는 System
	MES	기업의 생산현장에서 작업일정, 작업지서, 품질관리, 작업실적 집계등 제반활동지원
기계 제어 기술	컨트롤러	Sensor, Actuator, Controller, RFID, QR Code
	기계기술	가공, 검사, 조립, 이동, 보관등의 로보틱스 기술
기반 기술	CPS	다수의 Sensor, 제어기들이 N/W 통한 연결 복잡 System으로 구성하여 정보 습득/분석
	IoT	각종 사물에 센서 부착후 통신기능 내장 후 인터넷에 연결하는 기술, 무선통신연결

3. Smart factory 지속 대응 방안 「구성필요

- 국제 표준화 대응 : 가능한 전문가 투입 국제 표준 대응체계
- Test Bed 구축필요 : Smart공장보급, 활성화위한 Testbed 필요
- 국산 솔루션 개발 : 국내 기술력 강화위한 platform 개발
- 국내 제조특화 기업 육성 : 대기업 중심에서 달리 저변화

"끝"

문141) 스마트시티(Smartcity) 통합플랫폼에 대해 설명하시오.

답)

1. 도시 정보의 유기적 연계 platform, 스마트시티 통합플랫폼 정의

Smartcity 센터에서 방범, 방재, 교통, 시설물 관리등 분야
별 정보시스템을 연계, 활용하기 위한 기반 SW 또는 platform

2. Smartcity 통합플랫폼의 구성요소와 상세설명

가. Smartcity 통합플랫폼의 구성요소

통합연계, 통합관제, 통합플랫폼 DB, 통합 DB등 4개의 핵심요소

나. Smartcity 통합플랫폼 구성요소의 상세 설명

구분	역할	설 명
통합 연계	외부시스템연계	정보전달 수신위한 외부 시스템 연계
	내부모듈 정보전달	대시보드, 통합DB등 내부 모듈간 정보전
통합 관제	대시보드구성	통계/분석정보, 상황정보를 대시보드에 표출
	모니터링/제어	GIS, VHS, 방범, 지능형교통 신호등 관제
통합 플랫폼 DB	공통DB	장치 & system 정보, 통합연계DB등
	메타 DB	스마트시티 운영 위한 도움 정보 DB
통합DB	공공서비스DB	교통, 방범, 방재, 시설등 공통DB 구축

통신 규격	One M2M	사물인터넷 서비스 platform 표준화
	OpenAPI	응용계층과 사물인터넷 통신계층 사이의 I/F기술: SOAP, REST, XML, JSON등

- 스마트시티 통합 platform은 국토교통부('19년기준)에서 표준과 인증체계를 마련, TTA에서 인증실시

3. 스마트시티 통합 platform의 인증 flow

*TTA (정보통신기술협회)

- 인증받은 기업은 자체 개발한 platform을 정부나 지방자치 단체의 Smartcity에 구축하고 이를 이용한 서비스가능.

"끝"

문142) 디자인 씽킹(Design Thingking)

답)

1. 자기주도적 창의적 문제 해결방법, 디자인 씽킹 개요

  가. 혁신적 결과 도출, Design Thingking 정의
  현장과 지속적인 소통을 통해 수요를 파악하며 가능한 모든 대안을
  생성 & 발굴하고 이를 적용 & 개선하는 방법을 반복 → 혁신적 결과도출

  나. Design Thingking의 필요성
  어떤 문제를 해결하기 위해 문제 자체에 집중하기 보다는
  최종 소비자가 경험하게될 해결책을 바탕으로 사고하는
  과정으로 실제 사용자 입장에서 생각한 '맞춤형 혁신' 방법

2. 디자인 씽킹 5단계 및 상세설명

  가. Design Thingking 5단계

  1단계 이해하기 현재상태나 문제정하기
  2단계 : Create 더 않은 상태로 변화시키기
  ① 공감하기 Empathy
  ② 문제 정하기 Define
  ③ 해결방법 찾기 Ideate
  ④ 프로토 타이핑 Prototype
  ⑤ 실험 Test
  3단계 : Feedback (고쳐서 다시 실행하기)

  Design Thingking은 인공지능의 컴러닝(Deep Learning) 작동 동일
  즉, 현재 상태의 문제공감에서 부터 개선하고 그 결과를
  반복하면서 결과를 도출하는 디자인 씽킹 5단계

  나. 디자인 씽킹 5단계 상세설명
  - 공감, 정의, 아이디어 도출, 프로토타이핑, Test 순 임

구분	설 명	적용방법론
공감 (Empathy)	-유심히 관찰하고 공감하는 과정 -상황관찰및 문제점 발견	설문조사, 인터뷰 관찰
정의 (Define)	-공감'결과확인→문제 정의 단계 -문제의 인식및 공유	요구사항정의,의견 조율, 매트릭스화
아이디어 도출(Ideate)	-파악된 문제점에 대해 해결방안들 -아이디어 확장/발산	브레인스토밍, 시각화
프로토타이핑 (prototype)	-도출된아이디어로 프로토타이핑생성 -아이디어 구현하기	프로토타이핑, 4D/3D 프린팅
테스트 (Test)	-프로토타이핑 Test -피드백을 통한 아이디어 개선&회고	사용성 test, 반복적 test

디자인 씽킹은 사용자의 공감에서부터 시작하여 문제정의,
아이디어 도출와 시제품 테스트를 반복적으로 수행하여
만들어지는 사용자중심의 혁신적 방법론임.

"끝"

문43)	ISO 22301에 대해 설명하시오
답)	
1.	기업의 Biz. 연속성 관리 국제 표준, ISO 22301 개요
가.	비즈니스 연속성 관리 (BCM), ISO22301의 정의
	재난, 재해, 생산 자재 수급 등 업무중단 위험이 발생할
	경우 빠른 시간내 핵심업무 복구 가능한 기업 경영
	연속성 (Continuity) 관리의 국제 표준
나.	ISO 22301 인증의 등장 배경

ISO 22301 인증 목적	위험관리 비용절감, 기업이미지 보호/향상, 위험대비
	- 법&규제 검증및 서비스 경쟁력 강화
	- 조직적 빠른 복원력 제공, 복원 위한 방안 제공
	- 주기적인 관리및 사전예방/검증, 업무중단최소화

	- ISO 22301의 목적은 조직적 업무연속성에 대한
	요구사항 및 의무에 부합한지 능력평가함
2.	ISO 22301의 구성도와 구성요소 설명
가.	ISO 22301의 구성도 (PDCA 구성)

4. ISO22301의 구성요소 설명

단계	설명
plan	BCM 정책 & 전략수립, process 절차 수립
Do	수립된 BCM 정책 & process, 절차이행 및 운영
Check	BCM운영결과 검토, 경영진보고, 개선활동 결정
Action	BCM 정책 근거한 교정활동, BCM 유지관리, 개선

3. ISO22301의 주요 내용

구분	내용
조직의 상황	BCM위한 조직 Role, 요구사항 설정, BCM 범위설정
리더쉽	경영진의 책무, 업무연속성방침, 경영진 R&R
계획 수립	BCM 목적 제시, BCM 관련 계획수립, 위험요소 식별, 위험평가 영향분석, 재난위험요소, 전략수립
지원	자원관리, 수행능력 구축, 내/외부 인터페이스(소통)
운영	운영계획수립 & 통제 관리, 업무영향분석 복구 & 모의훈련 통한 검증 - RTO 기준
성과평가	감사, 측정, 분석, 평가, 내부감사, 관리자검토
개선	부적합 및 시정조치, 지속적 개선 실시

"끝"

RTO(복구목표시간)

문(44) 비즈니스 연속성 계획 (BCP : Business Continuity Plan)의 구성방안과 검사방안에 대해 설명하시오

답)

1. 기업 Biz. 연속성을 위한 plan, BCP의 개요

가. 변화 적응형, 예측가능성 전략요구, BCP의 정의

각종 재해, 장애, 재난으로부터 위기관리를 기반으로 재해복구, 업무복구&재개, 비상계획등의 Biz연속성 보장 체계

나. Biz.연속성 plan의 Cycle (사이클) (주기)

분석	모니터링,		자원확보 방안,	준비
위험 평가, 업무			대체 방안분석을 통한	
영향분석(BIA)		사업(Biz) 연속성 계획	BCP 전략 수립	
검증 (test)	모의훈련		업무비상대응계획	계획
내부 검토, 경영진검토			대체 process 수립계획	
지속적 개선, 보완			업무복구 계획수립등	

충분한 분석및 준비를 통해 복구대상업무&필요자원을 바탕으로 전략(Strategy)수립 필요

2. BCP(Business Continuity Plan)의 구성방안

가. BCP 구성방안 Process

분석 → 준비 → plan → Test

Feedback

		분석 →	준비 →	계획 →	검증
		-모니터링	-장비/설비 수량	-부서/지사/전사	-내부점검수행
		-Risk 평가	-장비/설비 복구	등 레벨별 수립	-적합성
		-BIA	-구매/조달	-기준제시	-실효성
		-MTPD산정	-인력관리	-수행역할/책임	-인식제고
		-RTO	-위기대응	절차, 정의	-역할정립
		-MBCO산정	-대체 사무공간	-부서별 R&R 복구절차	-모의훈련등

-구성방안별 주요 활동에 대하여 분석 & 준비 필요

4.   BCP 구성방안 세부 활동

Process	활동	설명
분석	위험평가	-사업 & 업무에 영향을 미칠수 있는 사업 환경의 주요 변화 식별 -지속/주기적인분석 & 평가실시 (FMEA등)
	BIA (Biz, 영향도분석)	-전사 단위 (Unit) 업무를 대상 -정성적 (Graph) /정량적 (수치) 평가실시 -MTPD, RTO, MBCO 산정
	MTPD 산정	-Max. Tolerable Period of Disruption (최대 허용 가능 중단시간)-업무중단시 영향추정을위해 주요재무요소 적용후 산정
	RTO 산정	Recovery Time Objectives (재가동 시간) 핵심업무를 정상화 하기위한 목표시간
	MBCO산정	Min. Business Continuity Objective

			MBCO 산정	RTO 내 복구 가능한 최소한의 사업연속성
		준비	장비/설비 확보	-확보가능한 장비및 설비 수량 식별 -수준별 가용 범위 정의 (Define)
			구매/조달 확보	-Biz연속성을 위한 구매/조달 가능 범위정의 -최소 기능 확보를 통한 BCP 준비
			인력관리	-최소한 사업연속성을 확보할수있는 인력 식별. -역할별 인원 할당 통한 수락 차단
			대체사무공간	-재해, 재난별 사무공간 확보 계획수립 -식별된 인력이 업무수행 가능토록 인프라준비
		계획	전략 기준 제시	BCP관리 규정으로 BCP체계, 조직, 관리 활동 및 BCP 실행에 관한 기준 제시
			수행역할 책임 정의	-비상상황시 종합상황실을 비롯하여 각 총괄 조직 수행 역할 정의 (Define) -복구절차에 대한 정식
			부서별 R&R, 복구절차	-총괄조직에 편입되는 부서들의 역할과 책임 그리고 복구절차에 대해 정의
		검증 (Test)	검사속성정의	-사업연속성 계획 (BCP)의 효과적인 검사를 위한 요소 정의 -적합성, 적절성, 실효성
			문화확산/ 인식제고	-일체성 구축및 검사 지양 -교육통한 문화&필요성 공감대 현성 -비상시 연락망, 역할 정립, 메뉴얼검증

인프라 = Infra

검증 (Test)	비상 연락망 구축	-비상시 정의된 인원의 비상연락망 구축
		-동시 상황 전파 필요
	모의훈련	-주기적인 전사 차원의 모의훈련 실시
		-위기 대응 & 복구 process 실효성 확보
	메뉴얼 검증	-사업연속성 계획에 정의된 절차서 작성
		-모의훈련을 통한 지속적인 절차 개선

-구축된 BCP를 효과적이고 지속성 있게 관리하기 위한
체계적인 검사 방안 구축 필요

3. BCP (Business Continuity plan) 검사방안

가. 효과적인 검사지표 정의

검사속성	검사지표	설 명
적합성	-역할별 할당 인원 적합성	-직무에 적합한 비상상황시 역할부여
		-모의훈련 절차별 적합여부 주기적 검증&산개
	-모의훈련 적합성	-지표및 항목에 대한 적합성 검증필요
적절성	-BIA 적절성	-영향성 평가 항목 적절성 평가
	-MTPD/MBCO 적절성	-주요요소별 가중치부여 적절성 검증
		-최대 고장허용시간 적절성 정의
		-최소 확보해야 하는 Biz목표 정의
실효성	복구단계, 복구요요	-단계별 거준 효과 이상 검증
	시간, MBCO	-현실가능한 목표 복구시간 정의
	달성율	-모의훈련을 통한 효과적인 MBCO 측정

추출된 검사 지표를 바탕으로 검사 활동을 측정하여 BCP를 최적화 하는 방향으로 진행

4. BCP 검사 방안 세부활동

구분	세부활동	상세 설명
교육	사내교육/ 강사 초빙 교육	- 계획/분석/수행 담당자를 대상으로 지속적인 교육실시 (주기적 교육)
		- 사례 & 우수사례 소개를 통한 목표의식 고취
실시/실 활동	모의훈련	- 주기적/지속적 모의훈련 수행필요
		- 모의훈련후 Wrap-up Meeting (마무리 미팅)을 통한 Lessons Learned (경험사례) 반영
		- 검사속성을 이용한 모의훈련 절차 고도화
실시 활동	매뉴얼 검증	- 매뉴얼에 기반한 모의훈련수행
		- 수행결과를 반영한 매뉴얼 업데이트
		- Cyclic process로 지속적인 반영/검증필요

- 세부 수행 활동의 결과를 관리하여 계획에 반영하는 순환 형태로 체계적인 관리 효과 극대화

"끝"

문145) 빅데이터 (BigData) 분석 방법인 Bagging과 Boosting
기법을 비교하여 설명하시오.

답)

1. BigDat 분석위한 Bagging의 정의와 도식예

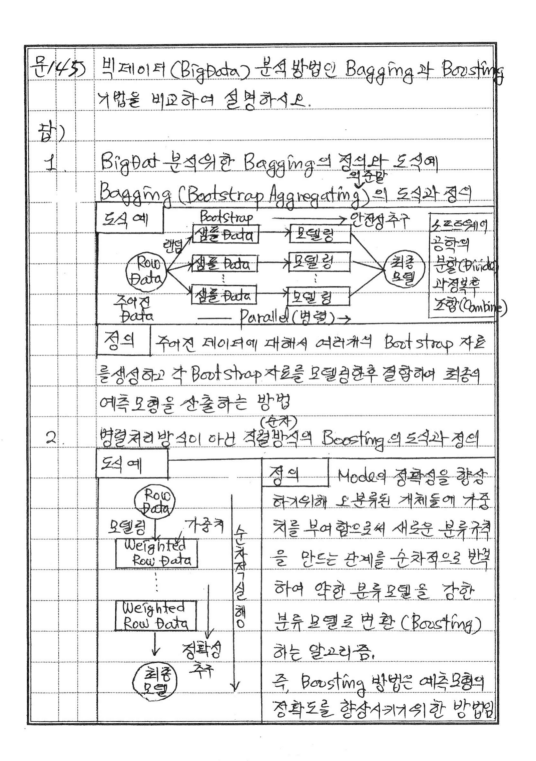

Bagging (Bootstrap Aggregating) 의 도식과 정식

도식예	Bootstrap ───────→ 안정성추구	소프트웨어
	샘플 Data → 모델링	공학의
	랜덤 샘플 Data → 모델링 최종	분할(Divide)
Row Data	샘플 Data → 모델링 모델	과정복후
주어진 Data	── Parallel (병렬) →	조합(Combine)

정의	주어진 데이터에 대해서 여러개식 Bootstrap 자료를 생성하고 각 Bootstrap 자료를 모델링한후 결합하여 최종의 예측모형을 산출하는 방법

2. 병렬처리방식이 아닌 직렬방식의 (순차) Boosting의 도식과 정의

도식예	정의 Model의 정확성을 향상
Row Data	하기위해 오분류된 개체들에 가중
모델링↓ 가중치	치를 부여함으로써 새로운 분류규칙
Weighted Row Data	을 만드는 단계를 순차적으로 반복
⋮	하여 약한 분류모델을 강한
Weighted Row Data	분류모델로 변환 (Boosting)
↓ 정확성	하는 알고리즘.
최종 추구 모델	즉, Boosting 방법은 예측모형의
	정확도를 향상시키기위한 방법임

기법

3.   Bagging과 Boosting의 차이

구분	Bagging	Boosting
특징	병렬 앙상블 모델 (각 모델은 서로 독립적)	연속 앙상블 (이전 모델의 오류를 고려)
추구	안전성 추구	정확성 추구
목적	Variance(변동) 감소	Bias(편향) 감소
적합한 상황	복잡한 모델 (High Variance)	Low Variance, High Bias 모델
알고리즘	Random Forest	Gradient Boosting
샘플링 (Sampling)	Random Sampling	Random Sampling with Weight on error

"끝"

문146) 빅데이터 프로세싱 아키텍처의 필요성, 람다 아키텍처(Lamda Architecture)와 카파(Capa Architecture)를 비교 설명하시오.

답)

1. 실시간분석 지원, 빅데이터 아키텍처의 Lamda/Capa Architecture의 개요

가. Lamda, Capa 아키텍처의 정의

구분	구성	설명
Lamda 아키텍처	newdata → Batch → 서빙레이어, Speed레이어 → Query	대량의 데이터를 실시간으로 분석하기 어려우니 Batch로 미리 만든 데이터와 실시간 데이터를 혼합해서 사용하는 방식 (Batch, 스피드, Serving 레이어)
Capa 아키텍처	newdata → Speed Layer → Serving Layer → Query	람다 아키텍처의 Batch, 스피드레이어에 동일 기능 제공에 따르는 코드 공유 복잡성 문제를 해결하기위해 배치 레이어를 제거하고 모든 계산을 Speed Layer에서 스트림으로 처리하도록 제안한모델

나. BigData processing 아키텍처의 필요성

BigData특징
규모 Volume
다양성 Variety
속도 Velocity

- issue (문제)

해결방안
배치 프로세싱
NoSQL
스트림 프로세싱

람자 아키텍처와 Capa 아키텍처는 빅 데이터의 규모,
다양성, 속도문제를 배치프로세싱, NoSQL, 스트림
processing을 이용하여 해결한 BigData 프로세싱 아키텍처

2. Lamda 아키텍처 구성도와 솔루션의 예제

가. 람자 Architecture 의 구성도와 설명 (병렬구성)

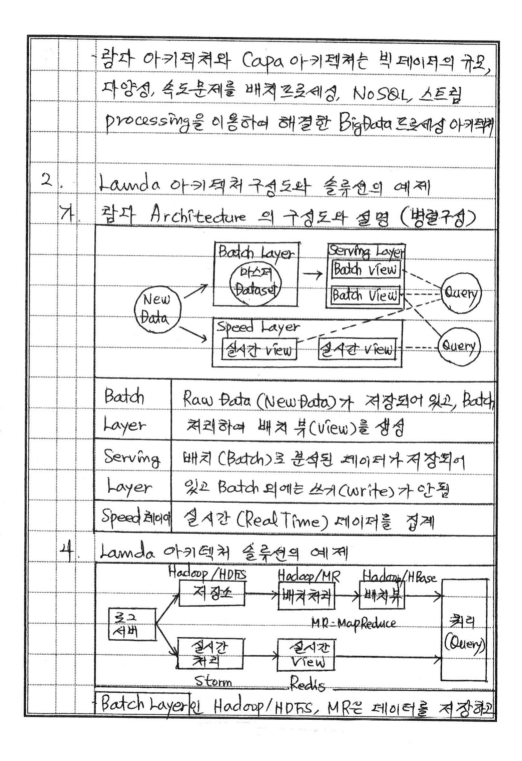

Batch Layer	Raw Data (New Data)가 저장되어 있고, Batch 처리하여 배치 뷰(View)를 생성
Serving Layer	배치(Batch)로 분석된 데이터가 저장되어 있고 Batch 외에는 쓰기(write)가 안됨
Speed 레이어	실시간(Real Time) 데이터를 집계

나. Lamda 아키텍처 솔루션의 예제

Batch Layer의 Hadoop/HDFS, MR은 데이터를 저장하고

MapReduce로 데이터를 분석. Speed Layer 는 HBase 로 MapReduce로 분석한 데이터를 저장하는 NoSQL 임 Speed Layer 는 스트리밍 데이터를 처리하는 Storm을 사용, Memory 기반의 Redis를 사용(빠른 속도가 필요한 솔루션)

3. Capa 아키텍처의 구성도와 상세설명

가. 카파 아키텍처의 구성도 (직렬구성)

실시간 데이터 처리를 위한 Speed Layer와 Query 요청에 대한 결과를 제공하는 서빙(Serving) 레이어로 구성

4. 카파 아키텍처의 상세 설명

구분	설명
Layer 구조	2개의 레이어 구조(스피드, 서빙레이어)
아키텍처목적	Layer간 Code 공유 복잡성 제거
프로세싱 래러타임	Only 스트림(Stream) 실시간
재작업 래러타임	코드변경될때 마다 재작업수행
자원소비	적음(증분 데이터 처리)
신뢰성	일관성 있는 스트림 제공으로 신뢰성이 높음

코드 공유 복잡성 문제를 해결하고 일관성 있는

신뢰성 보장과 자원소비를 최소화 함.

4. 람다 / 카파 아키텍처의 비교 설명

비교항목	람다 아키텍처	카파 아키텍처
레이어구조	3개 레이어 (배치, 스피드, 서빙)	2개 레이어 (스피드, 서빙)
아키텍처 목적	전송지연 최소화, 정확성/일관	레이어간 코드 공유 복잡성 제거
프로세싱 패러다임	배치 + 스트림 조합	Only stream (스트림)
재 작업 패러다임	배치 Cycle 마다	Code 변경시
자원소비	많음	적음
신뢰성	배치는 신뢰, 스트림은 근사치	스트림 재송으로 신뢰성 높음
사용자	트위터등	링크드인, 야후등

"끝"

문/47) BigData 분석 플랫폼이 추구하는 데이터 통합 아키텍처

답)

1. 빅데이터 분석을 위한 데이터 통합아키텍처의 정의 및 특징

| 정의 | 정형, 비정형, 반정형의 모든 형태의 데이터수집, 빠른 처리와 데이터의 융합분석을 지원하는 통합아키텍처 |

통합 아키 텍처의 특징	(분석관점) - 소스/수집/저장/분석/표현/활용 모든과정지원
	(Data관점) - 정형/반정형/비정형 데이터를 처리 가능
	(Infra관점) - MPP 방식의 분산 데이터 처리 가능구조

2. BigData 분석 플랫폼의 Data 통합아키텍처와 핵심기술

가. 빅데이터 분석 platform의 통합 아키텍처 구성도

BigData Lifecycle 기반 아키텍처

원천Data → Data수집 → 저장처리 → 정제분석 → 서비스, 활용

정형(DW, OLAP등) / 비정형(SNS 등등)

- 인메모리(Spark)
- CEPc kafka
- Crawler
- OpenAPI
- 미들웨어Data
- 메타Data

- HDFS
- 정형/비정형 Data
- 분산/배치
- 분산파일 System

- 람다/카파아키텍처
- 분석모델링
- 시뮬레이션
- 마이닝
- 융합분석

- 데이터시각화
- 데이터거버넌스
- 대시보드(알림)
- 연관관리
- 보고서

정형,반정형,비정형수집 / 분산처리 / 활용/가시화, 융합분석

나. 빅데이터 분석 platform의 핵심기술

구분	기술 요소	기술 설명
원본데이터저장	대용량 분산파일저장	Hadoop File System
구조적 데이터 저장	- 대용량 분산 데이터 저장 - DBMS의 처리 한계 대체기술	NoSQL, HBase Cassandra, MongoDB

MPP (Massive-Parallel Process)

데이터 마이닝	BigData의 패턴 분석 및 고객 분석을 위한 알고리즘	- 군집화, 분류화 - 기계학습, 딥러닝
데이터 분석 알고리즘	- 데이터 분석을 위한 세부기술 - Social N/w Analysis	- clique 분석 - Centrality 분석등

3. 데이터 통합의 한계점과 해결방안

　　　　[한계점]　──────────→　[개선방안]

① 기관간의 Data 연계 미흡 → 연계활성화, 연계 Data 정합성

② 실시간 분석위한 통합 한계 → DW, DM과달리 Raw Data 제공

③ 거른 Data 물리적 통합 → Cloud 사용, 확장성고려

기관간의 Data 연계시 Data 정합성, 인터페이스 방식,

연계주기, 연계 Data 량등 정확한 인터페이스 설계서

작성후 수행필요.　　　　　　　　　　　　　" 끝 "

문48) 데이터 거버넌스(Governance)에 대해 설명하시오

답)

Data 거버넌스

1. Data의 전반적 활동관리 & 통제, 개념과 목적

   가. | Data Governance의 정의 | - 전사적인 차원에서 보유하고

있는 모든 데이터에 대해 관리에 대한 정책, 지침, 표준, 전략및

방향을 수립하고 데이터를 관리 할수 있는 조직 & IT 관리체계

   나. 기업의 Value(가치) 창출 위한 데이터 거버넌스의 목적

| 기업
가치
창출 | 정보
활용극대화 | 고품질
Data | 표준
준수 |

기업 가치 창출위한 데이터 거버넌스 관점에서의 전략과 원

칙, Data 표준, 고품질 데이터의 유지, 전사 데이터 아키텍쳐 구축

2. 데이터 거버넌스의 구성도와 구성요소 설명

   가. Data Governance 구성도

데이터 관리체계	원칙	절차	조직		→	Data 정합성
데이터 아키텍쳐	표준	프레임워크	품질			일관성 확보,
데이터 관리도구	메타데이터관리도구	품질관리도구				업무 변화에 신속한 대응

-데이터 거버넌스는 데이터를 문서화 체계적인 관리와

정책수립을 통해 데이터 자산화 (Core Asset) 필요

   나. 데이터 거버넌스의 구성요소

대분류	구성요소	상세 설명
데이터 관리체계	원칙	데이터를 유지 & 관리위한 지침(Principle)
	절차	조직이 데이터 관리위해 수행하는 활동 & 체계

				조직	데이터를 관리할 조직 체계
			데이터 아키텍쳐	표준	전사 데이터 참조모델 & 상호운용성 지원
				프레임워크	전사 데이터 해석, 이해의 기본을 제공
				품질	품질 관리 기준에 따른 측정, 품질관리 활동
			데이터 관리도구	메타데이터 관리도구	데이터 표준, 코드, DB, 영향도 분석
				품질관리도구	기준 정보, 데이터규칙, 업무흐름, 모니터링

3. 빅데이터 시대의 Data 거버넌스가 제공하는 혜택

구분	설 명
투명성	Data의 정확성, 현행화, 연관관계, 오류등 투명성
신속성	빠른 분석 체계통한 의사결정에 도움(신속성)
품질향상	데이터 중복 최소화, 불량감소, Data 정합성 확보
보안유지	역할 기반 접근제어, 데이터유출시 신속한 탐지(대응)
규정준수	일관된 정책, Data 컴플라이언스, 거버넌스준수
비용절감	데이터 드라이버 & 보안 침해로 인한 비용감소효과

"끝"

문149) 기업 경쟁력 제고를 위해 빅데이터(BigData) 분석 중요성이 대두됨에 따라, 기업의 문제점을 체계적으로 파악하고, 이를 해결하여 사업적 가치를 재평가 하기위해서는 통합적 빅데이터 프로젝트 수행이 필요하다. 빅데이터 분석의 특징을 설명한 후, 적절한 수행절차와 각 단계에서의 처리 내용을 설명하시오.

답)
　Big Data 분석측
1.　기업 경쟁력 제고, 빅데이터의 개요.

　가.　[Big Data의 정의] 기존 데이터베이스 관리도구로 데이터를 수집, 저장, 관리, 분석할 수 있는 역량을 넘어서는 대량의 정형 & 비 정형 데이터의 집합 및 이러한 데이터로부터 가치를 창출하고 결과를 분석하는 기술

　나.　Big Data의 특징 (3V)

	① 데이터의 물리적인 크기
	② 데이터의 형태유무와, 연산가능 여부에 따라 분류되는 데이터의 다양성
	③ 빠르게 분석하고 처리하는 능력(속도)

　다.　빅데이터 분석의 중요성 (기업경쟁력 제고위한)

<Data 분석 효과>

2. BigData 분석의 특징 (Biz 환경/사업적 가치측면)

가. Biz 환경변화에 따른 BigData 분석의 특징

데이터 → 문제 및 이슈와 관련된 Data → **Big Data** → BigData 분석통한 과학적 예측/예방, 자동적 해결방안모색 문제

패턴도출 → 통계, 빅데이터처리 → **분석** 시각화 관련 이슈 발굴 Computing Power (계산능력) 알고리즘 (속도등) → 이상징후, 문제결해결 예측위한알고리즘 개발및 적용 (예측및 개선, 보완)

알고리즘적용

예측개선

- BigData 분석은 데이터 수집, 수집된 Data내의 패턴 도출, 알고리즘 적용후 예측과 개선, 보완 Cycle 수행임

나. 사업적 가치 발견 측면의 빅데이터 (BigData) 분석의 특징

특징	설명	시사점
환경 제약 극복	Computing Power, 알고리즘, Data 용량등의 한계를 극복하여 전통적 Data 분석의 한계를 극복	H/W, S/W, Data의 한계극복
All 데이터 활용	기존에 버려지던 Data를 통한 전수분석을 통해 간과하고 있던 다양한 사업적 가치의 재 발견	전수 Data 분석을 통한 Insight 도출
통합적 빅데이터 프로젝트 수행	소스데이터 → 수집 → 저장 → 처리 → 분석 → 관리 → 통계및 활용에 이르러 까지 상호유기적이고 선순환 구조 통합적 BigData의 project 수행	단계별 상호 유기적이고 선순환 구조로 적용

3. 사업적 가치 재평가를 위한 Big Data 분석 수행절차

가. BigData 활용 생애주기중 BigData 분석 수행절차

(소스 Data) → (수집) → (저장) → (처리) → [BigData 분석] → (관리) → (통계 활용)

①②③

수행절차	역할	분석, 구축, 운영(관리)
분석계획수립	분석목적을 정의하고 시스템환경 & 방법론등 세부분석 계획을 수립 (계획수립 단계)	
분석시스템 구축	분석 시스템 구축 비용 & 운영방식 등을 고려하여 자체 구축 및 타분석 시스템에 활용	
분석 서비스운영	분석 전문가 포함, 전담인력 확보후 서비스운영	

4. Big Data 분석 단계별 처리 내용

단계	내용	분석기술
소스테이져	기준데이타, 산업활동 전반에서 발생되는 모든 [Data]	-
수집	원천 Data 수집, 내/외부 Data (SNS, 포털 등) 수집 (RDBMS 정형, XML 반정형, 문서 비정형등 검색/수집/인덱싱	Nutch (검색/수집), Lucene (인덱싱), Sqoop등
저장	대규모 Data 분산하여 저장, 관리(대규모 저장 & 확장성을 제공하는 분산DB에 [저장]	Hadoop, No SQL HBase, Cassandra 등
처리	변환 & 결과 정렬, 데이터 가공, 마닝밋 기계 학습용 알고리즘 구현	MapReduce, Hive, Stinga, Mahout등
분석	배치(Batch) 및 실시간분석 (통계/그래프등 다양한 분석기능 제공)	R, Graph, Spark Goldorb, Storm

관리	분석 Task 및 빅데이터 platform을 관리 (작업스케줄링/모니터링, 시스템리소스 등)	Zookeeper, H catalog, Ranger(보안)
통계& 활용	분석결과 & 관리현황 등 시각화 (분석/관리용도별 UI 시각화 & 대시보드 구축)	R, Tableau

4. 전략적 BigData 분석을 위한 고려사항

구분	고려사항
분석 시나리오	Data 분석 통해 해결코자하는 문제 명확히 정의, 기술적 해결책 위주의 접근보다는 사용자 관점의 분석 시나리오필요
분석자원 (조직환경)	분석 자원 조직환경 (인력, Data관리정책, 보안, 인프라 등) - 내/외부 시스템 간 연동체계 정의 후 상세 설계 구축
분석 전문가	분석전문가에 의한 분석 모델링, 분석 결과 해석 등을 수행 할수 있는 분석 전문가 확보 & 인력 양성이 필요
보안담당자	BigData 분석시 개인정보처리에 대한 보안 담당자 지정

"끝"

문 150)		로봇과 비즈니스의 융합인 로봇프로세스 자동화 (RPA :
		Robotics Process Automation)의 개념, 기반기술,
		적용분야 및 시사점에 대하여 설명하시오 (1교시)
답)		
1.		사무 업무의 생산성 향상 S/W, RPA의 개요
	가.	RPA (Robotics Process Automation)의 정의
		- 인간을 대신하여 수행 할 수 있도록 단순 반복적인 업무를
		알고리즘화 하여 Software적으로 자동화 하는 기술
	나.	RPA가 할수 있는 업무 유형

RPA
업무의
30%는 단순작업

Software Program (S/W Robot)
시스템 login, 문서 생성/쓰기, 화면조회, 특정 Cell서
반복 Read/Write, 계산, 이메일 보내기 등 단순작업

2.		RPA의 기반기술과 적용분야
	가.	사무 업무의 비서 역할, RPA의 기반기술

기반기술	기술 설명	설명
패턴인식	S/W에 의한 도형, 문자, 음성식별	특징추출, 패턴대칭
자연어 처리	Computer가 인간의 언어 인식	클러스터링, 음성인식
머신러닝	학습과 검증 통한 조건 예측도출	신경망, 의사결정트리
음성인식	음성 특징과 패턴을 추출	음원분리, 샘플링
시각화	실세계 정보를 인식위한 로봇눈	CCD, 영상압축
자동추론	인공지능, 머신러닝을 통한 학습	지도, 비지도, 강화학습
마이닝	숨겨진 상관관계나 의미도출	회귀, 분류, 추출

4.	RPA의 적용분야	

분야	설명
금융	비대면 계좌승인 & 거부처리 자동화, 신분증위조 검증
제조	자재, 생산관리 흐름자료 (BOM) 데이터 조회 & ERP
유통	재고관리 입력 & 승인 process 자동화, ERP입력 자동화
사무	보고서 작성후 PDF로 저장및 전달 기능
인사	채용사이트의 정보를 수집하여 자동 명단생성

3.	RPA (Robotics Process Automation)의 시사점	

시사점	설명
신속구현	대규모 ERP & IT 시스템 대비 소규모투자로 ROI구현 시스템 설계에 많은 노력이 소요되지 않음
Interface Cross-Function 가능	기존 시스템 활용한 Re-use, 신규 인터페이스 불필요 여러 종류의 System, Application, Communication 수단 간에 Interface 가능
ROI	12~8개월 이내에 투자비용 회수

"끝"

문151) 조직 경쟁력 강화를 위해 데이터 기반의 인사이트를 활용하고자 한다. 이를 위한 분석주제 도출방안, 도출된 방안을 실행하기 위한 분석 거버넌스 수립방안에 대하여 설명하시오.

답)

1. Real Time 의사결정, 데이터 활용의 필요성

   가. 정보의 복잡성(다양성)과 가치(Value)의 관계

	단순 수집된 Data에서 분석 및 정제(Mining)하여 경쟁력 강화를 위한 Data 확보 필요, 즉 분석된 데이터는 정보의 가치가 높음

   나. 분석 데이터의 활용 방안 (성숙도: 도입 - 활용 - 확산 - 최적화)

	조직의 내/외부에서 축적된 Data를 기반으로 분석 주제에 대한 도출 계획 및 이를 활용하기 위한 분석 거버넌스의 수립이 요구되며 현업 담당자의 보고서에 기반 정책결정

2. 데이터 기반 인사이트 활용을 위한 분석 주제도출 방안

   가. 데이터 기반 Insight 활용을 위한 분석 주제 도출 프로세스

Insight 정의 (Data 기반)	사물의 이면을 들여다보는 것, 즉. Big

   Data 내에서 유용한 Data를 통해 기업경쟁력 강화 요소이며

		방법	- 정책방향 및 내부 현안 파악을 위한 자료조사
			- 주제 도출 및 우선순위 평가를 위한 주제별 특성정리

		수립 절차	문헌조사, 인터뷰 질의서	현황파악 및 인터뷰 수행	주제도출 및 평가
			- 내부자료조사	- 관련부서 현황 파악	- 주제도출
			- 연구논문 조사	- 현업점 인터뷰	- 이슈 해결 방안
			- 인터뷰 질의서 작성	- DW/IT서비스팀	- 주제별 특성정리

- 분석목적, 데이터 획득&분석 가능성, 담당조직에 따라 분석방법 정의

4 데이터 기반 Insight 활용을 위한 분석 주제 도출 세부방안

구분	세부방안	상세설명
내부문제 및 현안해결 위한 주제 도출	- 부서별 현황파악	필요성, 파급효과, 추진시급성, 구현
	- 인터뷰 및 워크샵	가능성, 데이터수집 가능성, 모델
	- 분석목표수립	확장성 고려하여 도출
	- 선행 사례분석	- 수익증가, 비용증가, 상황변화,
	- 문헌조사	처리속도 지연 등을 발생시키는 항목
	- 설문지 활용	도출, - 문제 해결에 따른 TCO,
	- 외부인터페이스분석	ROI의 변화를 정량적 증명 가능주제
미래 전략 수립을 위한 주제 도출	- 오픈데이터 활용	- Data.go.kr 공공데이터 활용
	- 델파이 기법	- 4C, 7S, SWOT 분석을 통해 현재
	- 환경분석	기업상황 및 경쟁자, 고객, 기업 환경
	- 고객&현황분석	분석, - 이해관계자들과 의사소통
	- Weak Signal 탐지	을 통해 분석, - 기업미래계획수립

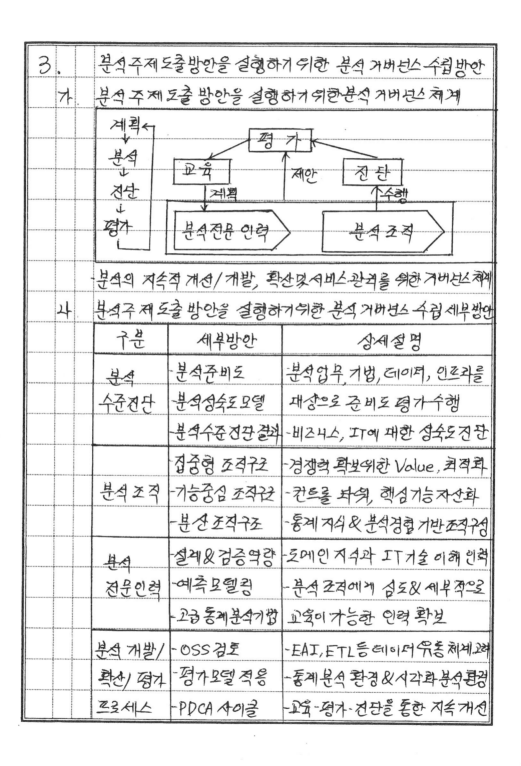

3. 분석주제 도출방안을 실행하기 위한 분석 거버넌스 수립방안

가. 분석 주제 도출 방안을 실행하기 위한 분석 거버넌스 체계

계획	평가
↓	교육 ← 제안 → 진단
분석	계획 ↓ 수행 ↑
↓	
전산	
↓	분석전문 인력 / 분석 조직
평가	

- 분석의 지속적 개선/개발, 확산 및 서비스 관리를 위한 거버넌스 체계

나. 분석주제 도출 방안을 실행하기 위한 분석 거버넌스 수립 세부방안

구분	세부방안	상세설명
분석 수준진단	분석준비도	분석업무, 기법, 데이터, 인프라를
	분석성숙도모델	대상으로 준비도 평가 수행
	분석수준진단 결과	비즈니스, IT에 대한 성숙도 진단
분석 조직	집중형 조직구조	경쟁력 확보 위한 Value, 최적화
	기능중심 조직관	컨트롤 타워, 핵심기능 자산화
	분산 조직구조	통계지식 & 분석경험 기반 조직구성
분석 전문인력	설계&검증역량	도메인 지식과 IT기술 이해 인력
	예측모델링	분석조직에게 검토 & 세부 작업
	고급통계분석기법	교육이 가능한 인력 확보
분석 개발/ 확산/평가 프로세스	OSS검토	EAI, ETL등 데이터 유통 체계 고려
	평가모델 적용	통계분석 환경 & 시각화 분석환경
	PDCA 사이클	교육·평가·진단을 통한 지속개선

		분석 교육	분석큐레이션^{교육}	-전 직원이 Data에 대한 중요성 인식
			분석기법사용	&분석능력을 갖추는것이 중요
			시나리오 작성법	-지속적 교육&훈련으로 사실기반 의사^{결정}

-분석 거버넌스의 수립을 통해 분리된 형태의 분석기법및
조직에 대한 통합관리 가능

4. 분석 거버넌스^{수립}을 통한 기대효과

구분	AS-IS	TO-BE
역할	정규화된 오너쉽 없음	정규화된 기능적 역할가능
포커스	업무(Biz)부문별로 산재된 형태의 분석 사용	전사 최적화 관점으로 Cross Functional 하게 분석 적용가능
윤리	업무별 비즈니스 기능에 정보 를 쌓아두고 독점하는 형태	분석의 전사적 공유 체계 (전 직원의 분석 참여)
비즈니스	수치에 대해 인지	Biz의 동인이해 가능
데이터 자산	데이터 자산으로 부서 정보 를 생성하는 것에 집중	정보를 활용해 지식 창출 하는데 집중
기술	비즈니스/IT 기능별로서 점과 둘을 분리하여 관리	중앙집중화/공통화된 분석의 기능적 그룹으로 관리

"끝"

문/52)		정보시스템 감리와 사업관리위탁 (PMO, project Management Office)을 비교 설명하시오	
답)			
1.		정보시스템 감리와 사업관리위탁 (PMO)의 개념	
	가.	정보시스템 감리와 PMO의 정의	
		감리	감리 발주기관 및 각 감리인의 이해관계로부터 독립된 자가 정보시스템의 효율성을 향상시키고 안전성을 확보 하기 위하여 제 3자적 관점에서 정보시스템의 구축 및 운영에 관한 사항을 종합적으로 점검하고 문제점을 개선하도록 하는 행위, 제도 (전자정부법)
		PMO	프로젝트와 관련된 자료, 방법론, 기술, 기법을 관리/ 공유하고 전사 project, program, portfolio 관리를 통해 조직의 전략적인 목표를 달성하기 위한 프로젝트 (project) 관리 전담 조직 (SW 산업 진흥법)
		- 감리는 정보시스템 구축&운영 점검&문제점 개선행위, 제도 - PMO는 project 관련 조직의 전략적 목표달성위한 전담조직	
	나.	정보시스템 감리와 PMO의 필요성	
		감리	-정보기술의 발전으로 정보시스템의 의존도 심화 -정보시스템에 대한 신뢰성, 안전성, 운영/구축 - 효율성 확보를 위한 객관적인 검증 필요 -프로젝트 표준의 준수및 표준설정의 완성도 향상
		PMO	-IT Project의 규모 및 복잡성 증가

| | | P M O | (Risk 증가, 프로젝트의 체계적 관리 필요) |

-공공 프로젝트의 대기업 참여 제한 및 PMO 제도 법제화(SW 산업 진흥법), 중소기업의 사업관리 전문성 부족문제를 보충하기위함

-공공정보화 시장의 중소기업중심 개편과 대기업 참여 제한 정책을 위한 감리와 PMO 도입필요

2. 정보시스템 감리와 PMO의 프로젝트 수행측면 비교

가. 관점, 대상사업 범위, 투입시점등 비교

구분	감리	PMO
관점	제3자(객관적)관점	발주기관 입장의 사업관리
대상 사업범위	ISP, IT아키텍처 구축, 시스템 개발, DB구축 시스템운영, 유지보수	현재 구축 project의 계획및 실행
투입시점	요구정의/설계/종료단계	계획(발주전), 실행(프로젝트진행)

-감리는 제3자관점에서 PMO는 발주기관 입장의 사업관리 관점에서 수행함

나. 역할 및 기대효과, 주요 산출물 비교

구분	감리	PMO
역할	-사업관리및 품질보증, 응용시스템, DB, 시스템관 및 보안영역 점검 -기능&비기능 과업이행점검 -시정조치, 기능점수/성능등 점검	-일정, 인력, 위험, 품질관리등 사업관리 전체 모니터링&지원 -과업이행여부 점검& 시정 조치 지원, 주간/월간보고 참여, 발주기관요구사항 지원등

	기대 효과	-사업관리에 대한 점검&지원	잠재적 위험을 조기에 식별	
		-위험요소의 대응방안 제시	-조직의 목적과 IT 전략을	
		-가능/비가능 요구사항 점검	연계하여 관리 -효과적인	
		-정보시스템 & 산출물 준공환경	자원배분을 통한 궁극적인 비용절감	
	주요 산출물	-감리계획서 (착수회의용)	-PMO 수행계획서	
		-감리수행 결과 보고서	-PMO 검토 보고서	
		-시정조치확인 보고서등	-PMO 수행결과 보고서	

-감리 & PMO의 역할 및 기대효과에 대한 차이점,
주요 산출물 점검에 대한 비교 차이점으로 분류 가능

3. 정보시스템 감리와 PMO의 법제화 및 업무수행 측면 비교

가. 감리와 사업관리위탁 (PMO)의 법 제화 측면 비교

구분	감리	PMO
법적근거	전자정부법 제 57조 1항에 따른 의무사항	전자정부법 제 64조 2항에 따른 권고사항
법적책임	전자정부법 제 62조에 따른 행정처분 대상(등록 취소 & 1년이내 업무정지)	전자정부법 제 64조의 3항에 따른 손해 배상 대상

-전자 정부법에 따라 감리는 의무사항이며 PMO는 권고사항임

4. 정보시스템 감리와 PMO의 업무수행 측면 비교

구분	감리	PMO
수행책임자	감리대상 사업비 20억원	수행 책임자 1명 이상

			이상인 감리에 참여 한	-전자정부사업의 수행책임자
			경력 3회 이상	역할을 3회 이상 수행한자
		수행 책임자	- 프로젝트(CPM) &	-전자정부 사업관리 위탁용역
			품질관리 (QA) 분야의	을 3회 이상 수행한자
			경력이 3년 이상	-지원 인력은 2명이상으로
			- 또는 발주자가인정	전자정부 사업의 수행책임
			한 수석 감리원	자 역할을 수행한자
		업무 범위	조정, 검토, 지원, 자문등 정보	체계수립 지원, 프로젝트관리
			화사업품질 중심 점검사항	수행등 조정, 지원, 지시수행

-감리는 품질보증에 중점을 두며 PMO은 프로젝트역량에 중점

4. 정보시스템 감리와 PMO(사업관리위탁)의 발전 방향

가. 정보시스템 감리의 발전방향

항목	내용
IT Compliance 영역 (감리수행)	BCP/DRP법, 바젤Ⅱ/Ⅲ 시행등
협업감리 수행	-감리와 PMO간의 상호 협업 -IT 시스템 관련사항에 대한 전기&전자 응용&건축&철도 기술사와 Co-work 감리
정책적 관점	-공공기관와 민간기업의 감리영역 확대 -감리 영역의 확대 (개발및 운영 감리)

나. 사업관리위탁 (PMO)의 발전방향

-감리와 PMO의 상호보완적 발전방향의 개발&적용필요

항목	내용
통합관리 & 평가체계 확립	정보화 사업특성의 충분한 반영
프로세스 방법론 정의	체계적이고 실질적인 프로세스 관리 방법론
PMO 수행 법제화	특정 프로젝트 이상(비용등)의 경우 적용
PMO역 국가차원 제도화	정확한 가이드라인과 국가차원 참조모델 제정
정책적 관점	PMO예산확보, 인력제공, 상시 PMO 체계확립
기업적 관점	객관적 자격기준, 조직 차원 지원기준, 현실성 있는 대가 기준 설정등

"끝"

문/53) 창업회사가 만든 사업계획서의 기술을 평가하여
가치를 산정하는 일들이 중요하게 대두되고 있다.
기술가치평가에 대하여 다음을 설명하시오.
가. 기술평가의 정의와 일반적인 요소.
나. 기술가치평가와 기술 타당성 평가의 비교
다. 기술가치평가의 3가지 평가기법

답)

1. 기술평가(Tech. Assessment)의 정의와 일반적인 요소

가. 기술평가의 정의 & 유형 & 대상

구분		내용
정의		해당기술에 대한 경제적 가치를 화폐금액으로 산출하여 적정 기술료를 결정하거나 출자지분을 결정하기 위해 소득접근법, 비용접근법, 시장접근법에 기반한 평가 진행 방법
유형	기술사업 타당성평가	사업화를 하거나 투자시 사업의 기술성 및 사업 타당성을 등급으로 평가하는 방법
	기술 가치평가	현재 시현되거나 장래에 시현될 기술의 가치를 화폐 단위로 정량화하여 평가하는 방법
대상		지적재산권, 특허, 실용신안, 의장, 상표, 도면, 컴퓨터 S/W, 영업비밀 & 기업의 기술정보, 노하우등등

나. 기술평가의 일반적인 평가요소

```
( 기술성 )——( 권리성 )——( 시장성 )——( 사업성 )
```

구분	내 용
기술성	기술의 정의 & 개요, 동향 & 경쟁기술, 기술수준의 우위성 & 첨단성 & 기술활용성 및 각급효과 등 분석/평가
권리성	권리 안정성, 권리 보호범위 (선행기술 대비 차별성, 최대설계 가능성), 기술 적용여부 (특허기술의 비중 등)
시장성	시장환경분석 (국내외 시장규모 & 중장기 성장률, 전망 등) 시장경쟁력분석 (5 Force기반 경쟁구조, 경쟁기술비교 등)
사업성	대상기술을 이용하여 사업화 추진 주체의 역량, 가격 & 품질경쟁력, 매출전망, 현금흐름 등 사업 전반을 평가

기술을 활용하는 주체의 인력, 조직, 서비스를 종합 평가하는 타당성 평가 후 시장에서 최재가치를 평가함

2. 기술가치 평가와 기술사업 타당성 평가의 비교

가. 기술가치 평가와 기술사업 타당성 평가의 관계 비교

```
┌─────────────────┐
│   예비 평가      │ →사업가능성 여부 판단위한 사전
└─────────────────┘    점검을 약식으로 평가 (가능성 확인)
        ↓
┌─────────────────┐
│ 기술 사업타당성 평가 │ →사업적 활용에 대한 전략적 관점,
└─────────────────┘    신규 사업에 대한 분석과정 평정,
분석→(기술성)(권리성)(시장성)(사업성)   등급모형 기준평가 등 기술이 적용된
                         신규 project 평가
        ↓
┌─────────────────┐
│  기술가치 평가   │ →사업 타당성 평가 내용을 전제로
└─────────────────┘    사업가치 & 기술 자산 (Assets)
접근법→(비용)(시장)(수익)   의 가치측정
        ↓
┌─────────────────┐
│ 기술가치 평가 금액 결정 │ →해당 기술에 대한 최종평가 금액 결정
└─────────────────┘
```

예비평가이후에 사업 타당성 평가 진행, 이후 사업 타당성
평가를 전제로 기술 가치평가를 진행함

4. 기술가치평가와 기술사업 타당성 평가의 비교

구분	기술가치평가	기술사업타당성 평가
단계	사업타당성 평가를 전제로 기술가치를 평가	사업의 가능성을 사전 check 후(예비평가)에 실시
방법	소득접근, 시장접근, 비용접근을 통한 기술가치평가	기술성, 권리성, 시장성, 사업성분석관점임
목적	사업성, 소득, 시장점유율 등 실제로 사업 수행의 가치평가	기술성, 시장성, 사업성등에 대한 개념검증 수준의 평가
평가	현금흐름 할인, 실물옵션 로열티 절감, 이익 배분 모델, 시장대체원가, SW 가치평가등	기술의 유용성, 경쟁성, 권리의 안정성, 보호 범위, 시장환경분석, 경쟁력분석, 사업화기반역량, 공법경쟁력 등

기술가치평가의 일반적인 절차는 합리적이고 능률적인
평가를위해 조정이 가능함.

3. 기술 가치 평가의 3가지 평가 기법및 사례

가. 기술 가치 평가의 3가지 평가기법

구분	평가기법	내용
수익 접근법	기술요소법, 실물옵션,	대상기술의 경제적 수명기간동안 기술사업화로 인하여 발생될

구분	평가법	내용
수익 접근법	로열티공제법, 다기간 초과 수익법, 잔여가치법	경제적 이익을 추정한 후 할인율을 적용하여 현재 가치로 환산하는 방법. 기술의 경제적 수명, 현금흐름, 할인율, 기술기여도 평가요소의 추정이 필요함.
시장 접근법	거래사례 비교법, 로열티 공제법, 경매	대상기술과 동일&유사한 기술이 활성시장에서 거래된 가치에 근거하여 비교/분석을 통하여 상대적인 가치를 산정하는 방법
원가 접근법	재생산원가법, 대체 원가법	경제원리에 기초, 동일한 경제적 효익의 기술을 개발&구입 통해 원가를 추정, 기술가치를 산정하는 방법, 상세원가정보필요

- 3가지 평가기법을 근간으로 하는 혼합법인 로열티 공제법
  (Relief from Royalty)을 사용 가능함.

4. 수익접근법을 이용한 IP 가치평가 사례
 · 기술의 경제적 수명과 현금흐름, 할인율을 고려하여
   경제적 수명 고려한 기술 가치평가 정량화 가능함

수익접근법에 기반한 IP 가치평가 모형

$$IP의\ 가치 = \sum_{t=1}^{n} \frac{CF_t}{(1+r)^t} \times IP\ 기여도$$

 t=변수, n=기술의 경제적 수명, CF=여유현금흐름,
  r: 할인율
· 해당 기술이 가진 경제적 수명을 기반으로 평가기간내
  현금흐름과 할인율 고려하여 기술평가 수행함

| 4. | 창업회사가 만든 사업계획서의 기술가치 평가기반 사업성분석 |

```
   ┌─────────┐      ┌─────────┐      ┌─────────┐      ┌─────────┐
   │  대상   │      │  사업화  │      │  사업화  │      │ 매출추정 │
   │ 사업의  │ ──→  │ 기반역량 │ ──→  │  경쟁력  │ ──→  │ 및 수익 │
   │  이해   │      │  분석   │      │   분석   │      │   분석   │
   └─────────┘      └─────────┘      └─────────┘      └─────────┘
```

├ 대상기술식별	├ 연구개발역량	├ 가격경쟁력	├ 현재의 시장
├ 기술 속성인식	├ 생산/제조능력	├ 품질경쟁력	점유율
├ 기술평가목표	├ 마케팅 역량	├ 국내외 시장	├ 미래 매출
├ 제약조건	├ 기술/인력 등	├ 기술 비교우위 확보	확보가능성
			기반 현금흐름 산출

창업회사가 만든 사업계획서의 사업화 기반 역량의 분석,
경쟁력분석, 매출추정 및 수익을 분석할때 기술가치 평가를
기반으로 진행이 요구됨

"끝"

문/54) 프로세스 마이닝 개념과 필요성, 기술요소와 연구분야, 적용사례에 대하여 설명하시오

답)

1. 경영프로세스 혁신을 위한 프로세스 마이닝 개념과 필요성

가. 프로세스 마이닝 Process Mining)의 정의

프로세스 과학	Biz 모델 정합성 검사	조직 성과 개선방향	데이터 과학
BPM 한계극복	Event log 기반 Process 흐름	가시화, 성과분석, 관련분석	데이터 마이닝,
Work Flow 개선			머신러닝, RPA

Process Mining (중앙)

- Biz 프로세스의 혁신 위한 업무 지원 & 수행결과인 정보시스템의 Event log를 수집, 관리하여 이벤트 기반의 프로세스 모델을 도출하여 전사관점의 조직적 성과도출 & 개선이 가능한 방법론
- BPM의 한계를 넘어 프로세스 지능화, 데이터 과학을 수행위한 과정

나. 프로세스 마이닝의 필요성

구분	설 명
BPM한계극복	Biz 프로세스 파악, BI/BPR을 통한 경영혁신의 한계
프로세스 식별	기존 & 현재 실제 상황이 반영된 Biz 프로세스 식별
프로세스 가시화	분석(식별후) 통한 조직성과 → 그래프를통한 가시화
프로세스 개선	성과지표 반영, 지속적 process 개선 추구
AI, ML 이용 지능화요구	고객↔업무간 연계분석, AI,ML(러닝머신)통한 지능화

- 그래프통한 가시화로 직관적으로 판단가능, AI,ML통한 과학화 추구

2. Process Mining의 기술구성도와 기술요소 설명

RPA : 로보틱 처리 자동화, Robotic Process Automation

가. Process Mining의 기술구성도

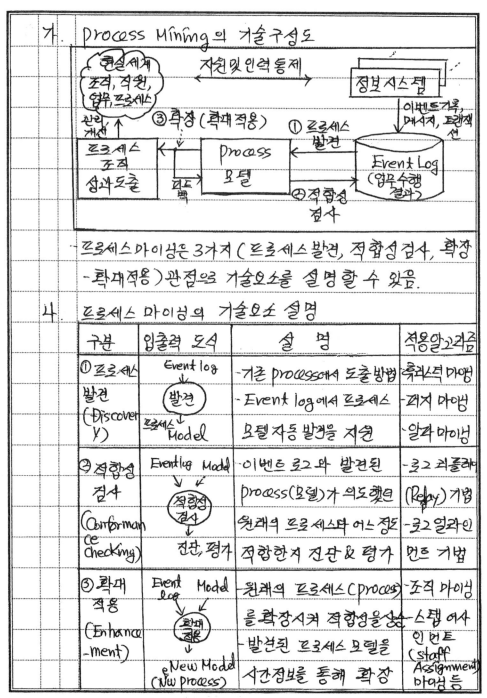

- 프로세스마이닝은 3가지 (프로세스발견, 적합성검사, 확장
 - 확대적용)관점으로 기술요소를 설명할 수 있음.

나. 프로세스 마이닝의 기술요소 설명

구분	입출력 도식	설 명	적용알고리즘
① 프로세스 발견 (Discovery)	Event log → 발견 → 프로세스 Model	- 기존 process에서 도출 방법 - Event log 에서 프로세스 모델 자동 발견을 지원	- 휴리스틱 마이닝 - 퍼지 마이닝 - 알파 마이닝
② 적합성 검사 (Conformance checking)	Eventlog Model → 적합성 검사 → 진단, 평가	- 이벤트 로그와 발견된 process(모델)가 의도했던 원래의 프로세스와 어느정도 적합한지 진단 & 평가	- 로그 리플레이 (Replay) 기법 - 로그 얼라인 먼트 기법
③ 확대 적용 (Enhancement)	Event log Model → 확대 적용 → New Model (New process)	- 원래의 프로세스(process) 를 확장시켜 적합성을 상승 - 발견된 프로세스 모델을 시간정보를 통해 확장	- 조직 마이닝 - 스텝 어사 인먼트 (staff Assignment) 마이닝 등

얼라인먼트 = Alignment = 정렬

3. 프로세스 마이닝(Mining)의 연구분야 설명

가. Process Mining의 연구분야 분류도

```
                    프로세스 마이닝 연구분야
  관점      ┌──────────────┼──────────────┐
      ┌───────────────┐  ┌────────┐  ┌──────────────┐
      │ 프로세스 모델도출 │  │  조직  │  │ 성과분석/개선  │
      │-기본성능측정 항목 │  │-조직모델 │  │-성능 병목연구   │
      │-프로세스모델     │  │ 도출    │  │-감사/보안      │
      │               │  │        │  │-시뮬레이션     │
      └───────────────┘  └────────┘  └──────────────┘
```

-Process 모델 도출관점, Process 흐름관점, 조직관점,

성과분석 & 성과 개선관점으로 연구 활발하게 진행중

나. Process Mining의 연구분야 상세 설명

구분	연구주제	연구내용
Process Modl 도출 관점	프로세스 측정항목 맵도출, 모델	-Event Log기반의 측정항목도출 정량적 분석& 성과 분석의 기초
	지식 추출 & 패턴분석	-Biz 모델의 특징, 패턴을 분석하여 새로운 process Model 도출
조직 관점	-조직관점 모델도출 -조직내 process 연관관계도출	프로세스 전체 & 전사 관점의 process 가시화, 성과도출분석, 성과 개선을 위한 조정
성과분석/ 개선 관점	성능관점분석, 제조공정에 대한	-수행시간, 대기시간, 병목지점분석 process 흐름특성 분석
	가상 시뮬레이션 모델오차이용 분석	-Simulation을 통해 테스트 검증 완료 process 모델 구현 및 개선

4. Process 마이닝의 적용사례 및 발전방향

가. Process Mining 적용사례

적용분야	적용기법	적용사례 설명
공공	Process 모델 도출	업무처리 모델도출통한 업무 성과 향상
	빈도및 패턴 분석	직급별, 요일등 빈도분석 통한 업무패턴파악
	소셜 N/W 분석	직급별 사용화면 소셜 N/W 분석
제조	적합도 분석	공정과정 프로세스 적합도 분석
	시간 분석	제조, 이동(운반)등 시간별 성과분석
	자원 스케줄 관리	다중 project 공정 스케줄 관리
병원	Process 분석	병원 진료 process 분석통한 재가 지연 (지연원인)
	패턴 분석	검사유형별, 진료부서별 미수패턴분석
금융	복잡업무 개선	대출업무 process 분석통한 개선
	Process 구조화	보험금 청구 프로세스 분석통한 처리시간 단축
관광	유형 분석	상품유형, 판매유형, 지역 유형 분석
항만/물류	시간 흐름 분석	컨테이너 흐름에 대한 동선 분석

나. Process Mining의 발전방향

발전방향	설명
업무 process 지향성	BPM, PI 개선을 넘어 지능화를 위해 발전 (AI, 머신러닝) - 프로세스분석, 가시화, 진단(예측), 사전 대응 등
운영 자원 최적화	- IT process 발전및 분석을 통한 IT운영 자원 최적화 가능 (전략을 운영에 반영)

"끝"

문/55)	정량적 위험분석 4가지 방법에 대하여 예시를 들어
	설명하시오.
	가. 민감도 분석 (Sensitivity Analysis)
	나. 금전적 기대값 분석 (Expected Monetary Value Analysis)
	다. 의사결정나무 분석 (Decision Tree Analysis)
	라. 몬테카를로 시뮬레이션 (Monte Carlo Simulation)
답)	
1.	위험 최소화, 프로젝트 성공 가능성 UP. 위험분석의 개요
가	정량적 / 정성적 위험분석의 정의

정량적 위험분석	식별된 위험의 영향력을 수치화하여 프로젝트 목표 달성 확률 & 위험 노출을 정량화
정성적 위험분석	식별된 위험의 영향력과 발생가능성을 정성적 (Graph 등)으로 평가하여 위험의 우선순위 결정

나. Risk (위험) 관리 process

식별	정성적 분석	정량적 분석	대응 계획	감시 통제
위험식별	PI 매트릭스	민감도분석	회피	현존위험감시
델파이 기법	전문가판단	금전적 기대값분석	전가	위험 식별
checklist	위험영향분석	의사결정 Tree	완화	위험감소
문서화	위험범주분류	몬테카를로 시뮬레이션	수용	계획 영향평가

위험관리는 정성적 분석과 정량적 분석 방법이 있으며

효과 측면에서 정량적 분석기법이 많이 활용됨

2.	정량적 위험분석, 민감도 및 금전적 기재값 분석 설명
가.	민감도 분석 (Sensitivity) 설명

구분	설 명
정의	여러가지 위험중 나머지 위험들은 기준값에 고정 시킨 상태에서 특정위험의 변화가 프로젝트에 미치는 영향을 분석하는 기법
사례	-토네이도(Tornado)도 다이어그램 이용한 사례 설명
분석 결과	막대의 크기는 결과 변수에 미치는 영향력의 크기를 나타 내므로 막대 길이가 클수록 우선순위가 높음. "인력교체"에 가장높은 우선순위를 부여 하여 관리 필요

나.	금전적 기재값 분석 설명

구분	설 명
정의	-발생 할 수도 있고 발생하지 않을 수도 있는 시나리어 미래에 포함될때 평균결과를 계산하는 통계적 기법 -의사 결정 트리(Tree) 분석에서 사용

		사례	-중급 1인 비용 2,000원, 이익 25,000원, 추가 인원 투입 확률 7%, 기대 화폐가치 (EVM)는 얼마인가?
			* EMV(금전적 기대값) 계산 「거래비용
			EMV= 발생(투입) 확률 + 발생하지(투입하지) 않을 확률-
			$= (25,000 * 0.07 + 0 * 0.93) - 2,000$
			$= -250$
		분석	EMV > 0 : 기회 , EMV < 0 : 위험
		결과	사례 상황에서는 신규 인원을 추가투입하는것은 위험

3. 의사결정나무분석 및 몬테카를로 시뮬레이션 설명

가. 의사결정나무 분석 (Decision Tree Analysis) 설명

구분	설 명
정의	어떤 의사결정을 했을때 어떤결과가 도출되는지 그 경우를 파악 └해보는 기법
사례	
분석	-투입 : $(80억 * 0.6 + (-40억) * 0.4) = 32억$
결과	-재분배 : $(75억 * 0.6 + (-15억) * 0.4) = 39억$, 재분배로 결정

4. 몬테카를로 시뮬레이션 (Monte Carlo Simulation) 설명

구분	설 명
정의	- 불확실한 분포를 갖는 변수의 계산을 모의 실험으로 수행하는 기법, 확률분포를 가정하여 모델을 만들고 난수를 발생시켜 일정/원가측면의 준수확률을 계산하는 기법 - 원가 위험분석의 경우 WBS가 시뮬레이션의 모델 - 일정 위험분석의 경우 PDM (선후행 도형법)이 모델 → 시뮬레이션 결과를 분석하여 실현가능한 목표를 설정
사례	총 프로젝트원가 발생 가능성 100% 76% 50% 44% 28% 12% 평균지점 $30M $42M $46M$50M $66M 원가(Cost) $34 ← 전체 $32 → 50%에 대한 평균 = $46.7M
분석 결과	이 수직분포는 프로젝트가 $42M의 산정치를 충족할 확률이 불과 12% 임을 보여줌. 보수적인 조직에서 76%의 성공 확률을 원하는 경우, $50M의 예산 (약 25% ($50M - $42M)의 예외상황대비 예비비)이 필요

4. 긍정적/부정적 측면의 위험 계획 수립
부정(회피, 전가, 완화), 긍정(활용, 공유, 증대), 공동(에스컬레이션)

구분	계획/전략	설 명
부정	회피 (Avoid)	- 위험의 원인을 제거하여 발생가능성을 ("0")제로화 - 프로젝트 계획변경, 문제 Vendor 교체
	전가 (Transfer)	- 위험의 영향력과 대응책임을 제3자에게 이전 - 보험, 계약이행보증, 외주계약 등
	완화 (Mitigate)	- 위험 발생가능성을 허용수준 이내로 낮춤 (조정) - 추가테스트, 백업구축, 데이터 암호화 등
긍정	활용 (Exploit)	- 불확실을 줄여 기회가 반드시 일어나도록 함 - 추가적인 인력 투입으로 Project 납기 준수/단축
	공유 (Share)	- 기회실현에 가장 효과적인 제3자와 이익공유 - 전문업체와의 합작회사 설립, 컨소시엄 구축
	증대 (Enhance)	- 기회 발생확률이나 영향력을 높이는 것 - 적극적인 추구를 하지 않음.
공통	에스컬레이션	- 프로젝트팀 & 스폰서가 위험 정도 판단시 프로젝트 범위를 벗어나거나 제안된 대응책이 프로젝트 관리자의 권한을 넘어설 수 있다는데 동의하는 경우 적절히 활용 가능한 방법.

"끝"

문156)	IT 컴플라이언스 (Compliance)의 주요 요구사항을
	제시하고, 기업의 IT 컴플라이언스 위한 대응 방안을
	인식 전환, 제도 및 기술측면에서 설명하시오.
답)	
1.	IT 규제를 통한 기업가치 제공도구, IT Compliance 개요
가.	기업 신뢰성 향상, IT 컴플라이언스 정의
	기업의 투명성 강화, 리스크 관리를 위해 정부나 관련기관이
	제시한 안이나 각종 규제법안을 만족할수 있도록 IT관점
	에서 시스템을 정비하는 의무 활동
나.	기업 Biz를 위한 IT의존도 심화, IT Compliance 필요성

	기업 Biz에 IT 의존도가 심화됨에 따라 기업의 IT인력
	와 업무프로세스를 효과적으로 규제하는 IT컴플라이언스 활동요구됨
2.	IT 지원 및 금융/보안 분야 IT Compliance 주요 요구사항
가.	IT 지원 컴플라이언스 요구사항

구분	요구사항	사례	설 명
조직 구성	내부통제	준법감시인	법규준수, 리스크관리등 업무총괄
	윤리강령	정책,규칙,규범	법규상/도덕상의 행동규범
	산출물	매뉴얼, 가이드	정책실현위한 가이드, 매뉴얼등
자원 절차 (process)	데이터 보존	Data 보존	Data성격, 수집&처리된 사유,
		기간 준수	관련 법적&운영상의 보존기간 확보
	책임성	변경/형상관리	요청, 승인, 변경사항등 이력관리
자원 시스템	정보시스템 활용방안	RDW	Risk관리를 위한 DW
		COSO	회계, 재무 감사 전문가들로 구성
		HRD	IT인적자원 개발&인력풀운영
		DW	DW, ODS를 통한 CRM, ERP등 연계
		정보보호시스템	IDS, IPS, 전자서명, 암호화등

- IT자원 Compliance 요구사항 준수로 기업 Biz의 규제와
변화요인에 대응함 COSO, COBIT, RDW 가 재료적임.

4. 금융/보안/Data 측면의 컴플라이언스 요구사항

구분	요구사항	사례	설 명
경영 투명성	회계	SOX	재무정보에 CEO/CFO 서명
	내부관리 회계제도	K-SOX	회계 처리 통제시스템 활용
	국제회계기준	IFRS	국제회계 기준서
개인 정보 보호	개인정보 보호법정보 통신방법	ISMS-P	정보보호, 이용자보호, 개인정보 자기결정권, 정보주체의 권리보장
	유럽개인 정보보호	EU-GDPR	EU내 개인정보보호 법령

RDW: Risk data Warehouse   DW: Data Warehouse
COSO: Committee of Sponsoring Org.
HRD: Human Resource Development

		Data (K-Data 한국데이터 산업진흥 원주관)	Data 품질 관리	DQC-M	Management : 데이터 관리
				DQC-V	Value : 데이터 품질
				DQC-S	Security : 데이터 보안
				DQM	Data 품질관리

- 금융/보안/데이터 요구사항준수로 경영투명성 제고, 기업 내·외부 정보보호에 대응함

3. 기업의 IT Compliance 위험 대응방안

가. IT Compliance 위험 대응 방안 (인식 전환측면)

측면	대응방안	설 명
조직 구성	경영진관심	경영진관심과 책임부여로 호응
	전문부서 생성	전담조직 구성 & 예산확보
프로세스 (process)	전사적위험관리	적극적/능동적 IT컴플라이언스 위험 대처
	주거적진단활동	준수 여부진단 & 대응 활동 수행
교육& 인식	전사적 교육	정기적으로 교육통한 인식 제고
	윤리준수강조	감사자에 대한 윤리의식고취 & 통제

- IT 컴플라이언스는 기업의 이미지 제고를 통해 새로 Biz. 기회를 창출해주는 도구로 생각(공감대 형성)

4. IT Compliance 위험 대응 방안 (제도및 기술측면)

측면	대응방안	설 명
제도 (policy)	IT거버넌스수립	업무규정/프로세스 정비 (BPM)
	IT Compliance Officer 제도	업무수행의 규제 & 법을 위배 사항 점검여부

		Litigation(소송) Hold 정책수립	법적 효력확보가 필요한 기업 정보의 보존정책수립
	기술	Data관리 자동화	Data품질관리/신뢰성/정합성 (DQM)
		전자문서/음절물	전자문서 & 정보의 저장&관리 (Backup/복구
		자동 체크 여부	법/제도 모니터링 & 준수 자동 체크 여부

4. IT Compliance 관련 5대이슈 & 해결방안

구분	이슈	해결 방안
관리적	EDI와 업체관리	업체 정보보안 관리로 통합업체 Compliance도 관리
이슈	GDPR대응	개인동의 정보만 처리, 잊혀질권리에 대한 존중
기술적	IOT 취약점	민감정보 & 계정 정보 접근통제
이슈	BYOD 취약점	기술적 제어 지원 BYOD SW도입 & 정책 적용
	SW update & patch	최신 SW update 확인 & 보안취약점 제거

- IT Compliance 5대 이슈에 대해서는 "발등의 불" 차원의

대응이 아닌 "유비무환"의 자세로 해결해야 함.

"끝"

문157)	발주처는 BPR/PI 컨설팅 사업의 결과물에서 정성적
	거래효과 뿐만아니라, 정량적인 거래효과도 명확히제시받길
	거래한다. 그러나 현재(As-is) 업무프로세스가 제대로 분석
	되었는지에 대한 신뢰성(Reliability)부족과 미래(To-be)개선
	프로세스로 전환된 이후에 정량적목표가 제대로 달성될지 여부에
	대한 가시성(Visibility)부족이 문제점으로 대두되고 있다. 최근 이러한
	문제점을 개선하고 미래 비즈니스 프로세스의 정보자원 배치를
	최적화하기 위한 시뮬레이션(Simulation) 기법이 활용되고 있는
	데, 이과정에서 진행되는 시뮬레이션의 개념, 진행절차, 특징
	및 정량적지표(KPI)도출 등에 대하여 설명하시오.

답)	
1.	정보자원 최적화 배치, 시뮬레이션(Simulation) 개념
가.	복잡한 현실문제에 대한 빠른 해결, Simulation의 정의
	실제 상황을 수학적으로 모델화 하고, 그 모델을 컴퓨터 프로
	그램으로 저장한후에 일어날수 있는 가능한 모든 상황을 입력
	함으로써 각각의 경우에 어떤 결과가 도출되는지 예측하는 기법
나.	정적(Static)/동적(Dynamic) 시뮬레이션 모델의 정의

| 정적 시뮬레이션 | 어떤 정해진 시간안에서 시스템이나 시간이 결오없는 시뮬레이션 (몬테카를로 시뮬레이션) |
| 동적 시뮬레이션 | 시간에 따른 현상 파악하기 위한 모델(주식 경기 흐름, 주식 경기 흐름등)이외에 결정론적 모델과 연속형모델, 이산형 모델등으로 구분 |

Simulation은 복잡한 현실문제에 대한 빠른 해결가능,
여러가지 대안에 대한 비교 가능, 이해와 사용의 편리로
인한 의사결정 지원 가능성등의 장점이 있음.

2. 시뮬레이션 (Simulation)의 진행절차 및 세부설명

가. Simulation 진행절차

시뮬레이션 진행절차를 명확히하여 효과적인 결과도출가능

나. Simulation 진행절차의 세부설명

절차	설명	주요핵심
문제 정의	문제를 명확하게 정의	문제식별
기대,손실평가	시뮬레이션 수행에 따른 손익 타당성 검토	수행손익평가
시뮬레이션 모델 개발영 방법 결정	-Flow chart와 같이 모델 각 단계를 적절한 경로로 묘사하는 방법을 사용 -모델 개발에 필요한 Data 수집 ·기능별 상향식 방식 : 개발 → 전체 논리식 ·총괄적 하향식 개발방식 : 소규모 하위 모델들로 분리해 총체적인 모델로 분석	데이터 수집

		모델의 프로그램화	·개발한 시뮬레이션 모델을 컴퓨터 프로그램 (알고리즘 적용)으로 전환	전문프로그램언어 사용
		모델의 정합성 평가	·실험 전후 과정에서 실제 자료간 차이 (오차) 발생시 재검토 실시 (정합성 요구)	모델과 실제자료 검증
		시뮬레이션 모델 실행	·프로그램과 정합성 조사후에 수행 ·확정적모델: 매체변수(상수), 한차례 실행으로 ·확률적모델: 결과도출까지 여러번실행 [가능]	시간과 비용의 한계를 고려
		시뮬레이션 실행결과 분석	·결과값이 현실적으로 활용도 여부 결정 ·상황에 적합하고 유연성 확보 필요 ·여러 실험을 통해 미래를 예측 가능	결과분석

·타당한 결과에 따른 적정한 KPI를 선정하고 문서화를 통한 정리및 개선방안을 도출

3		시뮬레이션의 특징및 정량적 지표(CKPI) 도출
	가.	Simulation의 특징

특징	설 명
통합성	인프라(Infra) 프로세스, 지원/핵심프로세스를 포함한 전사적 통합성을 위한 Simulation 수행
연계성	프로세스(Process), IT, 사람, 조직의 혁신을 통한 전략과 연계된 경영혁신을 지원 가능
전체 최적화	문제 해결을 위한 부문 최적화가 아닌 전체 최적화를 위한 결과 도출 가능

		반복성	수행결과를 통해 산출한 KPI결과를 보며 최적의 TOBE 모델선정 가능

전사 차원 경영성과측정을 위한 KPI의 선정및 지속적 PI 추진을 통한 경영 성과 향상 필요

4. Simulation의 정량적 지표(KPI)도출

구분	설 명
전사전략 KPI	경영거획/전략을 KPI로 정의됨 - 전사 KPI로 장기적으로 관리되어야 함
경영혁신 핵심지표	- 프로젝트(project) TFT KPI로 정의됨 - 프로젝트 추진팀에서 중점 관리할 만한 중요한 지표로서 혁신 KPI에 등시하여 관리
프로세스 별 KPI List	- 프로세스(process) 별로 제시됨 - 프로세스상에 위치한 KPI로서 고려할 만한 지표들(경영혁신 핵심 지표 보고 KPI & 자체관리
KPI Pool	- 거른 관리 지표의 집합, 경험사례 - Best Practice, 거른지표, 기타아이디어

4. BPR/PI를 통해 구축한 process 경영을 지속하기위한 방안
- process, 조직, 사람, 전략, IT부문을 포괄, BPM을 도입하여 KPI달성 현황등을 모니터링, 효율적 기업 경영을 긑점
- 업무프로세스 개선, 자동화, 성과측정, 표준화, 모니터링을통한 기업 경쟁력 강화를 목표로 함

"끝"

문 58) A사는 노후화된 서버의 거즌시스템 (Legacy System)을 신규시스템(Target System)으로 이관 (Migration) 작업을 수행하려 한다. 아래의 내용을 설명하시오

가. 주요 이관대상

나. 성공적 시스템 이관(Migration)을 위한 절차

다. 주요고려 사항

답)

1. 정보시스템, 이관(Migration)의 개요

가. System 성능 up, 기능고도화등 Migration의 정의
하나의 운영환경으로부터 대개의 경우 좀 더 개선(고도화) 된 다른 운영환경으로 옮겨가는 과정, H/W 이관일 경우 해당 HW에서 동작하는 OS, Application, DB, 개발환경 등의 이관(Migration)도 병행되어야 할

나. 정보 System의 Migration의 필요성

기존	이관	미래
- 다양한 H/W, Platform, PBMS, 환경등 요구사항 신속지원 어려움 - 연동오류, 성능저하 고비용 저효율로 유지보수곤	→	요구사항 예측, 선 대응 사용자 System운영 유지보수관리 - System 확장성, 연동 표준화 - 비용 최소화로 운영 └대응

- 급변하는 IT기술에 신속히 대응하기위해 Migration이 필요

2. 주요이관대상 및 상세설명

가. 주요 이관 대상

```
              ┌─ Infra ──────── 플랫폼 ──────── 서비스 ─ 보안
                                                          형상관리등

        ┌─ 가상화 H/W, S/W    Cloud, 가상화    ┌─ 정보시스템 서비스
        ├─ IDC/DR센터         운영체제         ├─ Application
        ├─ H/W(서버, Disk)    개발환경         ├─ DataBase 이관
        ├─ N/W, Backup        미들웨어         ├─ 대국민 포털서비스
           Recovery 인프라등   client/Server   └─ 내부 System서비스
```

─ 주요이관대상은 Infra, Platform, 서비스등으로 구분 가능

4. 주요 이관대상 상세 설명

분류	주요이관대상	설명
Infra (인프라)	IDC, DR센터	신규/기존 IDC, DR센터 장비
	HW(서버, Disk)	신규/기존 서버, Disk등 HW자원
	Network	Backbone, N/W장비/스위치
Platform (플랫폼)	Platform	운영 platform, Library등
	운영체제	신규환경의 개선(up) OS환경
	개발환경	개발 platform 등의 변경
서비스 (Service)	Application	응용프로그램, Web서비스
	Database	동일DBMS, 이기종 DBMS등
	Data	Data 전환/이관(Migration)
기타	보안, 형상관리등	보안, 형상관리 s/w등

3. 성공적 System 이관(Migration)을 위한 절차

가. 이관(Migration)을 위한 절차

- 요구사항분석및 범위를 결정하고 기존환경분석및 평가후
이관 방안을 구체화하고 상세하게 계획 & 설계

나. 이관(Migration)을 위한 절차 상세설명

절차	세부절차	설명
① 요구사항 분석 & 범위결정	요구사항분석	이관목적과 예산, project 기간
	이관 범위결정	요구사항 분석에 따른 범위 결정
② 기존 환경분석 & 평가	인프라, HW확인	기존 Center, 서버, Disk, NW 환경확인
	OS확인	기존 시스템의 운영체제 & 환경설정
	플랫폼확인	기존 환경의 운영 platform & 라이브러리
	응용프로그램	응용 Program 개발언어 확인
	DBMS확인	DBMS 환경설정, 특별한 Feature여부
	Data 점검	이관 대상 Data의 양, Type, Format등
	기간&공수	Project에 소요되는 인원, 기간 확인
	복잡도 산정	project의 복잡성과 비용산출
③ 위험 요소& 기술분석	H/W 기종변경	기존 Infra의 기종 변경시 대응요소분석
	OS 변경	System의 OS나 platform의 변경
	업무프로세스	Biz, process의 추가 & 삭제등의 변경

절차	세부절차	설 명
	신규 기술도입	개발언어, DBMS등의 개선된 신기술도입
③위험 요소및 기술분석	대용량 데이터	이관방법 & 오류 발생에 대한 대응
	DB설계변경	설계상의 변경시 혼란을 최소화 위한방안
	데이터 변환	변환시 한글 지원문제, 포맷오류
	기존Data 정합성	이관 전후의 정합성 보장 방안
	고가용성 기능	시스템의 고가용성 기능 사용 여부
	기간 초과	project 수행 기간의 초과 위험성
	인력교체	project 수행기간 동안의 인력 교체
④이관 방안, 전략 수정 & 상세 계획 설계	단계별 세분화	이관 프로젝트를 세부단계로 분류후 계획수립
	담당자 선정	각 세부 단계 별로 담당자를 지정함
	산출물 표준화	각 단계별 작성되어야 할 산출물을 지정
	우선순위 도출	각 Task별 우선순위 도출, Timeline이용
	정형화	전략의 수립과 상세 · 설계 표준화
	표준화	전략적 수립 및 상세 설계 표준화
⑤인프라 이관	NW환경이관	신규System으로의 N/W환경이관
	H/W이관	신규 서버, Disk이관 (Migration)
⑥platform 이관	platform이관	운영플랫폼, 라이브러리, 개발플랫폼이관
	OS이관	신규 OS에 맞는 환경설정 명령
⑦서비스 이관	DataBase	DBMS & DB 스키마 객체이관
	Data이관	대용량 데이터 이관, ETL, 자동화툴사용
	미들웨어이관	WAS, Tuxedo등 이관

절차	세부절차	설 명
서비스이관	응용프로그램	웹 Service, Application 이관
⑧ 이관 결과 점검 & 테스트	인프라환경설정	H/W, 서버, Disk, N/W 등 정상동작
	platform환경	OS상 환경설정, 오류확인
	스키마객체개수	DB상의 스키마 개수와 유형확인
	건수,정합성점검	Table별 데이터 간수, 금액 합계
	응용프로그램유	이관후 정상 동작 여부 점검
	백업&보안정책	정합성 점검
⑨ 최적화 작업	Infra 최적화	신규 Infra에 맞는 최적화된 환경설정
	platform최적화	신규 OS, DBMS, WAS등의 최적화
	서비스 최적화	Web Service, 응용프로그램 최적화
	기타 지원체계	보안 체계 등의 최적화
	지원시스템	형상관리, 저장소, 산출물관리등

4	이관(Migration) 성공전략 & 주요고려사항	
성공 전략	-실현가능성 사전 검토 필수, 위험요소최소화, 대응안	
	-사전 모의훈련(Simulation) 실시, 데이터 Mapping	
	데이터 추출/전환/검증. -이관 SQL Script 작성활용	
주요 고려 사항	-신규 System 자원(H/W, S/W, 미들웨어, DB, 보안)분석	
	-사전 리허설통한 Script, Tool 적용을 최적화	
	-이관후 Data 검증에 대한 자동화 & Data 복구방안	

"끝"

문159) 시스템 (System) 및 서비스 (Service) 간의 연계 방식인 EAI, ESB, API Gateway, Service Mesh에 대해 설명하시오.

답)

1. System & 서비스 간의 연계 방식들의 개요

가. EAI, ESB, API Gateway, Service Mesh의 정의

| EAI (Enterprise App. Integration) | 기업 App. 통합

중앙 허브 역할을 하는 EAI 서버와 단위 System EAI Agent 간의 통신 방식 (이기종 통신 제공)

| ESB (Enterprise Service Bus) | EAI + SOA

SOA (서비스 지향 아키텍처)를 이용한 XML 기반의 통신 방식 표준 프로토콜로 SOAP (Simple Object Access Protocol) 사용

| API Gateway | 단순 메시징 처리를 이용한 통신 방식,

HTTP/JSON 기반의 REST API 이용

| Service Mesh | API Gateway 의 SPOF (단일 장애 점)문

제를 해결한 Proxy 기반 통신방식, MSA등 내부 서비스간의 통합 (Integration) 방식에 적용

나. System & 서비스 연계 방식의 진화(변화)

EAI → ESB → API Gateway → 서비스 Mesh

Agent 기반의 / Bus 기반 / 웹(Web) / Proxy 기반
Biz로직 중심 / Service 중심 / 기반 API / 내부 서비스
통합 / 통합 / 중심 통합 / 통신

2. EAI와 ESB를 이용한 연계 (통합) 방식

가. EAI & ESB 의 구성

- 이기종 시스템간의 통합을 위해 비표준 Adaptor 또는 표준 API를 이용하는 방식

구분	EAI	ESB
원리	이기종 System에 비표준 Adaptor(EAI Agent)를 사용하여 (연계)	공개된 표준 API를 통해 이기종 System을 통합
구성 방식		
통합방식	비표준 Adaptor 통한 시스템연계	개방형 표준 Web서비스 이용한 서비스 연계(통합)
통신방식	각 시스템에 따라 다름	SOA 이용한 XML 통신

나. EAI와 ESB의 특징비교

구분	EAI	ESB
목적	기업내부의 이기종 응용모듈 간 통합	기업간의 (System간)의 서비스교환을 위한 표준 적용
토폴로지	Hub & Spoke 방식의 집중형 토폴로지 (Topology)	Servic Bus를 이용한 분산형 토폴로지
통합형태	App. 간의 단단한 통합 → 결합성	서비스간의 느슨한 통합 → 유연성 제공
핵심 기술	Adaptor, Broker, Message Queue, Rule엔진	웹서비스, 포멧 변환, 개방형표준, SOAP/XML

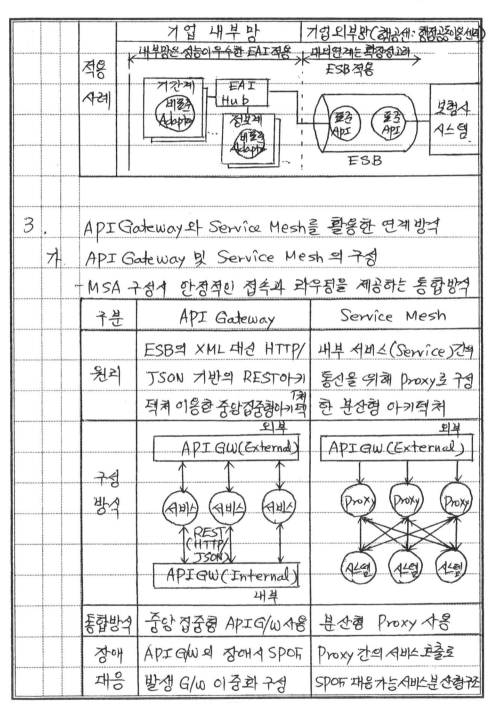

거업 내부망 / 거업 외부망(행공유예제)

| | 적용 사례 | 내부망은 성능이 우수한 EAI 적용 / 대외연계는 확장성고려 ESB 적용 |

3. API Gateway와 Service Mesh를 활용한 연계방식

가. API Gateway 및 Service Mesh 의 구성

- MSA 구성시 안정적인 접속과 라우팅을 제공하는 통합방식

구분	API Gateway	Service Mesh
원리	ESB의 XML 대신 HTTP/ JSON 기반의 REST아키 텍처 이용한 중앙집중형아키	내부 서비스(Service)간 통신을 위해 Proxy로 구성 한 분산형 아키텍처
구성 방식	외부 API GW(External) 서비스 서비스 서비스 REST (HTTP/ JSON) API GW(Internal) 내부	외부 API GW(External) Proxy Proxy Proxy 시스템 시스템 시스템
통합방식	중앙 집중형 API G/W 사용	분산형 Proxy 사용
장애 대응	API G/W 의 장애시 SPOF 발생 G/W 이중화 구성	Proxy 간의 서비스 호출로 SPOF 대응가능 서비스분산구조

MSA = Micro Service Architecture

4　API G/W와 Service Mesh의 특징비교

구분	API Gateway	Service Mesh
목적	내부 API를 외부 서비스로 제공시 라우팅/인증 등의 Interface 역할	SPOF 해결, 내부 서비스 간의 조율/협력
토폴로지	중앙집중형 API G/W 토폴로지 (Topology)	외부: 외부 G/W 이용한 노출 내부: proxy 기반의 분산형
통합형태	REST/JSON 기반 경량화	안전장치 이용한 proxy 구조
주요기능	인증/인가, API 라우팅 포맷변환, 로깅, 과금 등	Traffic 제어, 서비스 분산, 부하 분산 (로드 밸런싱)

4.　향후 MSA (Micro Service Architecture) 로의 발전
과 Cloud 기반과의 통합

```
Service        ┌──────┐         ┌──────┐
Mesh          (  MSA  )    +    ( 클라우 )   Docker
               └──────┘         └──드───┘
        서비스복잡도 증가       Container 기반구조
```

- 작은 서비스 (Service) 단위로 분리되어 전체 시스템이
커질수록 서비스는 더 많아지고 다양해짐
- 복잡한 Service 간의 연결과 안정적인 서비스를 위해
Service Mesh 이용이 증가됨

"끝"

문160)		디지털 전환 (Digital Transformation) 시대의 플랫폼 (platform) 역량특성과 기업 재응 전략에 대해 설명하시오.
답)		
1.		디지털 역량 활용한 New 방향정립, 디지털 전환 개요
	가	디지털 전환(Digital Transformation)의 개념
		기업이 새로운 Biz. 모델, 제품및 서비스를 창출하기 위해 디지털역량을 활용함으로써 고객 및 시장(외부 생태계)의 변화에 적극적인 대응과 추진위한 지속적인 process
	나	플랫폼(platform)의 개념 - 다양한 용도로 활용할 공통의 목적을 가지고 설계된 유무형의 구조 (예. 전자정부 프레임웍크, Cloud 플랫폼, Middleware 등등)
2.		디지털 전환 시대의 platform 역량 특성
	가	platform 역량(Capablity)

디지털 전환(Digital Transformation)

platform 역량

통합화	지능화	서비스화	공유
Integration	Intelligence	Servitization	Sharing
방대하고 의미있는 정보의 통합	지능형(예.AI등) 기술 접목	부가가치 창출	개방형 생태계

통합화, 지능화, 서비스화, 공유(sharing)으로 구성

4. 디지털 전환 (Transformation) 플랫폼 역량 특성

구분	설명	사례
통합화	- platform의 가치는 독점적일 수록 커짐 (정보의 통합, open, 공유, 기능등) - 맞춤형 정보제공위한 인공지능(AI) platform의 학습원천으로 활용 - 멀티모달 인터페이스 제공 - 통합 데이터 활용한 다양한 서비스	스마트기기등, 안드로이드 플랫폼 80% 사용, 사물 인터넷 통한 상황정보 제공
지능화	- 디지털 전환을 촉진하는 platform 의 가장중요한 역량중의 하나 - 인공지능기술을 강점으로 한 신생 업체의 탄생와 성장을 촉발	AI 금융정보, AI 증권정보/ 법률서비스등
서비스화	- 자료분석 → 디지털화 → 활용통한 성공적인 디지털전환 platform 역할 - 서비스융합 → 고유한 제품가치제공	-온라인구글판매 (자율주행자동차 판매후 운행관리 등디지화라의서비스 제공)
공유	- platform 성장위한 필수 역량 - 공유를 통한 개방형 생태계 구축	-구글의 검색 서비스등

- platform 특성을 이해하고 Dynamic 역량 확보 필요

3. 디지털 전환 대응을 위한 기업의 대응전략

가. 핵심 경쟁력으로서 Dynamic (동적) 역량 확보

동적 역량 확보

```
        기획          설계및         전환
        식별          자원배치
              탐색          도착          전환
    ┌─────────┐  ┌─────────┐  ┌─────────┐
    │-기술가능성│  │-경쟁자대응│  │-기존역량과 정립│
    │-기술개발  │  │-지적재산권보호│  │-신규역량개발│
    │ 기술재체화│  │-기업전략화│  │          │
    └─────────┘  └─────────┘  └─────────┘
```

- 핵심경쟁력확보를위한 기술개발, 전략, 신규역량 개발등 필요

4. Dynamic (동적) 한 역량통한 기업대응 전략

전략	설명	사례
탐색 (Sensing)	-신사업 기회 포착/식별 -장기적 패러다임의 변화를 촉발하는 기술적, 정치적, 경제적, 사회적 변화에 초점 (기술적 패러다임에 주목 필요, 신기술 활용 능력배양등	cloud 소성 플랫폼 활용 -차세대 기술 연구개발 조직 필요
도착 (Seizing)	-기업 내/외부의 자원을 사용하여 이를 비즈니스로 실현시키는 구체적행 동 -전략적 투자, 사업전략의 조정, -새로운 비즈니스 모델 개발위한 의사 결정과정 & process 확립 -지원 조격 확보등	-음성인식 -인공지능 platform -자연어처리 platform 등등
전환	-조직적 차원의 조정 -장기적 차원에서 기업문화 혁신 -내부교육통한 기술 재체화	-스타트업 문화(기업) 등

4. 디지털 전환 핵심역량 확보 위한 방안
- 현재 기업가치에서 디지털전환을한 부가가치 확보의 기회를
  찾으려는 노력이 필요 (스마트팩토리, 스마트팜등등)
- 인공지능, BigData, 블럭체인, CPS (Cyber physical
  System), 디지털트윈등 신기술 접목 방안 연구필요
- 디지털 전환을 기회의 창 (Window of opportunity)
  으로 활용필요 (디지털 패러다임의 연장선)

"끝"

문161) 공공기관에서 보유하고 있는 다양한 데이터를 개방하여 국민들이 보다 쉽게 사용할 수 있도록 개방하고 있다. 이런 개방되는 공공 데이터의 품질을 관리하기 위한 공공데이터 품질관리 수준 평가 체계에 대해 설명하시오.

답)

1. 공공 데이터 품질관리 수준 평가 체계의 개요

가. 공공데이터 품질관리 체계(process)의 정의

고품질의 공공데이터 개방확대 및 민간 활용 촉진을 위해 공공기관이 보유하고 있는 공공데이터의 안정적이고 지속적인 품질관리 수준을 향상토록 하는 평가 제도

나. 공공데이터 품질관리 수준 평가제도의 **목적**

공공데이터 수집, 생성, 운영, 제공등과 관련된 기관 차원의 품질관리 활동전반 평가를 통한 생애주기별 품질관리 체계확립

다. **법적근거** : 공공데이터법 제 22조 (공공데이터의 품질 관리) 2항과 3항 및 동법 시행령 제17조 (공공데이터 의 품질진단 및 개선)

2. 공공데이터 품질관리 수준평가 수행 체계 및 수준평가 프레임워크

가. 공공데이터 품질관리 수준평가 수행 체계

구분	수행기관	역할 및 설명
총괄기관	정부 총괄기관	- 정책 총괄, 평가계획 수립 등
평가심의위원회	전문위원회	- 수준평가 및 심의 및 의결

| | | 평가
기관 | 한국정보화
진흥원
(NIA) | 공공데이터 품질관리 수준평가제도 운영 총괄
전문 평가원 양성교육 및 평가원관리
-품질 수준 평가팀 구성및 수준 평가 실시 |
| | | 평가
대상
기관 | 행정기관
및 공공
기관 | 공공 데이터 품질관리 체계 수립
-품질관리 수준평가 사전 준비
-품질관리 수준평가 결과에 따른 후속조치 |

4 수행체계도

- 총괄기관(정부기관)
- 공공데이터 전략위원회
- 평가기관(NIA)
- 데이터 관리 체계 전문위
(평가지표, 대상선정
평가결과 심의)
- 공공데이터 활용지원센터 ↔
- 품질평가팀(품질선임원)
- 평가대상기관
(행정기관 및 공공기관)

자 공공데이터 품질관리 수준평가 Framework 및 평가등급

평가지표(4개영역 (6개평가지표) 평가등급

영역	4평가프로세스	지표수	
계획	① 품질 정책수립	1	4
	② 품질 조직 구성	1	
	③ 품질 계획 수립	1	
	④ 품질교육 & 자산공유	1	
구축	⑤ 데이터 표준 정의&점검	2	6
	⑥ 데이터구조정의및점검	2	
	⑦ 연계데이터 정의 & 점검	2	
운영	⑧ 업무규칙(BR)정의	1	3
	⑨ 품질 진단	1	
	⑩ 품질 개선	1	
활용	⑪ 오픈도메인 비율	1	3
	⑫ 갱신주기 비율	1	
	⑬ 개방데이터 점검&조치	1	

과정절차 → (레벨)

- 증빙검토
- 등급부여
- 충족여부 판단
- 관리수준 판정

5	최적화
4	체계화
3	관리화
2	도입기
1	도입전

구성요소	설 명
평가 지표	- 데이터 생명주기를 고려 「계획-구축-운영- -활용」영역으로 구성
판정 절차	- 평가지표 증빙자료에 대한 충족여부 판단과 관리수준을 판단(증빙자료 검토후 등급부여)
평가 등급	- 각 영역별 평가항목의 충족여부를 판단하여 5단계(도입전 ~ 최적화)로 결과도출

3. 평가 영역별 평가지표와 평가등급 설명

가. 공공데이터 품질관리 수준평가 수행 체계의 영역별 평가지표

평가영역	평가지표	설 명 (Data는 D로 표현)
계획관계 품질관계	①	D.품질관리 규정(지침)을 수립하여 관리
	②	D.품질관리 조직구성하고 의사소통 활동 수행
	③	D.품질관리 계획을 수립하여 예산을 적절히 집행
	④	D.품질관리 교육훈련 & 관련격식, 사례등을 공유
구축관계 품질관리	⑤	D.표준(코드, 도메인, 단어, 용어)을 정의 D.표준수립 & 적용상태를 점검하고 결조한 조치수
	⑥	D 구조(모델)정의, D.구조의 현행화 및 완전성을 점검하고, 조치이행
	⑦	다른 DB와 송수신 연계데이터의 정의 연계데이터의 정합성을 점검하고 문제점을 조치
운영	⑧	D.품질진단을 위한 업무규칙을 발굴하여 정의

		품질	⑨	D. 품질진단을 실시하여 오류데이터를 파악
		관리	⑩	D. 품질진단에 따른 오류데이터 개선(정제)을 수행
		활용 단계	⑪	수정, 변환, 추출 등이 자유로운 오픈 포맷으로 제공
		품질	⑫	개방데이터는 최신화하여 제공
		관리	⑬	개방데이터 활용현황을 점검하여 적절한 시정 조치를 수행

4. 공공데이터 품질관리 수준평가 수행체계 평가등급

레벨	단계	설 명
5	최적화	조직 전체의 데이터 품질관리 활동의 선순환 체계가 확립되고, 이를 통해 공공데이터의 안정적 품질 향상 및 유지가 보장되는 수준
4	체계화	조직 전체의 데이터 품질관리 프로세스 (process)가 이행되고 데이터 품질관리 활동수행에 따른 성과측정이 가능한 수준
3	관리화	데이터 품질관리를 위한 전반적인 활동들이 관리 및 통제 (control)되어 이를 통해 데이터 품질 향상이 가능한 수준
2	도입	데이터 품질관리가 인식되고 품질진단에 따른 개선조치 등 기본적인 품질관리 활동들을 수행하는 수준
1	도입전	데이터 품질관리 인식이 미흡하여 기본적인 품질관리 활동의 수행이 불가능하거나 부분적인 품질관리 활동만 수행되는 수준

"끝"